通州事件

憎しみの連鎖を絶つ

笠原十九司
Kasahara Tokushi

高文研

通州事件——憎しみの連鎖を絶つ ◉ 目　次

装幀＝中村 くみ子

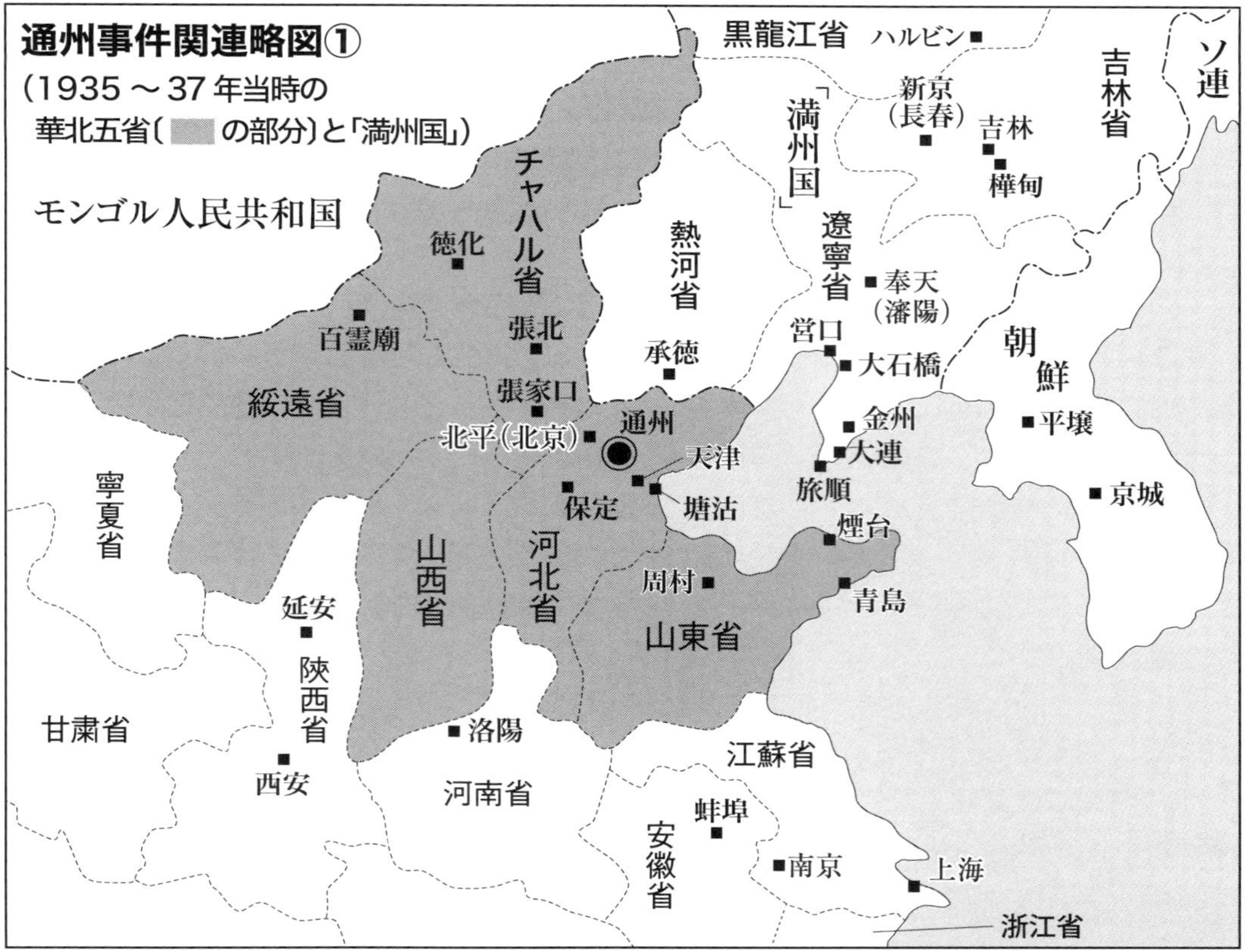
通州事件関連略図①
（1935～37年当時の
華北五省〔　の部分〕と「満州国」）
モンゴル人民共和国
黒龍江省
ハルビン
吉林省
ソ連
新京（長春）
吉林
樺甸
「満州国」
熱河省
遼寧省
奉天（瀋陽）
チャハル省
徳化
張北
百霊廟
張家口
綏遠省
承徳
営口
大石橋
朝鮮
金州
平壌
北平（北京）
通州
天津
大連
旅順
京城
塘沽
保定
寧夏省
煙台
山西省
河北省
周村
青島
延安
陝西省
山東省
甘粛省
洛陽
西安
江蘇省
河南省
蚌埠
安徽省
南京
上海
浙江省

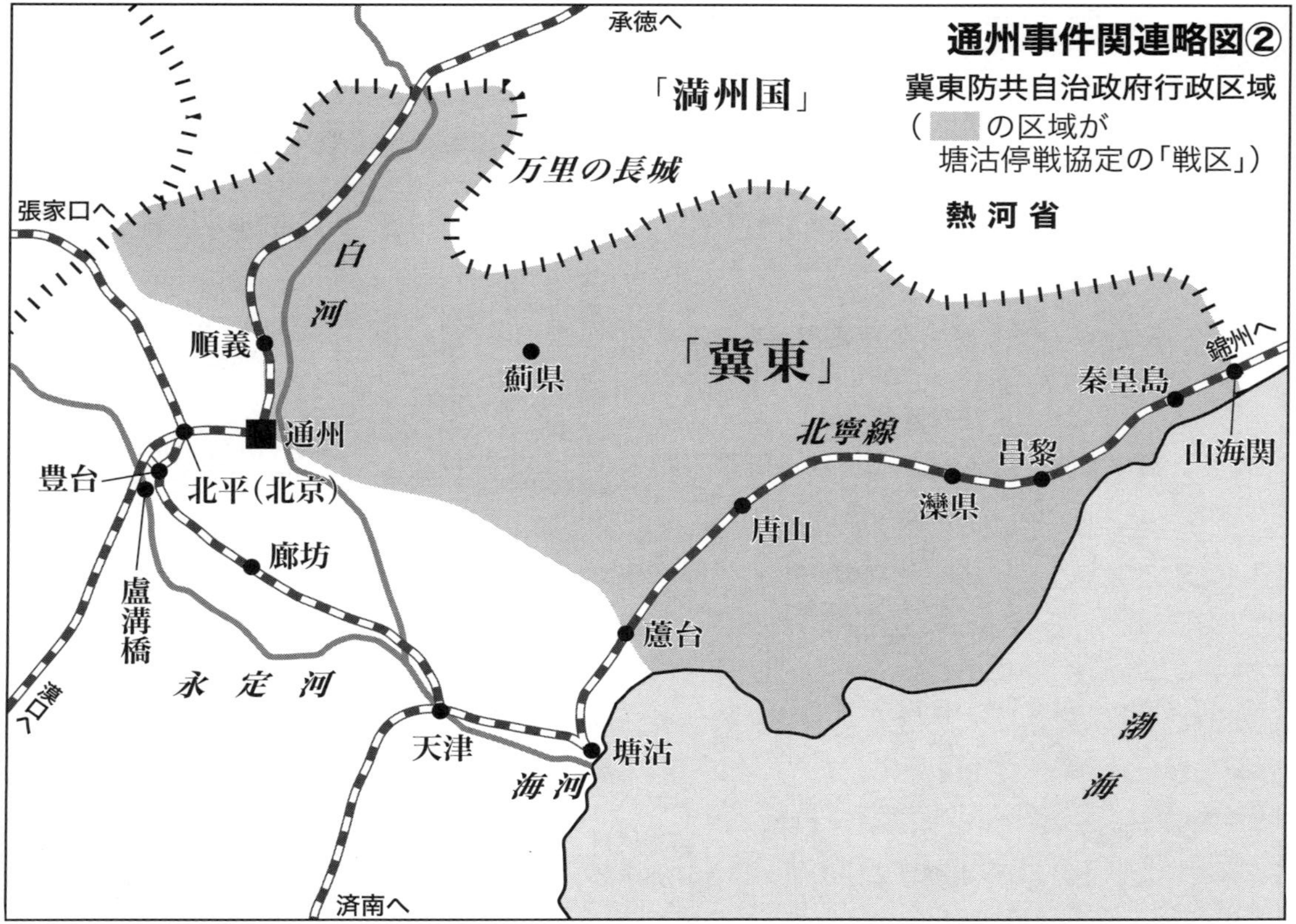
通州事件関連略図②
冀東防共自治政府行政区域
（　の区域が
塘沽停戦協定の「戦区」）
熱河省
「満州国」
万里の長城
承徳へ
張家口へ
白河
順義
薊県
「冀東」
錦州へ
秦皇島
山海関
通州
北寧線
昌黎
灤県
唐山
豊台
北平（北京）
廊坊
盧溝橋
蘆台
永定河
漢口へ
天津
塘沽
海河
渤海
済南へ

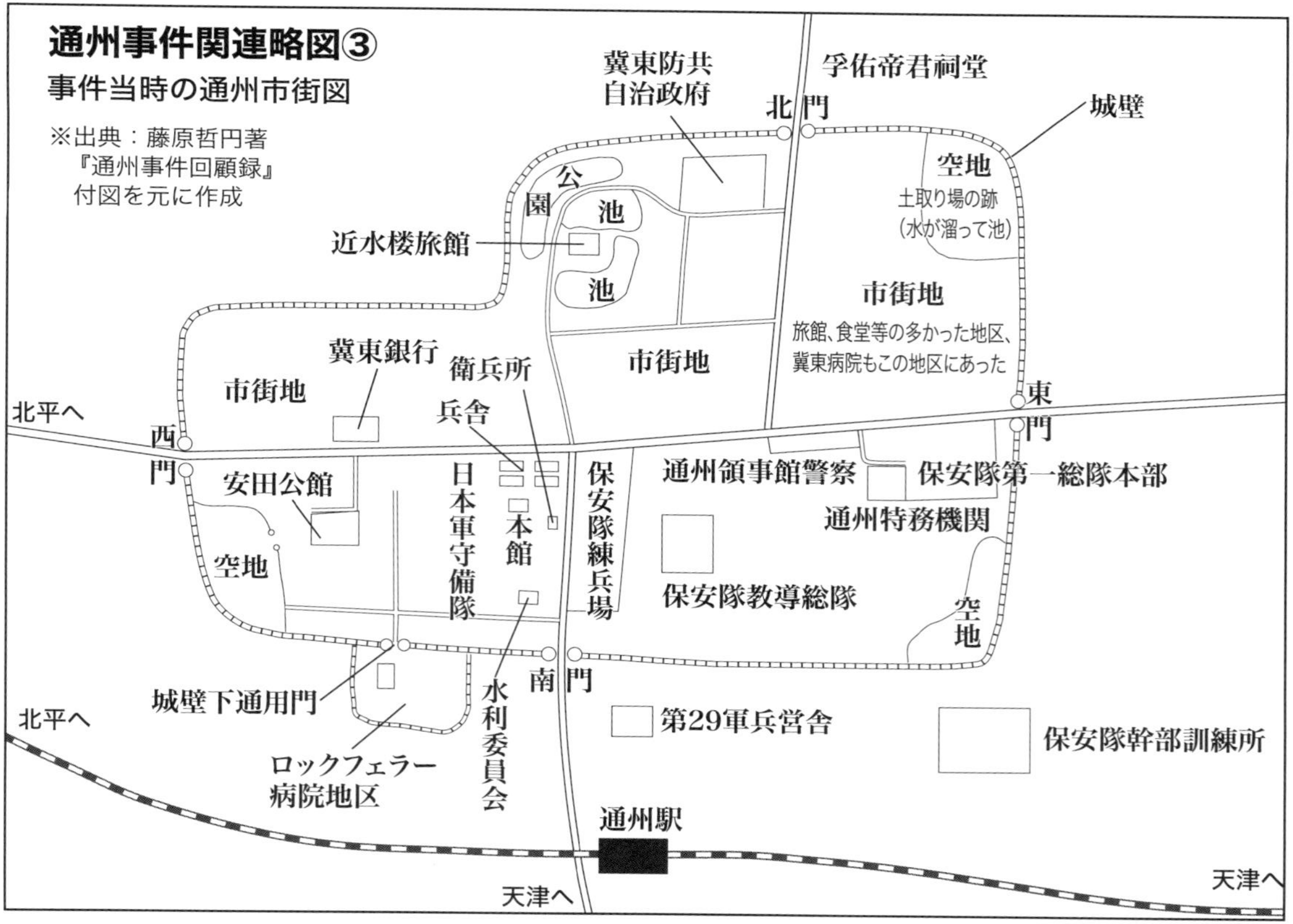
通州事件関連略図③
事件当時の通州市街図
※出典：藤原哲円著
『通州事件回顧録』
付図を元に作成
冀東防共
自治政府
孚佑帝君祠堂
北門
城壁
公園
池
池
近水楼旅館
空地
土取り場の跡
（水が溜って池）
市街地
旅館、食堂等の多かった地区、
冀東病院もこの地区にあった
冀東銀行
衛兵所
市街地
市街地
兵舎
北平へ
東門
西門
安田公館
日本軍守備隊
本館
保安隊練兵場
通州領事館警察
保安隊第一総隊本部
通州特務機関
空地
保安隊教導総隊
空地
城壁下通用門
水利委員会
南門
第29軍兵営舎
保安隊幹部訓練所
北平へ
ロックフェラー
病院地区
通州駅
天津へ
天津へ

本書に登場する中国軍人の一覧

人　名	軍職・官職
殷汝耕《いんじょこう》	冀東防共自治政府委員長・蘇蜜区督察委員・蘇蜜区保安司令・戦区督察委員
張慶余《ちょうけいよ》	冀東保安隊総指揮・第一総隊長兼教導総体副隊長・東北軍第五一軍団長・河北省特区警察隊第一警察隊長
張硯田《ちょうけんでん》	冀東保安隊第二総隊長・東北軍第五一軍団長・河北省特区警察隊第二警察隊長
于学忠《うがくちゅう》	東北軍第五一軍長・東北軍第一軍長・東北政務委員会委員・平津衛戍司令・国民政府軍事委員会北平分会委員・河北省主席・天津市長・国民政府駐北平政務委員会委員・甘粛省主席
宋哲元《そうてつげん》	第二九軍長・東北政務委員会委員・チャハル省主席・国民政府軍事委員会北平分会委員・天津衛戍司令兼北平市長・冀察綏靖主任・冀察政務委員会委員長・河北省主席
万福麟《まんふくりん》	黒龍江省主席・黒龍江省軍副司令官
王以哲《おういてつ》	北平綏靖公署第一処長
何柱国《かちゅうこく》	国民政府軍事委員会北平分会委員
陶尚銘《とうしょうめい》	灤楡区保安司令
商震《しょうしん》	河北省主席・河南省主席
馮治安《ふうじあん》	河北省主席
沈維幹《ちんいかん》	張慶余の部下の東北軍指揮官
黄郛《こうふ》	国民政府行政院北平政務整理委員会委員長・上海市長
何応欽《かおうきん》	国民政府軍事委員会北平分会代理委員長
湯玉麟《とうぎょくりん》	熱河省主席
秦徳純《しんとくじゅん》	チャハル省主席代理

通州保安隊編成図

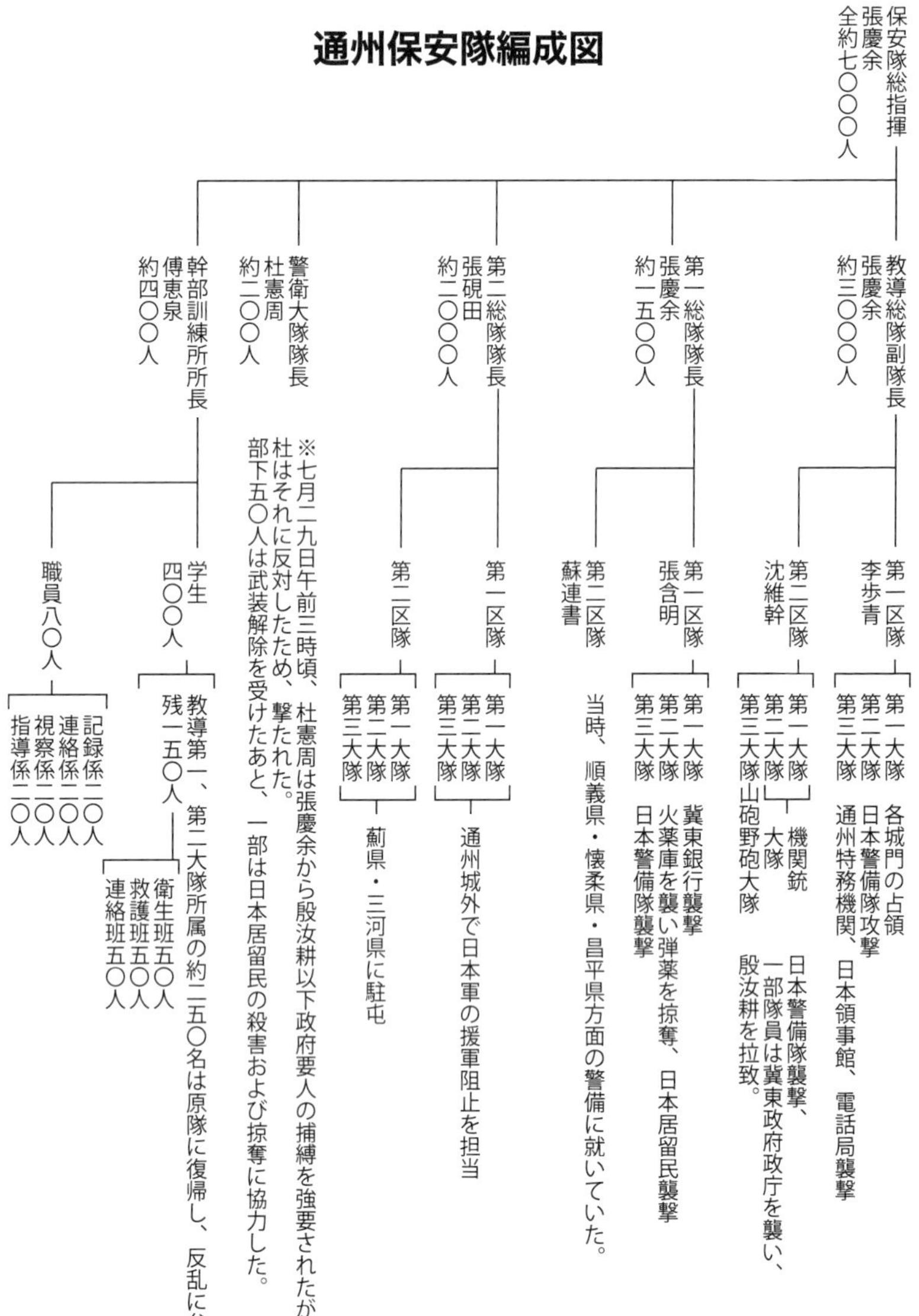

※出典：「支那駐屯軍兵站部通州兵站司令部　昭和十二年七月　七月二十九三十日於通州附近戦闘詳報」挿入図を元に作成。

はじめに——通州事件とは何だったのか

通州事件とは

本書の主題である「通州事件」とはどのような事件として歴史書に記述されているのか、『日本史大事典』（平凡社）を事例に見てみたい〈註1〉。

日中戦争勃発当初の一九三七年（昭和十二）七月二十九日に日本の傀儡《かいらい》政権で北京のすぐ東の通州にある冀東《きとう》防共自治政府（冀は河北省の別称―引用者）の保安隊が挙兵し、同地の日本軍人や居留民を殺害した事件。盧溝橋《ろこうきょう》事件ののち日本軍が七月二十八日に華北で総攻撃を開始すると、日本軍飛行機は通州の近くの中国軍兵舎を爆撃するとともに通州保安隊兵舎を誤爆して死傷者を出した。通州の保安隊のなかにもかねて抗日救国の意識が広がっていたが、この事件で刺激されて翌二十九日未明に挙兵した。そして冀東政府長官殷汝耕《いんじょこう》を捕らえ、日本軍守備隊、特務機関、日本人の料亭や家屋等を襲撃した。冀東政府のお膝元だと油断していた特務機関長以下の軍人や居留民など二〇〇余人（うち約半数が朝鮮人）が殺された。三十日には日本軍が出動し、殷は救出されたが長官を辞任した。この事件については日本軍の責任が大きいが、日本ではこの事件を中国の敵愾心をあおりたてるように利用した。

古賀牧人編著『近代日本戦争史事典』（光陽出版社、二〇〇六年）や秦郁彦・佐瀬昌盛・常石敬一監修『世

界戦争犯罪事典』（文藝春秋、二〇〇二年）にも通州事件についての比較的詳細な記述が掲載されているが、日本軍機による事件前日の保安隊兵舎（正確には冀東保安隊幹部訓練所）の誤爆が通州事件の引き金になったという説明は共通している。

居留民の犠牲者数について、古賀牧人編著は「在留邦人三百八十五名のうち、女性や子どもを含む二百二十三名が虐殺された」と書いている。

秦郁彦他監修書では、「無抵抗の居留民（約四〇〇人）が受けた被害は大きかった。死者の合計は多数の婦女子をふくむ日本人一〇四人、朝鮮人一〇八人にのぼり」と記している。さらに同書は「通州事件は『第二の尼港《にこう》事件』として日本の新聞で大々的に報道され、日本人の中国に対する敵愾心を煽った。事件の直後に華北へ派遣された第一六師団（京都）が南京虐殺事件の主役となったのは、通州事件に影響されたのではないかとの推測もある」とも書いている。

通州事件を「第二の尼港事件」として日本国民に中国にたいする「憎しみ」による敵愾心を煽るために利用したその「尼港事件」については注記に記したので、見ていただきたい。(註2) 尼港事件の原因が日本軍側にあった事実を隠蔽したことは、本書で詳述するように、通州事件の原因が日本側にあったことを隠蔽し、反乱した保安隊が傀儡政権の軍隊であり、中国国民政府軍ではなかった事実は触れないでいることにおいて、「尼港事件」を利用した日本軍部と共通している。

通州事件を利用した政府・軍部の「憎しみ」の喚起

通州事件は日本軍の従属下にあった傀儡軍の保安隊が起こした虐殺事件であり、中国国民政府軍ではなかった。しかし当時の日本では中国軍による日本人居留民虐殺事件としてセンセーショナルに報道した。その一端は、以下のような通州事件直後の日本の新聞報道記事のタイトルからも知ることができる。

「戦慄！　通州反乱隊の残虐　突如全市に襲撃」（『読売新聞』一九三七年八月三日）
「恨み深し！　通州暴虐の全貌　保安隊変じて鬼畜、罪なき同胞を虐殺」「宛《さなが》ら地獄絵巻！　鬼畜の残虐言語に絶す」（『東京朝日新聞』一九三七年八月四日夕刊）
「悲痛の通州城！　邦人の鼻に針金とおして　鬼畜暴虐の限り」「この讐《かたき》とらでは！　軍刀ぬらす部隊長無念の涙」（『読売新聞』一九三七年八月四日夕刊）
「世紀の残虐・ああ呪ひの通州　夫より迸《ほとばし》る血の海に　鬼畜！　臨月の腹を蹴る」（『東京朝日新聞』一九三七年八月五日）
「痛恨断腸の地　屻《やぶ》られた通州」（『東京朝日新聞』一九三七年八月八日号外）

右のような新聞報道の特徴は、保安隊の残虐、残忍性を強調し、日本人居留民がいかに残酷な手段と方法で虐殺されたかを強調して、保安隊そして中国軍にたいする憎しみを喚起して、敵愾心、報復心、復讐心を掻き立てて、「暴戻《ぼうれい》なる（あらあらしくて道理にもとる）中国、中国人を懲らしめる」、当時の言葉でいえば「暴戻なる支那の膺懲《ようちょう》」すなわち「暴支膺懲《ぼうしようちょう》」のための正当、正義の戦争が「支那事変」（日中戦争）であると日本国民に思い込ませる意図をもっていたことにある。

日本政府と軍部はメディアを総動員して中国保安隊にたいする日本国民の敵愾心と報復熱を煽り、それが「暴支膺懲論」となって、宣戦布告なき中国への全面侵略戦争に国民を総動員する策動に利用したのである。保安隊が傀儡軍であったことは報道せず、中国軍の日本人居留民（被害者の半数が朝鮮人であったが、日本人とみなしている）への残虐行為と喧伝した。それが効果を発揮して、時の近衛文麿内閣が「暴戻なる支那の膺懲」「暴支膺懲」をスローガンに日中戦争を開始すると、国民は熱狂的に支持し、徴兵制度により多くの若者が召集され、兵士となって中国戦場へ送り出されていった。

吉田裕氏と筆者が解説を担当した『中国戦線、ある日本兵士の日記　１９３７年８月―１９３９年８月―日本軍侵略と加害の日常』（新日本出版社、二〇二一年）の日記を残した小林太郎氏は、前掲の『世界戦争犯罪事典』の記述にあった、「事件の直後に華北へ派遣された第一六師団（京都）が南京虐殺事件の主役となった」第一六師団の一等兵として、出征した兵士であった。

小林氏は京都出身で当時としてはエリートで、日本大学工学部を卒業後、鐘ヶ淵紡績会社の社員であったときに召集され、出征したときは二七歳だった。その小林氏は日記の「緒言」（まえがき）において、「通州事件、海軍航空隊の南京爆撃などのニュースに胸を踊らせて居た」と書いている。小林氏は通州事件のニュースを知って、「支那軍膺懲」という意識で「胸を踊らせて」中国戦場へ出征していったというのである。そして同書の解説で筆者が書いたように、小林一等兵が所属した第一六師団は南京大虐殺事件の主役となったのだった。

小林日記の著者が「胸を踊らせた」もう一つの海軍航空隊の南京爆撃は、海軍の謀略によっておこなわれたものであった。

盧溝橋事件からほぼ一カ月後の八月九日、上海で大山事件が発生、これをきっかけに第二次上海事変が開始され、「北支事変」として華北で開始された日中戦争は「支那事変」と改称されて日中全面戦争に突入した。大山事件は、海軍の長谷川清第三艦隊司令長官から大川内《おおこうち》伝七《でんしち》上海特別陸戦隊司令官を通じて、「お国のために死んでくれ、家族のことは面倒を見るから」と口頭密命を受けた大山勇夫上海海軍特別陸戦隊西部派遣隊長が、夕刻に海軍陸戦隊の車で上海郊外の中国軍飛行場（現在の虹橋国際飛行場）に向かい、路上の検問所を強行突破して飛行場に達したところで、飛行場警備の中国保安隊に射撃され、殺害された事件であった。大山事件は海軍の謀略事件であることを明らかにしたのは筆者が初めと思われるが、検証の詳細は拙著『海軍の日中戦争―アジア太平洋戦争への自滅のシナリオ』を参照していただきたい〈註3〉。

大山事件は海軍が仕掛けた謀略でありながら、マスメディアをとおして、日本国民の中国軍にたいする憎悪心、敵愾心を煽るために宣伝された。『東京朝日新聞』（一九三七年八月一〇日）は「帝国海軍中尉・上海で射殺さる」「暴戻！　鬼畜の保安隊　大挙包囲して乱射」という大見出しで一面全紙をつかって大きく報道した。他の新聞も同様に、「滅多斬して所持品掠奪　残虐目を蔽ふ現場　宛然血に狂ふ鬼畜の所業」（『読売新聞』一九三七年八月一一日夕刊）、「悪逆無道保安隊の暴状　惨目を覆ふ現場検證」（『東京日日新聞』一九三七年八月一一日夕刊）などとセンセーショナルに報道した。

陸軍が華北で「北支事変」を開始したことに対抗して、海軍は大山事件を口実に八月一三日に上海の海軍陸戦隊に第二次上海事変を開始させた。そして米内光政海相が近衛文麿内閣に迫り、八月一五日の午前一時三〇分という異常な時間に以下のような「帝国政府声明」を発表させたのである。

帝国は隠忍に隠忍を重ね事件の不拡大を方針とし、つとめて平和的かつ局地的に処理せんと企図し……（しかるに南京政府は）兵を集めていよいよ挑戦的態度を露骨にし、上海においてはついに、我に向かって砲火を開き、帝国軍艦に対して爆撃を加わうるにいたれり。かくのごとく支那側が帝国を侮辱して不法暴虐いたらざるなく、全支にわたる我が居留民の生命財産危殆《きたい》に陥るにおよんでは、帝国としてはもはや隠忍その限度にたっし、支那軍の暴戻《ぼうれい》を膺懲《ようちょう》し、もって南京政府の反省を促すため、今や断乎たる措置をとるのやむなきにいたれり。

近衛首相が声高に叫んだ「支那軍の暴戻を膺懲」という言葉は、メディアによって「暴支膺懲」（暴戻なる支那を膺懲せよ）というスローガンとして、国民の好戦意識の熱狂を煽動するために利用された。「支那膺懲」は軍部によって、日中戦争の目的として掲げられるようになり、日中戦争の目標を絶えず拡大させていくことになった。

この「帝国政府声明」を発表して国内的に大義名分を得た海軍航空隊は、八月一五日に長崎の大村基地から前年に完成した九六式陸上攻撃機を発進させ、東シナ海を飛翔して、国民政府の首都南京を

東京朝日新聞

荒天の支那海を翔破・敵の本據空爆

長驅・南京、南昌を急襲

敵空軍の主力粉碎

勇猛無比・我が海軍機

首都南京を震撼し

壯絶・大空中戰を展開

空前の戰果收めて歸還

戰時

南京渡洋爆撃を大々的に報ずる『東京朝日新聞』（1937 年 8 月 16 日）

爆撃したのである。海軍省は南京渡洋爆撃を「世界航空戦史上未曾有の渡洋爆撃」と宣伝し、海軍当局の意向を受けて、新聞メディアもその戦果を讃える報道をおこなった。『東京朝日新聞』は一五日のうちに号外を発行し、「我海軍機長駆南京へ　空軍根拠地を爆撃す　敵に甚大の損害を与う」と大見出しで報道した。そして翌一六日には、「荒天の支那海を翔破・敵の本拠空爆　長駆南京、南昌を急襲　敵空軍の主力粉砕　勇猛無比・我が海軍機」と華々しくその戦果を讃えた。

　前述のように、小林一等兵は、通州事件とともに、「海軍航空隊の南京爆撃等のニュースに胸を踊らせて」中国戦場へ出征していったのである。

　当時「開戦に関する条約」（一九〇七年ハーグにて署名、日本も中国も批准、当事国は四三カ国）という戦争に関する国際法があり、「開戦宣言を含む最後通牒の形式を有する明瞭かつ事前の通告なくして、その相互間に、戦争を開始すべからざること」と第一条【宣戦】に規定していた。海軍航空隊は、この条約をまったく無視し、宣戦布告をしていない中国の首都南京をいきなり爆撃し、「北支事変」「第二次上海事変」とそれまで局地的であった戦闘を一挙に日中全面戦争へと拡大したのである。日本の軍部はもちろん、政界もメディアも国民も、南京渡洋爆撃が戦時国際法に違反する不法行為であったという認識を持ち合わせていなかった。

通州事件の「憎しみの連鎖」を喚起しようとする人たち

話は現在に飛んで、二〇一五年一〇月、ユネスコの世界記憶遺産に中国の申請した南京大虐殺の記録が登録された。これに対抗して、「新しい歴史教科書をつくる会」の藤岡信勝氏が代表になって、〈註4〉「通州事件アーカイブス設立基金」を立ち上げ（二〇一六年五月）、通州事件のユネスコ記憶遺産登録をめざして、南京事件否定派を結集するかたちで活動を開始した。

そして通州事件八〇年にあたる二〇一七年七月二九日、「寸鉄を帯びぬ無辜の同胞が無慈悲に惨殺された無念と慟哭の『7・29』を忘れるな!!」というスローガンをかかげ、「通州事件80周年　記憶と慰霊の国民集会」を東京で開催した。呼びかけ人代表が加瀬英明氏、実行委員会事務局を藤岡信勝氏らの「新しい歴史教科書をつくる会」に設け、集会では櫻井よしこ氏が挨拶をし、つづいて、藤岡信勝氏、阿羅健一氏、北村稔氏などが登壇して「通州事件がわれわれに問いかけるものは何か」というテーマのリレートークをおこなった。彼らは、拙著『増補　南京事件論争史―日本人は史実をどう認識してきたか』（平凡社ライブラリー、二〇一八年）において紹介した、「南京大虐殺はなかった」という南京事件否定説を主張してきた代表的な論客ばかりである。集会では、「通州事件関係者が語る事件の真相！」と題して、被害関係者の「憎しみと怒り、悲しみ」の証言もおこなわれた。

彼らが取り組んだのは「風化してしまった通州事件での日本人の怒り」を喚起させるために、通州事件八〇周年の七月二九日までに通州事件の本を一〇冊出版することだった。(註5)

その一冊が藤岡信勝・三浦小太郎編著『通州事件―日本人はなぜ虐殺されたのか』（勉誠出版、二〇一七年七月）であるが、「中国人の邦人惨殺、通州事件を学べ」と題する櫻井よしこ氏の「特別寄稿」においては、「中国人は長い時間をかけて歴史を書きかえつつあるのだ。彼らは、恐らく人類史上最も残虐な民族である。だからこそ、日本人を中国人よりも尚残虐な民族に仕立て上げ、免罪符を得ようとしているのではないか。そのためには、悪魔の所業としか思えない残虐な方法で中国人が日本人を殺害した痕跡の全てを消し去らなければならない。それがいま、通州で起きていることではないか」と書いている。

もう一冊の藤岡信勝編著『通州事件―目撃者の証言』（自由社ブックレット、二〇一六年）の帯の櫻井よしこ氏の推薦文には、「中国への反撃はここから始まる！　中国は日本人を残虐な民族として貶《おとし》める。しかし、本当に残虐なのは彼らである。日本人はいまこそ本書を手に取り通州事件についての真実を知るべきだ」と記されていた。さらに「通州事件アーカイブス設立基金副代表」「新しい歴史教科書をつくる会副会長」皿木喜久氏の編著『通州の軌跡―凶弾の中を生き抜いた母と娘』（自由社ブックレット、二〇一七年）も出版された。

インターネットにおいても、「中国がもみ消す通州事件、再現をねらった反日教育」と題して中国人の残虐性を強調した「百田尚樹・櫻井よしこの対談」（二〇一七年八月二二日）をはじめとして、「南京大虐殺は捏造、通州事件は事実、加害者が被害者のふりをしている」「日本人二〇〇人超虐殺の通州事件は、中国人の指摘する南京事件に酷似」「通州の虐殺事件を戦後のGHQの情報操作で、『真相箱』ではそのまま日本軍の南京虐殺の〝でっちあげ〟に流用」などと、通州事件を南京事件にすり替えたという荒唐無稽な否定論に飛躍させた言説まで流すにいたった。

「真相箱」はGHQ（連合国軍最高司令官総司令部）のC・I・E（民間情報教育局）が日中戦争、アジア太平洋戦争が日本軍国主義者の野望によるものであったことを日本国民に知らせるために、NHKラジオを使って放送させた番組で、一九四五年一二月から「真相はこうだった」と題して開始され、一九四六年二月から「真相箱」と改称され、翌年一月まで放送された。番組では南京事件が紹介され、初めて知った日本国民に衝撃をあたえた。

通州事件を取り上げて、中国人にたいする「憎しみの連鎖」を喚起することに躍起になっている南京大虐殺否定派さらには歴史修正主義者たちの言説は、かつて日本政府や軍部が、新聞報道などを利用して、日本人の中国人にたいする「憎しみ」「憎悪」および「差別・蔑視」意識などを扇動して、日中全面戦争を開始した歴史と通底している。それは、尖閣諸島、南沙諸島問題などを利用して「中国脅威論」を増幅させ、中国を仮想敵とする日米軍事同盟を強化し、さらなる軍事強国にするための憲法改正をもくろんでいる自民党政権の思惑と合致するものである。櫻井よしこ氏は憲法改正に執念を燃やした安倍晋三首相と政治的に親密な関係にあり、「美しい日本の憲法をつくる国民の会」の共同代表をつとめて、国民運動のかたちで、自民党の改憲運動を全面的に支援していることは広く知られている。

上記の南京大虐殺否定派の運動とは異なるが同時期に、「中華思想による邦人大虐殺の真相」（表紙帯）と題して、加藤康男『慟哭の通州―昭和十二年夏の虐殺事件』（飛鳥新社、二〇一六年）も出版された。

通州事件の「憎しみの連鎖を絶つ」被害者の姉妹

通州事件を利用して、中国、中国人にたいする「憎しみの連鎖」を喚起することにやっきになっている人たちとは対象的に、通州事件で両親を殺害された被害者でありながら、「憎しみ」「怨み」「怒り」の感情と葛藤し、苦しみながらもそれらの感情を克服する努力を生涯にわたり続け、現在は「憎しみの連鎖を絶った」姉妹がいる。通州事件当時九歳であった姉の櫛渕久子さんと三歳であった妹の鈴木節子さんである。
通州事件で医者の父と看護婦・薬剤師の母、乳飲み子の妹と胎児の弟を虐殺された姉妹が、発生の背景にあった日本の中国侵略の歴史を学ぶことによって、「憎しみの連鎖」を断ち切るための葛藤を経て、現在は自民党政権による憲法改正に反対し、日本が再び戦争する国とならないように平和運動に参加している。幸い姉妹二人とも存命で、筆者は姉妹から数年にわたり聞き取りをする幸運にめぐまれた。(註6)
本書の「第Ⅱ部　憎しみの連鎖を絶つ――通州事件被害者姉妹の生き方」において、通州事件により「戦争孤児」となった姉妹が、両親を虐殺した保安隊にたいして生涯消えることのない強い「憎しみ」を抱き続けながら、いっぽうでは、両親がいないために、特に女性として、結婚問題を中心に深刻な社会的差別をうけながらも、最後には「憎しみの連鎖」を断ち切るにいたった生き方を、紹介したい。姉妹は、虐殺の犠牲になった両親が「自分たちの犠牲を無駄にしないでもらいたい」とあの世で願っているにちがいないと思っている。人類は戦争、紛争の原因となっている民族、国家間の憎しみの連鎖を絶ちきり、共生する道を歩まなければ、共に亡びてしまうことになる、国境を越えて地球と共に人類が共生していく以外、人類が生き延びる道はない、という思いである。

姉妹の生き方は、日本にかぎらず、現在の国際社会において、大国の侵略、支配にたいするテロと、それにたいする大国の圧倒的に有利な軍事力による対テロ報復戦争の発動と、さらに追い詰められたテロ集団による大国の市民にたいする無差別テロの報復という「憎しみの連鎖」がくりかえされている。その現在の世界にあって、人類は「憎しみの連鎖」をどのように断ち切る叡智を身に着けることができるのか、そして国家と民族の「憎しみ」の感情の発露として繰りかえされてきた戦争行為を克服することができるのか、という人類の普遍的な課題の解決に展望を切り開く問題でもある。

通州事件はなぜ発生したのか――歴史的要因の解明

通州事件の原因について、日本の歴史書の多くは、前述のように、事件前日の日本軍機による保安隊兵舎の誤爆をあげている。しかし、誤爆問題だけでは、日本人・朝鮮人居留民多数がなぜあのような、残虐、非道な殺され方をしたのかは説明できない。櫻井よしこ氏のように、中国人は「人類史上最も残虐な民族である」とするならば、日中戦争において、通州事件のような日本人居留民虐殺事件が各地で頻発しても不思議ではないが、そのような歴史事実はない。

本書の「第Ⅰ部　通州事件はなぜ発生したのか―歴史的要因と全貌の解明」において、通州事件の歴史的要因について、解明する。そのために保安隊がどのような軍隊であったのか、反乱がどのような動機と目的をもったものであったのか明らかにし、つづいて通州事件の全体像を明らかにする。結論を述べれば、通州事件は保安隊により準備された日本軍守備隊と憲兵特務機関にたいする抗日戦闘としての側面と、通州の日本人・朝鮮人にたいする「憎しみ」「報復」の激情にかられた虐殺という二つの側面があり、主側面は前者であった。前者と後者の保安隊は別々の部隊であり、作戦行動において相互の連携はなかった。

本書では、「通州事件がなぜ発生したのか」について、従来の日本の歴史書では不十分であった反乱を起こした中国側の歴史動向を分析する〈註7〉。

第一には、反乱を起こした冀東防共自治政府の保安隊の性格と動向を分析し、保安隊が何時ごろから反乱を計画し、準備したかについて、蒋介石の抗日政策や北平（北京）・天津一帯を統治していた宋哲元の第二九軍の動向とも関連させて分析する。

第二には、日本人・朝鮮人居留民を虐殺した部隊に焦点をあてて、どのような質と性格の部隊であったかを分析しながら、残虐、残酷な虐殺におよんだ、「憎しみ」「憎悪」の激情が生まれた社会的時代的背景を考察する。具体的には、通州の日本人と朝鮮人の居留民が、中国人、とくに河北省の中国民衆の恨みと怒りを買った理由が、通州を中心に冀東防共自治政府がおこなっていた、中国経済を破壊するような大規模な密輸貿易とアヘンの密輸、密売にあった事実を解明する。

本書では、天津で発行されていた日刊新聞『大公報』の記事から、「滅種亡国（中華民族を滅亡させ中国を亡ぼす）」の危機を到来させると恐れられたアヘン、モルヒネ、ヘロインなどの麻薬の密輸、密売がどのようにおこなわれていたかその実態を解明する。それらの不法、非法行為が「治外法権」の特権を利用した「大陸浪人」といわれた日本人などによって、朝鮮人を手先につかって大々的におこなわれていたことが、中国民衆の怨嗟の的になっていたのである。本書では、通州事件における日本人、朝鮮人居留民の虐殺の要因ともなった、日本が華北を「第二の満州国」とすることを目論んだ「華北分離工作」において、冀東防共自治政府を利用しておこなわれた密輸貿易とアヘンなどの麻薬の密輸・密売の実態についての構造的な解明を試みる。

本書では、通州事件における保安隊の反乱の主要な側面が、日本軍の守備隊にたいする抗日戦闘であったことを重視する。反乱を計画、準備、指揮した張慶余、張硯田らの保安隊の指導者は、関東軍の満州侵略によって故郷の満州（中国東北）を追われた張学良の東北軍第五一軍の幹部であり、保安隊の兵士のなかにも満州事変によって中国東北の故郷を失った第五一軍の元兵士だった者が多かった。本書では、冀東防共自治政府の保安隊（冀東保安隊と略す）を構成した東北軍第五一軍の元将兵たちに焦点をあてて、彼らが満州事変で東北の故郷を追われ、家族とともに移駐した華北においても、関東軍と支那駐屯軍による華北分離工作により、再び生活基盤を奪われ、生活のためやむなく冀東保安隊に入った者も少なくなかった経緯を解明する。張慶余や張硯田らは、第二九軍の宋哲元と連絡をとりながら、通州保安隊の反乱を準備し、決起した後は宋哲元部隊との合流をめざした。張慶余は反乱が失敗に終わったのちに、南京に行き、蔣介石と会見して、通州「反正」（中国語で正しい状態に返すための反乱の意味）の報告をしている。

本書では、張学良の東北五一軍の将兵が、満州事変、熱河作戦、華北分離工作などの日本の侵略戦争の犠牲になりながら家族とともに、流浪生活を余儀なくされた末、盧溝橋事件を契機とした北平（北京）・天津地域における宋哲元軍（第二九軍）の抗日戦の気運の高まりのなかで、通州事件を起こすにいたった経緯を歴史的に究明する。

本書においては、引用文献史料のカタカナはひら仮名に、旧漢字、旧仮名つかいは、現代漢字、新仮名つかいに改め、また適宜句読点を入れたり、漢字をひら仮名にしたりして、読みやすいようにした。人名に敬称をつけることは原則として省略した。年号は西暦に統一し、必要な場合は元号を使用した。いっぽう、引用文献史料の「支那」「支那人」「満州」「満蒙」「鮮人」、あるいは中国側のことを「敵国」「敵地」「敵軍」「敵兵」など、戦時中に使用されていた用語で、現在においては不適切な用語を「　」を付さずに使用している箇所があるが、文脈上やむを得ず、戦時中の用語として使用していることを断っておきたい。

【註】

〈1〉『日本史大事典　4』（平凡社、一九九三年）、執筆者は、日本近代史研究者で横浜市立大学教授だった今井清一氏。

〈2〉「尼港事件」はニコラエフスク事件ともいわれるが、日本のシベリア干渉戦争（シベリア出兵）中の一九二〇年三月―五月にロシア沿海州のニコラエフスク・ナ・アムーレ（尼港）で発生した事件である。黒龍江（アムール川）河口の尼港を占領していた日本軍は、抗日パルチザンに包囲され、一九二〇年二月に降伏協定を結んだ。しかし、三月に協定を破ってパルチザン軍に奇襲攻撃を仕掛けて敗れ、日本の領事・兵士・居留民七〇〇余人が殺害され、一二二人が捕虜となった。五月になってオホーツク海の結氷が溶けて日本軍が尼港奪回に進撃してくると、パルチザンは捕虜全員を殺害して撤退した。日本政府は事件解決の保障として北樺太を占領し、シベリア出兵を継続した（一九二二年六月になって撤兵）。

日本の軍部と政府は、尼港事件をロシア革命過激派による日本居留民虐殺事件として大々的に宣伝してロシア革命軍にたいする恐怖と憎悪を煽った。その結果、大正デモクラシー当時のシベリア出兵批判の世論を鎮静させ、日本国民にロシア革命への反感を抱かせ、日本国民に反ソ・反共意識を浸透させることに成功した。いっぽうで、尼港事件の原因が日本軍の降伏協定の違反にあったこと、さらにパルチザンの指導者が革命政府によって裁かれ、「人民に危害を与えた」反革命的行為として処刑された事実は国民には隠蔽した。日本国民がその事実を知るのは第二次世界大戦後になってからであった。尼港事件（ニコラエフスク事件）については、原暉之『シベリア出兵―革命と干渉　１９１７―１９２２』（筑摩書房、一九八九年）を参照されたい。

〈3〉謀略による大山事件を成功させ、拙著『海軍の日中戦争―アジア太平洋戦争への自滅のシナリオ』（平凡社、二〇一五年）で明らかにしたように、海軍の膨大な日中戦争の海軍軍事費を使った軍備の大拡張のきっかけ作った長谷川清と大川内伝七の二人は、順調な出世を遂げ、長谷川は台湾総督、大川内は、アジア太平洋戦争で、南西方面艦隊司令長官兼第一三航空艦隊司令長官になった。

〈4〉「新しい歴史教科書をつくる会」は、一九九七年一月に結成された（会長が西尾幹二、副会長が藤岡信勝）。同会は、保守・右翼勢力の国民運動のかたちをとって、日本の現行教科書の「従軍慰安婦」や「南京大虐殺事件」などの記述を批判攻撃する運動を展開するとともに、日本の侵略戦争と植民地支配を肯定し、美化する歴史教科書『新しい歴史教科書』（扶桑社）を出版し、文部科学省の教科書検定にも合格し、保守的な地方教育委員会が教科書として採択し、一定の影響力をもった。

〈5〉「忘るな七月二九日、通州事件を語り継ぐ　声を上げるとき　藤岡信勝インタビュー」（監修藤岡信勝『日本人が知らなくてはならない　通州事件　80年目の真実』英和出版社、二〇一七年五月）。通州事件については、さらに加藤康男『慟哭の通州―昭和十二年夏の虐殺事件』（飛鳥新社、二〇一六年一〇月）、広中一成『通州事件―日中戦争の泥沼化への道』（星海社新書、二〇一六年一二月）、広中一成『冀東政権と日中関係』汲古書院、二〇一七年）がある。後者は歴史研究者により、事件の経緯が実証的に叙述されている。

〈6〉当初の聞き取りは、拙稿「憎しみの連鎖を断ち切る―通州事件犠牲者姉妹の証言」（『世界』二〇一九年二月号）にまとめて紹介した。

〈7〉通州事件を正面から取り上げて検討しているのが、広中一成『通州事件―日中戦争泥沼化への道』（星海社新書、二〇一六年）であるが、「なぜ保安隊は反乱を起こしたのか」という節をたてながら、五つの説を列記しているだけで、広中氏自身の実証的解明はなされていない。加藤康男『慟哭の通州―昭和十二年夏の虐殺事件』（飛鳥新社、二〇一六年）は、通州事件全体を扱っているが、日本人居留民の虐殺状況を記述することが中心であり、通州事件そのものは構造的に捉えられていない。

第Ⅰ部　通州事件はなぜ発生したのか

——歴史的要因と全貌の解明

序章　通州事件の歴史背景

本書の本論に入るまえに、通州事件が発生した歴史背景をおおまかに述べてみたい。それは、通州事件が発生した歴史舞台がどのようにして形成されたのかを理解していただくためである。

アヘン戦争と「禁煙運動」

中国においては中国近代史は一八四〇年のアヘン戦争に始まるとしている。アヘン戦争は清朝とイギリスとの間に戦われた戦争で、敗北した清朝は一八四二年にイギリスと南京条約を結ばされ、香港をイギリスに割譲したうえで、上海、広州など五港を開港させられた。南京条約は以後、清朝が列強と結ばされた不平等条約の先駆けとなり、中国の主権が大きく侵害されることになったので、中国では「半植民地時代」の開始としている。

近代史のイメージは日本と中国とでは大きく異なり、日本では「文明開化」「西欧化」「近代化」など肯定的に受け止められているが、中国では列強に侵略され、領土を分割支配され「半植民地」にされた屈辱的な時代として「暗黒の近代史」というイメージが強い。

アヘン戦争の発端は、イギリスが中国からの多量の茶の輸入の代価として、インド産アヘンを中国へ密輸出したので、中国国内でのアヘン吸飲の風習が急増、大量の銀がイギリスへ流出するにいたったことにあった。そのため、清朝は国内にアヘン禁止令を出すとともに欽差大臣林則徐を広州へ派遣して、イギリス商人からアヘンを没収して焼却させる強硬策に出た。イギリスはこれを口実に植民地のインドから遠征軍を派遣して、中国沿岸各地を攻撃してアヘン戦争を挑発したのだった。

本書で詳述するように通州事件は、日本人のアヘン密輸と密売にたいして中国の軍民が抱いた反発、怒りの心情が歴史背景にあった。中国国民政府は林則徐がイギリス商人から没収したアヘン二万二九一箱を焼却した一八三九年六月三日にちなんで、六月三日を「(アヘン) 禁煙記念日」と定めていた。本書一三〇頁で触れるように、通州事件前年の一九三六年六月三日、北京（当時は北平）と天津で「禁煙日九七周年」を記念して、日本人から没収した密輸・密売アヘンを焼却する集会が開催された。イギリスから日本に替わった中国へのアヘンの密輸・密売は、帝国主義列強による「滅種亡国」の悪辣な中国侵略の手口として、「暗黒の中国近代史」を象徴するものだった。

中国近代史をとおして展開された民族運動、国民運動に「禁煙運動」があった。「禁煙運動」は「アヘンの煙を吸飲しない、させない」というアヘン反対運動を意味する。中国の「禁煙運動」は、最初はイギリスのアヘン貿易に反対する反英運動として展開し、背後ではアメリカの宣教師団体やアメリカ政府が援助した。アヘン輸出はイギリス議会からも反対が強まり、一九〇八年三月、英中禁煙協定が締結され、以後、イギリスは中国へのアヘン輸出を密輸も含めて禁止した。

国際的にもアヘンの生産と貿易を禁止する世論が高まり、一九一二年一月にハーグ国際アヘン条約が調印され、一九二五年二月にジュネーブ・アヘン条約が調印された。しかし、日本は台湾や朝鮮の植民地や関東州、青島などの租借地、さらには「満州国」を通じて、中国内地でアヘンの原料の罌粟《けし》の栽培地を増やし、生産されたアヘン・麻薬の密売を拡大するようになり、中国の「禁煙運動」は反英運動から反日運動へと転換した。

日本が華北分離工作を進めながら、通州に樹立した傀儡政権の冀東防共自治政府（本書七七頁参照）を利用しておこなったアヘン・麻薬の密輸・密売は、中国国民の怒りと怨嗟の的になったのは、アヘン戦争に始まる民族屈辱の歴史記憶が背景にあったのである。

隣国の清国がアヘン戦争をきっかけに欧米列強に開国を強要され、従属国にさせられたのを知った日本では、危機意識をいだいた長州や薩摩の下級武士の連合が、「尊王攘夷」運動を展開し、開港と不平等条約を受け容れた江戸幕府を倒し、明治維新によって天皇を君主とする明治国家を樹立した。明治政府は欧米列強にならって、富国強兵政策を推進、いち早く徴兵制度を実施、兵器・制度とも西洋に模した近代的軍事国家の建設に努めた。

支那駐屯軍と関東軍の創設

欧米列強に従属しながら帝国主義化をめざした日本は、清国の藩属国であった朝鮮への進出を企図して日清戦争を起こした（一八九四年）。日清戦争に勝利した日本は、講和条約（下関条約）で、朝鮮にたいする清国の支配権を排除し、遼東半島・台湾・澎湖列島を獲得した。しかし、清国の領土まで手に入れようとした日本にたいして、ロシア・フランス・ドイツが遼東半島の清国への返還を迫ったので日本政府はやむなく受け入れた（三国干渉）。

三国干渉で日本の進出をおさえた列強は、一八九八年にドイツが山東半島の膠州湾、フランスが広州湾、ロシアが旅順・大連、イギリスが九龍半島と山東半島の威海衛をそれぞれ租借地とした。租借地では清国の主権はおよばないので、列強の分割支配地のようなものであった。列強は、他にも借款などをとおして、中国の鉱山・鉄道などの利権を奪ったので、中国の「半植民地化」は一挙に進められた。

ドイツとイギリスの侵略の対象とされた山東半島では、一八九九年、排外民衆集団の義和団が勢力を拡大、キリスト教会や教徒への襲撃を開始した（義和団運動、義和団事件ともいう）。義和団運動はやがて華北一帯に拡大、一九〇〇年には〝扶清滅洋〟（清朝を助けて、外国を亡ぼす）を叫んで北京に入り、列国公使館区域を包囲した。同年六月清朝は義和団を支持して列国に宣戦布告したので義和団運動は義和団戦争（当時日本では北清事変と称した）となった。これにたいして、アメリカ・イギリス・日本・ドイツ・フランス・オーストリア・イタリア・ロシアは八カ国連合軍を組織し、八月には北京を占領し、公使館員を救出し、義和団を鎮圧した。

日本は、八カ国連合軍の三分の一にあたる一万二〇〇〇人の大兵力を送って列強に「極東の憲兵」の役割をアピールした。一九〇一年に清朝は北京議定書を結ばされ、清朝は北京・海浜（天津を経由して港湾まで）間の外国軍駐屯権を認めた。

日本はこの議定書にもとづき、天津に司令部を置く支那駐屯軍を編成、華北侵略拡大の手段として使った。支那駐屯軍は、連合八カ国との協定にもとづき、一五七〇名であったのを、一九三六年四月に、日本は協定に反して一挙に五七七四名に増大したのは本書一一四頁に記すとおりである。通州守備隊の日本軍は支那駐屯軍だったので、以上のことは、通州事件の歴史背景として重要である。

義和団戦争後もロシア軍は満州から撤退せず、いっぽう日清戦争によって清国から独立させた朝鮮はロシアの保護を受けるようになった。これにたいして、日本は日英同盟を結んで（一九〇二年）イギリスから軍事経済援助を得、さらにロシアの中国進出を阻止しようとしたアメリカの軍事費援助を得て、一九〇四年二月、日本海軍が遼東半島のロシアの租借地にある旅順軍港を攻撃して、日露戦争を開始した。

日露戦争に辛うじて勝利した日本は、アメリカの斡旋で一九〇五年九月、ポーツマス講和条約を結び、日本は韓国（朝鮮は一八九七年に大韓帝国を国号としたので、韓国と呼ぶようになった）を完全に保護国化し、ロシアから樺太南部と旅順・大連のある遼東半島の租借権、および長春―大連間の鉄道（日本は南満州鉄道、略して満鉄と称した）と付属地の権利を譲り受けた。その後日本は朝鮮の植民地化を進め、一九一〇年に韓国併合条約を強制して、日本の植民地にした。

日本は一九〇六年に南満州鉄道株式会社（満鉄）を創設、同年関東州および満鉄付属地の統治をするための軍事・行政機関として関東都督府を旅順に設置した。関東州の関東とは万里の長城が渤海に接する「山海関の東」を意味したが、ロシアが遼東半島の先端部と周辺の島嶼部をロシア語で「関東州」と命名したので、日本もそれに倣った。関東都督府は南満州鉄道の守備のため関東都督府陸軍部隊を編成して沿線に配備したが、この軍隊が一九一九年に関東軍となった。この時、関東都督府も関東庁と改編され、軍・政分離した行政官庁となった。

関東軍はその後日本の満州侵略の中核部隊となって勢力を拡大、一九三一年九月一八日に謀略による満州事変を起こして満州全域へ侵略を拡大、翌年傀儡国家「満州国」を樹立したのは周知のとおり。その関東軍が本書で詳述するように、支那駐屯軍と競合しながら華北分離工作を推進することになる。大連は、日本が日清戦争の下関条約で獲得しようとしたが「三国干渉」の結果、ロシアが租借地としたのを、日露戦争勝利後のポーツマス条約で日本がようやく獲得した因縁の都市である。華北分離工作のなかで、日本が大連を拠点にしておこなった華北への密輸貿易ならびにアヘン・麻薬密売については本書で詳述する。

辛亥革命と中国の分裂

義和団戦争の後、清朝は動揺した中央集権体制の再建強化をめざした。一九〇二年には、袁世凱に命じて近代的軍隊（新軍）を編制させ、さらに多数の官僚や留学生を日本や欧米に派遣して近代的国家制度を研究させ、一九〇六年には予備立憲の上諭を発布、一九〇八年には欽定憲法大綱を発布して、憲政開始の時期を九年後にさだめた。清朝は明治政府にならって立憲君主制に移行させて危機を乗り切ろうとしたのである。

しかし義和団戦争以後、賠償金の分担や課税の増大などで民衆の負担は重く、「抗捐《こうえん》・抗税・搶《そう》米《まい》・仇教《きゅうきょう》」（抗捐・抗税が租税の不払い、搶米は米価つり上げ反対などの米騒動、仇教は反キリスト運動）などの民衆暴動が激発した。孫文は一九〇五年八月、東京で清朝打倒を目指す中国同盟会を組織、革命派の運動を全国に広めた。

一九一一年、清朝が外国から借款を得るための担保とするために四川・湖南・広東などの民有鉄道の国有化をはかると、これに反対する民衆は同盟会の指導のもとに武装蜂起をおこない、暴動は各地に拡大した。一〇月一〇日、湖北省の武昌で新軍が反乱を起こし同省の清朝からの独立を宣言した。辛亥革命である。以後、革命は全国に波及、ほとんどの省が清朝からの独立を宣言するにいたった。亡命中の孫文は帰国し、翌一九一二年一月南京で中華民国の樹立を宣言して、選ばれて臨時大総統に就任した。同盟会は改組されて中国国民党となった。

これにたいして清朝は袁世凱を総理大臣に任命して革命政府との折衝にあたらせたが、袁世凱は自分を大統領にすることと交換に清朝皇帝溥儀《ふぎ》（当時六歳）を退位させることを革命政府に約束した。辛亥革命は各省が清朝から独立するという方法によったため、最終的に清朝を倒す革命軍を持たなかったことが致命的な弱点となった。革命政府はやむなく袁世凱の申し入れどおりに臨時大総統の地位を孫文から袁世凱にゆずった。

辛亥革命によって清朝は崩壊、袁世凱が北京で中華民国大総統に就いた。袁世凱はその後国民党を解散させ、さらには帝政を復活して、一九一五年一二月皇帝に即位したが、時代錯誤的な帝政復活は激しい反対運動に晒され、翌年三月袁世凱は帝政取消しを宣言した。袁世凱は六月に病死したが、北京政府は中華民国北京政府として共和政治を継承した。

いっぽう孫文は北京政府に対抗して一九一七年九月に広州軍政府（一般に広東政府と呼ばれる）を樹立して、大元帥に就任し、中華民国の正統政府を主張して「護法軍政府」と宣言した。広東政府は地方政府にすぎなかったが、中国史では北京政府と広東政府の南北対立の時代とみられている。国際的には北京政府が中央政府であったが、一九二〇年代に入ってから北京政府の指導権をめぐって有力軍事政治集団（いわゆる軍閥）の戦争が繰り広げられた。

有力軍閥の背後には利権拡大の思惑をもった列強がそれぞれの軍閥を軍事的経済的に援助した。アメリカは呉佩孚らの直隷派軍閥を援助し、日本は段祺瑞の安徽派軍閥と張作霖の奉天派軍閥を援助した。北京政府は名実備わった中央政府ではなかったために、地方では地方軍閥が割拠する状態になった。安徽派は段祺瑞が安徽省出身、奉天派は張作霖が奉天省出身であることに由来している。直隷派は最初の組織者の馮国璋が直隷省（河北省）出身であったことによる。

中国の統一をめざした国民革命

北京政府に対抗して広東政府を樹立した孫文は、紆余曲折を経て、ソ連から招いた政治顧問の指導をうけて国民党を革命遂行の力量を備えた革命政党に改組した。一九二四年一月に広州で開催された中国国民党第一回全国代表会議（一全大会）において、中国共産党員を国民党に加入させ、国共合作（第一次）を成立させた。革命は、中国の独立と統一を目指して国民党が指導する「国民革命」と称した。

孫文は辛亥革命において清朝に止めを刺す革命軍がなかった教訓から、蔣介石を校長にして黄埔《こうほ》軍官学校を創設し、ソ連の赤軍に模した国民革命軍の幹部の養成をめざした。中国革命史においては、国民党一全大会が中国国民革命の画期とされている。

孫文は、広東政府による全国統一をめざして、「北伐」〈各地に割拠していた軍閥〈軍事政治集団〉を打倒するための北上〉を呼びかけたが、一九二五年三月肝臓癌のため、「革命未だならず、同志諸君、奮闘努力せよ！」という国民党への遺嘱《いしょく》を残して死んだ。

孫文の革命遺志をついだ国民党は、汪精衛を主席とする中華民国国民政府を広州に樹立し、翌一九二六年七月、国民革命軍総司令に就いた蔣介石は、国民革命軍を率いて、広東から北京をめざして北上（北伐）を開始した。国民革命は、張作霖を首領とする奉天軍閥が実権を握っていた北京政府および全国に割拠する軍閥勢力を打倒すること、ならびに帝国主義列強の従属から中国の主権を回復することをスローガンに謳った。ソ連やコミンテルン（共産主義政党の国際組織、モスクワに本部が置かれた）が国民革命を援助した目的は、後者の反帝国主義運動にあった。

蔣介石の率いる国民革命軍（北伐軍）は破竹の勢いで北上をつづけ、一九二七年三月に南京に入城した。しかし、蔣介石は四月一二日、上海で反帝国主義革命をめざした共産党員を逮捕・処刑、これをきっかけに、共産党の大弾圧にのりだした。これにより、第一次国共合作は完全に崩壊した。蔣介石の「四・一二反共クーデター」といわれる。蔣介石はつづいて四月一八日、南京に国民政府を樹立、共産党の排撃（清党）を宣言した。アメリカとイギリスは反共産党、反ソ連の立場を明らかにした蔣介石の統一を支持した。

国民革命に干渉した日本

日本の田中義一内閣は、山東省を北上しようとした国民革命軍にたいして、一九二七年五月の第一次、一九二八年四月の第二次、同年五月の第三次にわたる山東出兵をおこなった。日本が山東出兵をおこなった口実は日本人居留民の保護であったが、真の目的は、北京政府を支配していた張作霖を支援して、北伐軍の北京への進撃を阻止するためだった。第二次山東出兵の五月三日、済南で北伐軍と日本軍が武力衝突する済南事件が発生した。

蔣介石は以後の済南における日本軍との戦闘を回避して国民革命軍の北伐を続行、北京政府を支配していた張作霖の奉天軍を各地で敗走させて、六月一五日に北京に入城し、北伐を完成させた。

いっぽう、日本の勧告にしたがって六月三日に列車で北京を離れて奉天へ向かった張作霖は、関東軍の謀略によって、爆殺されたのである（張作霖爆殺事件）。関東軍は、張作霖爆殺を国民革命軍の仕業として、駆けつけた奉天軍との間で武力衝突を起こさせ、これを機に関東軍も武力行動を開始して、一気に南満州の占領を謀る手はずであった。しかし、張作霖の側近が張作霖の死亡を隠したために、関東軍は軍事行動を起こせず謀略は失敗した。いっぽう日本では「満州某重大事件」と報道されて真相は隠され、日本国民が関東軍の謀略と知ったのは戦後になってからだった。

日本に従属、協力していた父を関東軍が爆殺し、しかもその真相を闇に葬ったことは、張学良の対日不信と反日感情を決定的にした。二八年七月一日、黒龍江・吉林・奉天（遼寧）の東三省保安総司令に就任した張学良は、張作霖が築き上げた東北政権の基盤をうけつぎ、日本側の執拗な説得をはねつけて、同年一二月二八日、東北（満州）全土の旗を、国民政府の青天白日旗に取り替える「易幟《えきし》」（東三省の旗を国民党の青天白日旗に替えること）を断行した。張学良の東北政権が国民政府に合流することを表明したことにより、国民政府の全国統一が達成された。

国民政府は、対外宣言を発表し、全国統一の達成を告げるとともに、不平等条約の廃棄を宣言した。アメリカを先頭に、イギリスなどヨーロッパ各国もつぎつぎに中国の関税自主権を承認、中国を九カ国条約（ワシントン会議で締結された「中国の独立・領土保全」を保障する「中国に関する九カ国条約」〈一九二二年二月調印〉）下の主権国家として尊重し、国民政府による国家建設を支援する立場を表明した。しかし、日本のみが国民政府の統一に敵対する立場をつづけたのである。

この日本の立場は、通州事件の要因となった華北分離工作へと継続されていくことになる。

蔣介石による国民政府の軍事統一

国民革命軍の北伐は、北京政府を支配していた張作霖の奉天軍閥の系統に反対する各地の地方軍も合流したので達成された。そのため、中華民国国民政府（以下、国民政府、国民党政府、蔣介石政府、南京政府などと称する）の統一達成後、蔣介石は地方軍の兵力を削減し、蔣介石直系の国民政府中央軍（国民党軍）による軍権の中央集権をめざした。これに反発した、広西省を本拠とする李宗仁、山西省を本拠とする閻錫山、西北（河南・陝西・甘粛省）を基盤とする馮玉祥などが反蔣介石戦争を起こした。最大の反蔣介石戦争は、一九三〇年五月から七カ月にわたり、閻錫山を中心とした地方軍指導者と国民政府の汪精衛らの反蔣介石派が連携して繰り広げた中原大戦であった。中原とは河南省を中心にした黄河中下流域の華北をさす呼称で、中原を戦場にして内戦は展開した。閻錫山・汪精衛らは北京に地方政権を樹立して南京政府に対抗したが、中原大戦に中立の立場をとっていた張学良が九月に蔣介石擁護を声明、東北軍を率いて北京・天津入りしたことで体勢が決し、蔣介石側の勝利となった。

一連の反蔣介石戦争に勝利した結果、国民政府の直接的支配領域は飛躍的に拡大した。しかし、蔣介石の国民政府中央軍の直系に属しない、非直系の地方軍にたいする軍事力削減政策はその後も巧妙に続けられた。地方軍は一省や複数の省を支配する軍人政治家(軍閥)が行政的に省の主席となり、いっぽうで省の軍隊を保持して権力を維持、省税を軍事費にあてていた。

後に西安事件のところで述べる、張学良の東北軍の「剿共戦《そうきょうせん》」(中国共産党の革命根拠地を撲滅させる作戦)への投入がその例であり、本書で詳述する蔣介石が日本の華北分離工作の矢面に立たせて抵抗させた宋哲元の地方軍第二九軍も同様であった。蔣介石にとっては、投入した地方軍の勝敗はどうであれ、非直系の軍事力を減少させることになったのである。一連の反蔣介石戦争に勝利した蔣介石は、一九三〇年一二月より、攻撃目標を中国共産党の革命根拠地に向け、五次にわたる「剿共戦」を開始した。

蔣介石の「安内攘外」政策による「剿共戦」

既述のように、第一次国共合作により開始された中国国民革命において、革命軍が一九二七年三月に南京を占領してまもなく、蔣介石は上海で「四・一二反共クーデター」を決行、共産党を大弾圧し、第一次国共合作が完全に崩壊した。国民革命軍内部の中国共産党あるいはシンパの指導者たちは二七年八月一日に軍隊を率いて江西省の南昌において武装蜂起をおこない、革命を継続するために国民党軍と戦うことを宣言した（南昌蜂起）。現在中国では、この八月一日を人民解放軍の建軍記念日としている。また、同軍の徽章にも「八・一」の文字が記されている。

いっぽう、湖南省では毛沢東らが農民運動を組織、二七年秋に武装蜂起して地主から収穫物を獲得する秋収暴動をおこなったが失敗し、残った部隊を率いて、湖南・江西省境の井崗山に入り、革命根拠地を建設した。これに南昌蜂起をした共産党軍が合流して、共産党の革命軍としての中国労農紅軍を成立させた。中国では赤色を紅色と表記する。日本語の赤軍が中国語では紅軍となる。共産主義革命をおこなうために労働者と農民が組織した革命軍という意味で労農紅軍（中国語では工農紅軍）、略して紅軍と称した。

この革命根拠地では、共産党の権力がうちたてられ、紅軍がゲリラ戦を展開して周辺農村における地主の土地を没収し、農民に土地を分配する土地革命を実行した。この革命政権はソビエトと呼ばれた。ソビエトはロシア語で、ロシア革命のとき革命権力樹立の基礎になった労農兵ソビエト（評議会・

会議の意味）に由来する。これ以後、ロシア革命をモデルにしたソビエト政権を樹立するためのソビエト革命が華中・華南の各地で展開され、革命根拠地が形成された。紅軍は、農民の立場に立った思想と、それまでの軍隊にみられない規律をもっていたので、農民とくに貧農に支持された。

各地で樹立したソビエト政権を統合するために三一年一一月、江西省の瑞金を首都とする中華ソビエト共和国臨時中央政府（主席毛沢東）が成立した。各地のソビエト政権は、ソ連をモデルとする政府機構・法制度など革命国家としての実体化と、域内民衆の支持の獲得に努力した。

いっぽう、蔣介石国民政府の統一にとって、中華ソビエト共和国の領域拡大は、最大の政治的障害となった。とくに、共産党の革命根拠地が、南京政府のある華中にも建設されたことは蔣介石にとって脅威となった。蔣介石は一九三〇年代に入ってから「安内攘外」政策をかかげ、ソビエト政権の撲滅戦（剿共戦）を五次にわたっておこなった。ソビエト地域を包囲して攻撃、その撲滅をはかったので、「囲剿《いそう》」と呼ばれた。

「安内攘外」は「先に国内を安定させてから、外国を打ち払う」という意味で、具体的には国内の共産党の革命根拠地を掃討、撲滅して国内を安定させてから抗日にあたることであった。蔣介石は「剿共」と「抗日」とを比較して、「剿共」を第一にしたのである。「四・一二反共クーデター」により共産党勢力を粛清し、欧米と同じ資本主義国家建設の道を歩もうとした蔣介石にとって、中国共産党は不倶戴天の敵であり、中国を侵略する日本帝国主義よりも脅威であり、国民政府の将来を考えれば、抗日よりも優先して殲滅しておかなければ将来に禍根を残すと思われたのであった。

一九三三年一〇月から開始された第五次「囲剿」では蔣介石は、百万の大軍をもって、ソビエト地区に総攻撃をかけた。トーチカ（コンクリート製の防御陣地）を築き、その間を軍用道路でむすんでソビエト地区を封鎖し、この包囲網をせばめてゆくという周到な作戦を実施した。圧倒的な軍事力により紅軍のゲリラ戦術が封じ込められ、追いつめられた共産党中央委員会とソビエト政府関係者は、三四年一〇月、首都瑞金を放棄、江西省ソビエト地域を脱出して、紅軍主力一〇万をともなって、新たな革命根拠地をもとめて大移動を開始した。中国革命史では「大長征」あるいは単に「長征」と呼ばれる。

中国共産党と紅軍は、国民党軍の空と陸からの執拗な追撃をふりきりながら、険しい山河を越え、一万二〇〇〇キロの行程を踏破して、三五年一〇月陝西省北部にすでに築かれていた革命根拠地にたどり着いた。出発時に一〇万あった部隊が一万に激減するという大きな犠牲をはらったが、紅軍の中心部隊は維持され、その後、他のソビエト区から移動してきた部隊も合流し、後に「革命の聖地」といわれる延安を中心にした陝甘寧抗日根拠地（陝甘寧辺区）が築かれた。

蒋介石が国民政府軍の全力をあげて第一次から第五次にわたる「囲剿」に集中していた時期に日本は三一年九月一八日の謀略による柳条湖事件をきっかけに満州事変を起こし、三二年一月に傀儡国家「満州国」を樹立した。しかし「安内攘外」政策をかかげた蒋介石は、日本の満州侵略にたいして不抵抗政策をとり、張学良にたいしても不抵抗を指示した。そのかわり蒋介石は国際連盟に柳条湖事件を提訴し、欧米列強からの干渉圧力によって日本の満州侵略を阻止しようとした。関東軍の錦州爆撃(三一年一〇月）や「満州国」建国（三二年三月一日）については不法行為であると国際連盟に訴えつづけて、日本を国際社会から孤立させてゆき、ついには国際連盟から脱退させるにいたった（三三年三月）。

蔣介石は中国の軍事指導者として冷徹な戦略をもち、国民の抗日熱に煽られて日本軍に敗北することが明らかな抗日戦争に踏み切っては、中国が敗れて日本の植民地になるだけであると考えていた。中国が陸・空・海軍を備えた近代的国防軍を建設し、日本軍に対抗できる戦力を備えるまでは、外交政策や和平交渉によって、戦争回避につとめ、その間に国際連盟に提訴したり、欧米列強の干渉圧力によって、日本の中国侵略戦争を抑止する、という戦略を蔣介石は考えていた。(註1)

本書で詳述する関東軍と支那駐屯軍による華北分離工作にたいする蔣介石の対応には「安内攘外」が基底にあり、妥協的、譲歩的であった。日本軍の軍事侵攻作戦にたいして、蔣介石は「不抵抗政策」をとって、蔣介石直系の中央軍が日本軍と直接戦闘することは回避した。そしてこれまで述べてきたように、「囲剿」に集中したのだった。

蔣介石にとっての重要な地域の順位は第一が華中であり、第二は華北であり、第三は東北（満州）であった。蔣介石は武力でもって東北を取り戻すことは考えていなかった。華北については、軍事上は日本の華北分離工作にたいして武力抵抗をしないで、華北に曖昧な政治空間をつくり、華北が特殊な様相をもちながら、中央が主権を失わないで対応することにしたのである。すなわち、国民政府の対日政策は武力によって抵抗できないので、日本の侵略を緩和するために華北を日本と中国の緩衝地域にしようとしたのである。

この華北を日中の緩衝地域にしようという「退却戦略」が次章で詳述するように、国民政府が塘沽停戦協定や梅津・何応欽協定を結び、関東軍、支那駐屯軍の華北分離工作を進展させることになるのである。いっぽう蔣介石は、華北分離工作にたいして、軍事的には受動的な対応をしながら、宋哲元ら華北の地方軍の指導者には強権的に指示、命令を与えて彼らを日本軍との折衝の矢面に立たせて抵抗、不服従をさせるという政治主導の戦略を実行した。

以上のような蔣介石の「軍事受動、政治主導」の戦略のもとに、日本の華北分離工作にたいする中国の地方軍の抵抗、抗日という構図が形成されたのである。通州事件は、蔣介石と国民政府の動向と宋哲元らの現地地方軍の動向が錯綜する政治的軍事的構造のなかで、傀儡政権である殷汝耕の冀東防共自治政府の保安隊の反乱が準備されていくという複雑な歴史展開になる。そのため、本書の叙述が煩雑になるのは免れないが、読者を混乱させないような記述を心がけていきたい。〈註2〉

【註】

〈1〉拙稿「国民政府軍の構造と作戦—上海・南京戦を事例に—」（中央大学人文科学研究所編『民国後期中国国民党政権の研究』中央大学出版部、二〇〇五年）で明らかにしたように、蔣介石は抗日戦争を戦うために、近代的な国防軍の建設に国力を集中した。蔣介石はドイツ国防軍をモデルに、ドイツから新鋭の近代的兵器を輸入、ドイツ軍事顧問団の指導によるドイツ式の軍隊編成と軍事訓練をおこなった。国民政府軍は日本になかった空軍を創設、中国空軍は、三七年二月には、合計三五の中隊、大隊を有し、所有飛行機は大小六〇〇余機、飛行場は全国に二六二カ所と拡充していた。一九三七年七月七日の盧溝橋事件にたいして、蔣介石が抗日戦争を決断したのは、国民政府の国防軍建設の成果を踏まえてのことだった。蔣介石はそれまでの「安内攘外」政策を「安内」から「攘外＝抗日」に転換したのである。

〈2〉蔣介石の華北分離工作にたいする戦略については、黄自進「中日戦争の前奏：蔣介石と華北問題（1933—1935）」（山田辰雄・松重充浩編著『蔣介石研究—政治・戦争・日本』東方書店、二〇一三年）を参照した。

第1章　冀東保安隊はどのような軍隊だったのか

一九三七年七月七日、北平（北京）の南西郊外一五キロの盧溝橋で発生した日中両軍の衝突事件（盧溝橋事件）の二二日後の二九日、北平の東郊外二〇キロの通州で、日本軍の傀儡政権であった冀東防共自治政府の保安隊（以下、冀東保安隊、通州保安隊）約四〇〇〇人が反乱を起こし、日本軍の守備隊二〇名と日本人居留民二二五人（日本人一一四名、朝鮮人一一一名）を殺害したのが通州事件である。北平とは現在の北京の当時の呼称で、国民政府が南京を首都にしたことから、現在の北京を北平と呼称した。当時の新聞報道や北平学連など運動組織はすべて北平と呼称したので、本書でも北平という呼称を使用する。

通州事件がなぜ発生したのかを究明するためにまず、日本軍に反乱を起こした冀東保安隊はどのような軍隊であったのかを解明する必要がある。そのための格好な史料が、反乱を計画し、指導した張慶余が残した「冀東保安隊通県反正始末記」と題する回顧録である[註1]（以下、「回顧録」と記す）。一九六一年に執筆した「回顧録」で中華人民共和国に残留した元国民党将校の肩書になっている。冀

張慶余

東防共自治政府委員長の殷汝耕は日本の敗戦後、中国の抗日戦争勝利後に漢奸（売国奴）として国民政府に処刑されたが、張慶余は最後には共産党政権を支持した国民党革命委員会のメンバーになったことがわかる。「通県反正」と題しているが、中国語の「反正」は、「正しい状態に返す」という意味であり、張慶余が指導した軍事反乱は、日本軍の傀儡政権を倒して「正しい状態に返す」ことを目的にしたものとしている。

　張慶余が反乱保安隊の最高指揮官であったことを証明する日本軍の史料が「支那駐屯軍兵站部通州兵站司令部　昭和十二年七月　七月二十九三十日於通州附近戦闘詳報[註2]」である。「通州保安隊編成図」（本書一四頁）はそのなかに挿入されていた通州保安隊の詳細な編成図で、反乱保安隊の全体の編成が各部隊の指揮官とともに記された貴重な史料である。保安隊の全体像は「第5章　通州事件の発生と全貌」で改めて詳述するが、ここでは反乱した保安隊の最高指揮官が冀東保安隊第一総隊隊長張慶余で、副指揮官が第二総隊隊長張硯田であり、この第一総隊と第二総隊が反乱軍の主力であったことを確認するために紹介した。

　「回顧録」によれば、張慶余と張硯田は、もとは張学良の東北軍の第五一軍の于学忠部隊の団長だった。于学忠の部下であった二人がどういう経緯で冀東保安隊の指揮官になったのか、軍人于学忠の人物と動向から話を進めていきたい。以下、本書に登場する中国軍人については、本書一三頁の一覧表を参照されたい。

張学良と于学忠

于学忠は一八八九年一一月に旅順に生まれた。通州速成随営学堂歩兵科を卒業して、父が張作霖と清軍の部隊にいたころの同僚であったこともあって張作霖を統領とする奉天軍の軍人となった。張作霖が関東軍の謀略によって一九二八年六月四日に爆殺され、後をついだ息子の張学良が東三省（黒龍江省・吉林省・奉天省）にまたがる東北政権を築き、いっぽうでは二八年一二月に蒋介石国民政府の統一を受け容れる「易幟《えきし》」を断行した。張学良は、蒋介石の統制下に入り、東北政務委員会を発足させて主席となり、東北辺防衛軍司令官となった。東北辺防軍を以下、東北軍と称するが、于学忠は張学良によって、東北軍の第一軍軍長に任命され三〇年九月に山海関に駐屯した。〈註3〉

于学忠

三〇年五月に河南省に勢力基盤をもつ馮玉祥や山西省に勢力基盤をもつ閻錫山をはじめ、反蒋介石派軍人各派三四人が結集して蒋介石の下野を要求して反蒋介石戦争を開始、河南、山西および河北、陝西などの中原とよばれた広大な省地域を戦場に、中原大戦が繰り広げられた（本書

張学良（左）と蒋介石（ウィキメディア・コモンズより）

四五頁参照）。この時、張学良は蒋介石側にたって参戦し、蒋介石の勝利に貢献した。中原大戦の結果、国民政府は華北一帯を直接的支配領域に組み入れた。張学良の功績を高く評価した蒋介石は三〇年一〇月、張学良を国民政府の陸海空軍副総司令に任命すると同時に、中原大戦後に拡大した直接支配地域の統治を張学良に委ねた。そこで張学良は三一年はじめ、東北軍一一万五〇〇〇人を華北一帯に進駐させ、河北省、陝西省、チャハル省、綏遠省と北平（北京）・天津・青島の軍政権、民政権を掌握した。張学良は東北には約一九万人の軍隊を有し、東三省に熱河省をくわえた東北四省をその統治下においたのである。〈註4〉

一九三一年九月一八日、関東軍が謀略により、奉天近郊の満鉄線を爆破した柳条湖事件をきっかけに満州事変を引き起こした。その後、関東軍は東三省を軍事占領して、三二年三月一日に「満州国」を樹立すると、張学良は満州（東北）を追われ、十数万の東北軍を率いて関内（万里の長城以南）に撤退した。

満州事変に際して蒋介石は、「安内攘外」政策すなわち、まず国内統一体制を強固にすることを第一とし、軍事的政治的に強大になってから抗日戦争を発動して日本軍を中国から駆逐する、という政策をとり、張学良にもそれに従わせた（本書四七頁参照）。いっぽう張学良も、柳条湖事件は、一九二八年の張作霖爆殺事件（本書四三頁参照）と同様に、関東軍の挑発行為であると思って警戒し、関東軍と戦争状態に入らないように不抵抗作戦を指示したのであった。

于学忠は平津衛戍司令という北平（北京）・天津地域を防衛する軍隊の司令官の要職にあり、東北政務委員会委員を兼任していた。北平と天津を中心とする河北省における于学忠の軍事的政治的実力を認めた国民政府は、三二年八月、于学忠を河北省主席に任命した。于学忠は同月、国民政府の軍事委員会北平分会委員の兼任を命じられた。これにより、于学忠は河北省の政治・軍事の実権を握るようになった。于学忠がこのようにいくつかの官職を兼任したのは、前述した蔣介石が「軍事受動、政治主導」の戦略のもとに（本書五〇頁参照）、中国の地方軍に権力を分担させる形にして、関東軍や支那駐屯軍の侵攻政策に抵抗させたからである。

関東軍の熱河作戦と東北軍

熱河省は現在の中国の省にはないが、一九二八年から五五年まで省として存在した。北京の東北約二〇〇キロに承徳市があるが、そこを省都として現在の河北省、遼寧省、内蒙古自治区にまたがって存在したのが熱河省である。これまで述べてきた東三省には含まれておらず、内蒙古の省とされていた【地図：通州事件関連略図①】（本書一〇頁参照）。そのため関東軍が樹立した「満州国」には当初、含まれていなかった。熱河省に駐屯していたのは東北軍で、熱河省主席の湯玉麟が統率する一万五〇〇〇人の兵力があった。

関東軍にとっては、熱河省は「満州国」の一地方であり、これを攻略して支配下におくことは、「満州国」樹立のときから予定していた。そこで関東軍は、武藤信義司令官の指揮下に一九三三年二月二三日に熱河省侵攻作戦を開始し、三月四日には熱河省の省都の承徳を容易に占領した。勢いに乗った関東軍は長城線へと進撃、長城線の重要関門を制圧して、三月一一日に武藤関東軍司令官は「満州国」の首都の新京に帰還、熱河作戦は終了した。

日本が熱河作戦を発動する前に、蔣介石は張学良にたいして、日本軍に妥協的な湯玉麟を倒して、張学良が熱河省の実権を掌握するように命じていた。しかし、張学良は東北軍が内戦を起こして戦力を減退させる蔣介石の戦略を察知していたので、命令に従わないでいた。関東軍が熱河作戦を開始すると、張学良は熱河省主席・熱河駐軍司令の湯玉麟に抗戦を命じたが、湯は戦闘を放棄して一戦も交えずに部下を引き連れて関内に逃亡し、関東軍は承徳を無血占領した。このため、湯は国民政府から熱河省主席を罷免され、さらに逮捕令を出されたので、チャハル省へ逃げてしまった。

中国国民政府は日本軍による柳条湖事件に始まる満州事変と「満州国」樹立は、ワシントン会議で締結された「中国の独立・領土保全」を保障する「中国に関する九カ国条約」（一九二二年二月調印）に違反するものであり、さらに「国際紛争解決のため戦争に訴えることを非」とした「不戦条約（戦争放棄に関する条約）」（一九二八年八月パリにて調印）に違反する行為であると国際連盟に訴えていた。関東軍が熱河作戦を強行したのは、国際連盟でリットン調査団の報告書をめぐって審議がおこなわれていた最中だったので、国際連盟における日本の孤立は決定的となった。そして三三年二月二四日の国際連盟総会で、「満州国」を承認しないリットン報告書が賛成四二、反対一（日本）、棄権一（シャム）

の圧倒的多数で採択されると、日本は翌月、国際連盟を脱退してしまったのである。

いっぽう、熱河省の失陥により中国国民の怒りの世論は沸騰し、満州事変で日本軍に抗戦せず「不抵抗将軍」と非難された張学良と「安内攘外」政策をとっていた蔣介石の二人に激しい非難が集中した。国民政府の権威の失墜を恐れた蔣介石は、三月七日に張学良に辞表の提出を求め、それまで張学良が統括していた東北軍と西北軍の指導権を国民政府に引き渡すよう迫った。〈註５〉その結果、張学良は、三月一一日、陸海空軍副総司令、東北軍司令官、東北政務委員会主席の一切の軍官職を辞職することを全国に通電した。〈註６〉

張学良は辞職とともに四月一一日に上海を出航して、一〇カ月におよぶヨーロッパ歴訪の旅に出た。張学良の下野と出国に先だって、彼は東北軍約二六万人を四つに分け、黒龍江省主席の万福麟と北平綏靖公署第一処長の王以哲、軍事委員会北平分会委員の何柱国の指揮下に各一個軍、計約九万人を配属し、残りの約一七万人を河北省主席兼軍事委員会北平分会委員の于学忠の指揮下に配属することを決定した。〈註７〉于学忠の指揮下の軍隊は国民政府軍の編制に入り、第五一軍となった（張学良の軍隊という意味で東北軍五一軍とも称される）。かつて約三〇万五〇〇〇人を擁した張学良の東北軍のうち、約四万五〇〇〇人は「満州国」領域に残留し、ゲリラ化して抗戦を続けた部隊と、日本側に帰順して、後に編成された満州国軍の部隊になっていったのとに分かれた。

ここで、于学忠指揮下の東北軍五一軍の兵員がなぜ突出して多かったのかを考えてみたい。それは、張学良が満州事変と「満州国」樹立により、故郷の満州、東北の地を失ったために、故郷を離れて長城を越え、河北省に移駐してきた軍隊だったからである。蔣介石は華北における張学良の政治的位置を考慮して、三二年八月には張学良を国民政府の軍事委員会北平分会副委員長の座につけていた。したがって、張学良が率いて移駐してきた東北軍は北平地域を中心に河北省に広く駐屯していた。それらを、河北省主席で、三三年五月には国民政府の行政院駐北平政務整理委員会委員を兼任、さらに同六月には天津市市長を兼任することになり、河北省の軍政の実権を握っていた于学忠の指揮下に入れることにしたので、約一七万人におよんだのである。

張学良に率いられて河北省に移駐してきた東北軍の兵士たちは、家族も同伴しての移動であったから、東北軍兵士とともに「難民」として河北省に「流亡」してきた「流浪の民」としての東北人の人口は膨大なものになった。こうした東北軍兵士とその家族たちの思いは「抗日覆土」、すなわち国民党蔣介石政府が抗日戦争に勝利し、満州の地から日本軍を駆逐して、故郷の失地を回復して、再び故郷の地へ帰り、家族団欒の生活を取り戻すことであった。素朴な東北人の「郷土ナショナリズム」といえる思いであるが、このことは、冀東保安隊員に多くの東北軍兵士が含まれていたことに関わるので、改めて後述する。

塘沽停戦協定と河北特警隊

熱河作戦を終えた日本軍にとってつぎの課題は、「満州国」と長城以南の中国本土との境界線の画定であった。関東軍は三三年五月、長城を越えて関内作戦を開始し、たちまち北平—天津を望む線に迫った。国民政府は日本の軍事行動をアメリカの斡旋によって停止させようと試みたが、アメリカは積極的に関与することを回避した。蔣介石は江西省の瑞金を首都とする共産党の中華ソビエト政権の撲滅（剿共戦）を最優先させ、大軍をもってソビエト地域を包囲して攻撃する「囲剿」作戦を展開中で、「安内攘外」政策を継続していた。そのため、関東軍の関内作戦にたいして宥和政策をとり、日本側の停戦条件をそのまま受け入れて五月三一日、塘沽停戦協定を結んだ。蔣介石は剿共と抗日を比較して、剿共を第一にしたのである。

同協定の主な内容は、【地図：通州事件関連略図②】（本書一一頁）にある区域を「戦区」（停戦地域）として、同地域から日本軍も中国軍も撤退して「非武装地帯」「中立地域」にして、同区の治安維持には反日的ではない中国の警察機関があたる、というものだった。塘沽停戦協定によって、熱河省を含む「満州国」の国境が定められて、関東軍は長城線に撤退し、中国軍も天津—北平線の以南に撤退することになった。日中両軍が撤退した長城線以南と天津—北平線以北の河北省北東部は、北京周辺の三県を加えて二二県からなる広大な区域で「冀東」といわれたが（「冀」は河北省のこと）、協定では「戦区」（停戦地域）とされ、非武装の緩衝地帯とされた。本協定により、「満州国」の国境は画定し、満州事変は事実上終結した。

黄郛（ウィキメディア・コモンズより）

塘沽停戦協定調印の日本側代表は、関東軍参謀副長の岡村寧次少将、中国側は軍事委員会北平分会代表の熊斌中将だった。しかし、同協定を結ぶにいたった国民政府の責任者は、三三年四月下旬に発足した行政院駐北平政務整理委員会委員長の黄郛だった。北平政務整理委員会は、張学良の辞任をうけて、中央化に反対する華北の地方軍事勢力の

指導者と日本軍の圧力に対処しつつ、中央化を進めるために蔣介石国民政府が北平に設立した新機関だった。〈註8〉

黄郛は国民党員ではなかったが、蔣介石と特別な友誼があり、蔣介石の考え方を正確に理解したうえで、華北地方当局者を慰撫して、中央政府と華北地方当局の間のわだかまりを解消しようとした。黄郛はまた日本語が流暢であり、日本の事情に精通しており、日本の駐在公使館員及び武官とも個人的友誼があり、「知日派」とみなされていた。北平政務整理委員会は、黄郛のために組織した臨時の機関で、日本に和議を求めることが主目的で、最少の代償で中国の華北における主権を守ろうとした。

蔣介石は、関東軍の野心がとどまることなく、不断に勢力を拡大しているときに、華北にあいまいな政治的空間、つまり緩衝地帯をつくって戦略的に「退却」し、華北が特殊の様相を持ちながら中央が主権を失わないで対応する方策を考えたのである。戦略的といったのは、主導権は維持しておいて、将来可能な情勢が到来すれば攻勢に転ずるというものだった。〈註9〉当時の蔣介石は、武力で満州（東北）を取り戻す気はなく、華北は放棄しないが、代価を惜しまずに守る気はなかった。外交的手段でもって戦争を回避できるような緩衝空間を獲得しようとしたのである。〈註10〉

塘沽停戦協定の結果、中国軍は冀東に駐屯できなくなったので、河北省主席の于学忠は、協定で認められた「河北省特区警察隊」（以下、河北特警隊あるいは特警隊）五個隊を冀東に駐屯させることにした。于学忠は麾下の第五一軍の団長の張慶余を河北特警隊第一警察隊長に、同じく団長の張硯田を河北特警隊第二警察隊長に任命した。塘沽停戦協定では、軍隊ではなく警察隊が治安維持にあたるとされていたが、事実上は兵隊からなる部隊であり、後述するように後に保安隊となる。張慶余は北京模範団歩兵科卒業後、排長から始まって、連長、営長、団長を歴任した軍人で、冀東保安隊の第一総隊長に就いた時は四二歳の働き盛りであった。張硯田は保定講武堂歩兵科を卒業して、砲兵団長、歩兵団長などを歴任した軍人で、冀東保安隊第二総隊長に就いた時は、四〇歳であった。〈註11〉

張慶余の回顧録によれば、第一警察隊、第二警察隊とも、営長、連長は第五一軍から引き抜き、排長と班長は、各隊内から選抜したと述べている。〈註12〉さらに特警隊は各隊五千余人で、河北省内の各県で新兵の徴集、募集をおこなったとある。団は中国の軍編制の単位で、日本軍の連隊（約二〇〇〇人）にあたる。同じく営は日本軍の大隊（約六〇〇人）に相当し、連は日本軍の中隊（約一六〇人）に相当、さらに排は小隊（四〇人程度）、班は分隊（一〇人程度）に相当する。

ここで注目しておきたいのは、張慶余と張硯田が第五一軍の団長であったことである。そしてその営長と連長も第五一軍から警察隊へ引き抜いたのだった。容易に想像できるのは、張慶余、張硯田とも自分が団長をしていた第五一軍将兵の多くを特警隊に移行させたことである。南開大学歴史系・唐山市档案館編『冀東日偽政権』には、「国民政府は于学忠の五一軍の中から千余人を抽出して二個警察隊を組織し、旅長（団長の誤り―引用者）の張慶余、団長の張硯田をそれぞれ第一、第二警察隊長を担当させた」と書かれている。〈註13〉とすれば、東北軍の第五一軍から千余人の将兵が警察隊へ移り、後の冀東保安隊の中核になったのである。冀東防共自治政府の灤県《らんけん》公安局分所員であった張炳如の回想録によれば、冀東保安隊第一総隊長の張慶余は第五一軍第一一八師第六五二団団長、督察長（参謀長）沈維幹は同第六五二団付将校、第一区隊長の張含明と第二区隊長の蘇連章はともに第一一八師の営長であったとある。〈註14〉冀東保安隊第一総隊は、第五一軍の団長であった張慶余の部下で固められており、それだけ結束が強固であったことが知れる。

第五一軍の将兵多数が特警隊へ移ったことにより、東北の故郷を追われ、長城を越えて河北省へ「難民」となって流亡してきた第五一軍将兵の家族は、河北省に留まって生活を維持することができたのである。

さらに注目しておきたいのは、張慶余が隊長になった河北特警隊第一警察隊と張硯田が隊長になった河北特警隊第二警察隊が、後述するような経緯を経て、そのまま反乱を主導した冀東保安隊第一総隊と冀東保安隊第二総隊の基幹となったことである。すなわち、通州事件の反乱部隊の主力は旧東北軍五一軍の将兵によって構成されていたのである。

張慶余と張硯田が隊長となった河北特警隊第一警察隊と河北特警隊第二警察隊ともそれぞれ五千余人の兵員で構成されたから、第五一軍から移らせた兵員ではとても足りないので、多数を補充する必要があった。

河北省主席の于学忠も省の行政機関をつうじて各県単位で新兵の募集、徴兵などをおこなったと思われるが、その際、前述した故郷の東北（満州）を追われて、河北省に「流浪」してきた難民状態の元東北軍兵士が、于学忠の麾下の部隊をはじめ多数存在したので、彼らが家族を養うために応募して入隊したことは十分考えられる。

河北特警隊の成立の経緯については、北平政務整理委員会委員長の黄郛に関する公式資料を整理した『黄膺白先生年譜長編』[註15]（黄膺白は黄郛のこと）から、張慶余の「回顧録」の事実が裏付けられるので整理しておきたい。

黄郛は塘沽停戦協定で「戦区」（停戦地域）と規定した非武装地帯の農村社会の治安悪化による無法状況を回復し、農村建設を進めようと戦区清理委員会を設置したものの、それまでの保安隊や警団（民団）の質が悪く、内部抗争や利権争いが頻発し、武力衝突さえ発生してかえって治安が悪化するような状況だった。そこで三五年二月一三日、戦区清理委員会と天津の支那駐屯軍で決めたのが、従来の素質不良の保安隊はそれぞれ行政督察専員（本書八二頁参照）所在地の唐山と通州に移動させ、戦区には河北省主席于学忠の指導下で訓練された新しい保安隊を入れることだった。[註16]

しかし、三五年の春に黄郛は病気のため、北平政務整理委員会委員長を辞任した（三六年一二月上海で肝臓癌のため死去）ので、代わって国民政府軍事委員会北平分会代理委員長に就任した何応欽が黄郛の任務を受け継いだ。蒋介石が何応欽を北平に派遣したのは、彼が日本の陸軍士官学校の歩兵科第一一期生（一九一六年五月卒業）であり、日本語も堪能であったことから、日本軍当局と交渉に有利であるとの判断があったからと思われる。蒋介石が国民政府軍事委員会の幹部である何応欽を黄郛の後任として北平に派遣したのは、次章で詳述するように、日本軍が華北分離工作で樹立した傀儡政権の冀東防共自治政府に対抗する冀察政務委員会を設立させたように、国民政府も積極的に日本に抵抗する姿勢に変化した現れといえた。

何応欽

蒋介石国民政府が、抗日への姿勢を強めた背景には、前述のように、第五次「囲剿」が効を奏して、江西ソビエト地域から紅軍を駆逐したことにより、「抗日」よりも「剿共」を第一にしていた「安内攘外」政策から「抗日」への傾斜を強めるように修正したことがあった。

何応欽が北平に派遣されて以後、河北省主席の于学忠が動いて、それまでの雑軍的で規律や質の悪かった従来の保安隊の入れ替えを実施、于学忠のもとで訓練された新しい保安隊を入れた。このことは、関東軍の山海関特務機関長儀我《ぎが》誠也大佐(後に支那駐屯軍の天津特務機関長となった。張作霖の軍事顧問の経歴をもつ)も同意を与えた。〈註17〉三五年四月一三日には、薊密《けいみつ》区(北平、長城沿いの山岳地帯。戦区の「北路」にあたる。通州に役所)に張慶余、灤楡《らんゆ》区(冀東、沿岸・北寧線沿線地域。戦区の「東路」にあたる。唐山に役所)に張硯田の保安隊が入ることが決まった。これに先だって薊密区保安司令に殷汝耕、灤楡区保安司令に陶尚銘が就任することが決められた。それぞれ行政督察専員が保安司令を兼任するかたちである。後に陶尚銘が辞職して、殷汝耕が全戦区(非武装地帯)の督察専員となった。〈註18〉

五月六日、関東軍・支那駐屯軍とのあいだで保安隊入れ替えに関する最終合意が成立した。これを踏まえて、五月八日、河北省政府から保安隊交代令が発せられた。一一日に張慶余隊が通州に、張硯田隊が唐山に集合し、日本軍と行政督察専員との監督のもと、任地へと展開していった。張慶余隊は河北省特区警察第一隊として薊県《けいけん》の「総隊部」(司令部)を設置し、張硯田隊は河北省特区警察第二隊として唐山に「総隊部」を置いた。それぞれ五〇〇〇名で、軽機関銃二五挺を配備していた。〈註19〉以上の経緯については、改めて本書七〇頁で詳述する。

以上の北平政務整理委員会委員長黄郛の記録からは、于学忠の部下であった張慶余と張硯田の第五一軍の将兵が、日本軍側も認めた経緯で、部隊編成ごと冀東保安隊になっていった経緯が確認されたように思う。

ところで、張慶余の回顧録で注目されるのは、自分と張硯田は秘密結社「哥老会《かろうかい》」の会員であったと書いていることである。〈註20〉日本と違って、国土が広大で、中央の権力がほとんどおよばない農村においては、強盗、土匪《どひ》（土着の匪賊）、山賊、野盗集団などの匪賊集団の襲来、略奪から村を守る武装自衛組織が伝統的に発達していた。中国の地方都市の県政府所在地が城壁に囲まれ、城内に兵隊をもっていたのも、都市の武装自衛手段からであった。しかし県城周辺の広大な農村では、城壁を築くことはできなかったので、村民が武装自衛組織をもったのである。多くは宗教的な秘密結社の形をとった。河北省では特に多く、紅槍会、大刀会、小刀会、天門会などさまざまな秘密結社があった。張慶余と張硯田が会員であったという哥老会は、清朝末期には大勢力を有して、清朝を倒した辛亥革命では革命軍と結んで大きな役割を果たしたことで有名であるが、中華民国になってからは、秘密結社の天地会と合流して洪門会や紅帮《ホンパン》とも呼ばれていたが、地方軍の軍人に多くの信者がいた。

農民の武装自衛組織が宗教的秘密結社の形態をとったのは、武術と信仰の合一があった。それは、信仰すれば刀や槍が突き刺さらないとか、鉄砲の弾が当たらないなどの迷信にもとづくものであるが、教祖、会首、老師、伝師などの宗教的カリスマが組織化と維持に効果があったのと、秘密宗教的な儀式や武術的な修練が団員の連帯意識を高めたのである。秘密結社としたのは、租税反対や賦役《ふえき》反対など官権力の統制、抑圧にたいする抵抗のためと、外敵の攻撃にたいして、会員の家族、親族を守るという意味があった。

秘密結社が組織された村では、村落秩序に準拠しつつ青年男子を徴集して軍事編成にあたる経費を管理する業務と、信仰をつかさどって民衆に不死身の確信を付与するとともに武闘訓練にあたる業務の二本立てになっていたところが多い。各村の会首といわれた秘密結社の指導者には、村民に声望のある有力者が就いた。強力な匪賊の侵入にたいしては、近在の四〜六の村の秘密結社が連合して対抗することが多かった。後述するように、日本が盧溝橋事件をきっかけに「北支事変」と称して、河北省、河南省、山東省に軍事占領地を拡大していったとき、各地の秘密結社は自発的に抗日ゲリラを組織し、日本軍の侵略に抵抗した。三谷孝『現代中国秘密結社研究』には、張学良軍の将校が秘密結社天門会の参謀となって一時期行動をともにした事例や同じく天門会の首領が国民党軍に帰順して地域の保安隊長になった事例が紹介されている〈註21〉。

秘密結社による抗日ゲリラ闘争が活発であった河北省、河南省、山東省の省境が隣接する地域に、共産党と八路軍が工作に入り、秘密結社の抗日ゲリラを八路軍のゲリラに変える思想工作をおこない、一九三八年夏には冀魯豫《きろよ》（河北省・山東省・河南省）抗日根拠地の基礎がつくられた。日本軍の特務機関も農村の秘密結社にたいする懐柔工作を重視して活発な工作をおこない、日本軍の傀儡軍として利用した事例もある。

張慶余と張硯田が秘密結社「哥老会」の会員であったことに関連して、河北省農村に広く存在した秘密結社について述べたのは、于学忠が張慶余と張硯田に組織させた河北特警隊の目的が、秘密結社の農村の自衛と治安維持の目的とが合致することから、河北省の各県で募集、徴集した新兵に、農村の多くの秘密結社の青壮年の会員が応募して入隊したことを指摘したかったからである。過剰人口を抱え、土地が不足していた農村においては、秘密結社の会員でなくとも、給料が支給される河北特警隊員になることを選んだ青壮年も多かったので、隊員の募集と徴集は容易であったと思われる。

この河北特警隊がこれから述べるように冀東保安隊になるわけであるが、指摘しておきたいのは、このとき入隊した新兵の中に、多くの秘密結社の会員や同調者がおり、彼らは村落自衛、郷土防衛、さらに拡大して国土防衛という意識を持っていたことである。この意識は前述した抗日ゲリラ闘争に参加した秘密結社の農民と共通するものであり、通州の保安隊がなぜ反乱をしたのかを考えるうえで、欠かせない側面である。

いっぽう、秘密結社の会員や同調者が備えていた、かつての義和団のような前近代的な迷信信仰や暴力的な排外主義的な側面についても注目しておく必要がある。通州事件において、日本人居留民が襲撃され、虐殺され、略奪されたのは、そのような暴力的な排外主義行動をとる保安隊の部隊が存在したからである。

この時、徴集した新兵の部隊は、張慶余は武清県へ、張硯田は滄県へ率いて駐屯させ、軍事訓練を施して、後述するように、通州事件を起こす冀東保安隊に編成していったのである〈註22〉。

梅津・何応欽協定と河北保安隊

塘沽停戦協定により満州事変は事実上終結したのも束の間、関東軍と支那駐屯軍は華北を国民政府の統治から切り離し、「第二の満州国」とするための「華北分離工作」の策動を開始した。支那駐屯軍は、一九三四年四月、「北支占領統治計画」を策定し、三五年七月には「北支那政権の発足に伴ふ経済開発指導案」を策定、関東軍、満鉄とともに華北の資源調査に本格的に乗り出した。いっぽう関東軍参謀部は、三五年一月に大連において「対支那諜報関係者会同」を開催し、「軍は北支に於ては支那駐屯軍及び北平武官などと協力し、南京政権の政令が去勢せらるる情勢を濃厚ならしむる」施策を講じる方針を表明した(註23)。北平武官とは当時北平（北京）の日本公使館付き武官や中国の地方軍顧問などに従事していた士官クラスの軍人たちのことである。

三五年五月、天津の日本租界内で親日派の新聞社長二人が暗殺された事件や、河北省内での抗日ゲリラ部隊の活動発覚事件などが発生した。これにたいして北平日本公使館付武官の高橋担少佐は国民政府軍事委員北平分会代理委員長何応欽を訪問し、抗日組織の取締りを強く要求した。さらに五月二九日、支那駐屯軍参謀長酒井隆大佐は何応欽に会見し、最近、塘沽停戦協定違反行為が頻発している事実を指摘し、①平津地方からの国民党部・排日団体の撤退、責任者の罷免、②于学忠河北省主席の罷免、③第五一軍の河北省外への撤退、④国民政府中央直系軍の保定以南への移駐などを要求した。

先の塘沽停戦協定（本書五九頁参照）と比べればわかるように、日本の華北進出に抵抗する地方軍の排撃と民衆の反日運動の抑圧、国民党政府と軍の勢力の排除を要求する内容になっている。

上記の要求と同時に、天津の支那駐屯軍は装甲車を出動させて中国軍を威嚇し、関東軍は騎兵旅団と歩兵大隊を山海関に集結して、南下の姿勢を示して威圧した。

六月五日には外務省と海軍の同意を取り付けた陸軍中央は「北支交渉問題処理要綱」を作成し、それをうけた酒井大佐は六月九日にさらに何応欽と会見し、期限つきの回答を迫った。何応欽はやむなく、六月一八日、高橋武官に口頭で、中央の決定にもとづき日本側の要求を受け入れる旨回答した。ただし中国側は国民党部と中央軍の河北省撤退を約し、排日禁止の意向を明らかにしただけで、于学忠罷免問題その他は、あくまで中国の自主的問題とした。中国側の正式文書回答としては、何応欽がその裏付けとして、支那駐屯軍司令官梅津美治郎《うめづよしじろう》宛に七月六日付けで送付した「通知」があるだけで、具体的内容にはいっさい触れていなかった。それは通例に見られた協定締結のための会談や交渉を経たものではなかった。

これが、日本側で梅津・何応欽協定と称しているものであるが、国民政府の公式の立場からすれば存在しないものであり、日本軍側による虚構の協定であると強弁することは可能であった〈註24〉。

梅津・何応欽協定で日本側が排日団体と責任者の罷免を要求しているのは、平津地方を中心に、「流亡関内東北民衆抗日復土闘争」と当時いわれたが、「満州国」の樹立により、故郷を追われて関内（長城以南）へ流亡してきた東北の民衆が、知識人を中心に「抗日救国」組織・団体を結成して、活発に運動を展開していたことがあった。その一つの「東北民衆抗日救国会」は「日本人の侵略に抵抗し、共に失地回復をはかり、主権を保護する」という目的を掲げていた〈註25〉。同運動は塘沽停戦協定により、華北の抗日運動の取締りが要求されて以後、地下活動の形で継続されていた。

日本当局はこれらの抗日運動の背後に、河北省主席兼天津市長の于学忠の存在があると見なしていた。そのため、于学忠は、日本の特務機関が放った中国人の刺客に暗殺されそうになったことが三度もあった〈註26〉。

国民政府は、公式な協定ではないとしながらも、梅津・何応欽協定を無視することはできず、河北省主席を商震に替え、于学忠を第五一軍を率いて甘粛省へ移駐させ、甘粛省主席に就任させた。こうした動向のなかで、于学忠は梅津・何応欽協定の直前に張慶余の部隊を薊県《けいけん》から通県に移駐させていた。

通県は通州とその周辺の農村を含む広域の行政区域になる。通州は城壁に囲まれた市街地で官庁があり、商工業者が居住する県城都市である。

于学忠は甘粛省へ行く前に張慶余と張硯田を呼びよせ、「二人の総隊は地方の特警隊で、正規の軍隊とはみなせられないから河北省に残留させることにした」と伝えた。さらに「軍隊の訓練をよくして、命令を待つように」との秘密命令を与えた。[註27] 于学忠が張慶余と張硯田の第一、第二警察隊を河北省に残留させたのは、両隊とも地元の河北省の農村から多くの新兵を募集、徴集して入隊させていたので、兵士の家族を考慮すれば、東北から「流亡」してきた第五一軍の家族とは違って、他省への軍隊の移駐は容易ではなかったこともある。

一九三五年七月、河北省主席に就任した商震は、河北特警隊を河北保安隊と改名したが、駐屯地と編成は変更しなかった。三五年一一月に、次章で述べる殷汝耕を委員長とする冀東防共自治委員会（後に自治政府）が成立すると、河北保安隊は幹部の変更もなくそのまま冀東保安隊と改称された。冀東防共自治委員会の保安隊に移行することにたいして、張慶余は保定にいる商震河北省主席に秘密裡に指示を仰いだところ「当面、殷汝耕と決裂せず、しばらく、うわべは追従したふりをしてごまかすように。国民政府には私から責任をもって釈明しておく」と指示された。

ところが張慶余の身内では大変なことになり、「長男は私が傀儡冀東政権の職につくことは、国に反逆することになるので、親子の縁を切ると言われ」、「妻からは早く反乱して親友や仲間から縁を切られないようにして」と懇請される始末だった。「妻には密かに、今は言うことはできないが、将来必ずわかる時がくる。息子には忍耐づよく待つように、父の後の行動を見てくれ、と伝えてくれるよ

うに」と告げざるを得なかったと回顧録に書いている。〈註28〉

歴史的事件には「前史」がある

以上、冀東保安隊がどのような軍隊であったのか、河北特警隊としての編成から河北保安隊となり、冀東保安隊となった経緯をたどってみた。これらの経歴からいえることは、通州事件において日本軍に反乱(中国では反正)を起こす歴史的必然的性格をもっていた軍隊であったことである。本章の冒頭で紹介した、通州事件前日の日本軍機の誤爆が原因となって反乱が起きたという通説が皮相であることが明らかになったのではないかと思う。拙著『日中戦争全史　上』(高文研)の序章で、「戦争には『前史』と『前夜』がある」と述べ、日中戦争の「前史」として「一九一五年の対華二十一カ条要求」から書き始めた。通州事件のような歴史的事件についても、それが突発的、偶発的にみえても、必ずその要因、原因となった「前史」があり、その「前史」を明らかにすることをとおして歴史的事件の「本質」とその歴史的「意味」が解明されることになる。

本章では通州事件の「前史」として冀東保安隊の成立経過を述べてきたが、次章も続けて「前史」として冀東防共自治政府と冀察政務委員会に焦点をあてて整理してみたい。

【註】

〈1〉張慶余「冀東保安隊通県反正始末記」(中国人民政治協商会議天津市員会文史資料研究委員会編『天津文史資料選輯』第二十一輯、一九八二年十月)、後に、中国人民政治協商会議全国委員会文史資料研究委員会《七七事変》編審組編『原国民党将領抗日戦争親歴記　七七事変』中国文史出版社、一九八六年、に収録される。

〈2〉防衛省防衛研究所戦史研究室史料室所蔵史料　支那・支那事変・北支643辻村資料(2)

〈3〉于学忠（一八八九―一九六四年）については、王成斌他主編『民国高級将領列伝』第四集、解放軍出版社、一九八九年、より。

〈4〉西村成雄『張学良―日中の覇権と「満洲」』岩波書店、一九九六年、六八～七五頁。

〈5〉黄自進「中日戦争の前奏：蔣介石と華北問題（1933―1935）」（山田辰雄・松重充浩編著『蔣介石研究―政治・戦争・日本』（東方書店、二〇一三年）、三九三頁。

〈6〉訪録者唐徳剛・著述者王書君『口述実録　張学良世紀伝奇【上巻】』山東友誼出版社、二〇〇二年、四八九～四九〇頁。

〈7〉前掲王成斌他主編『民国高級将領列伝』第四集、二九頁。

〈8〉光田剛『中国国民政府期の華北政治―1928―37年』御茶の水書房、二〇〇七年、六三頁。黄郛が責任者となって塘沽停戦協定を締結する経緯については、同書を参照のこと。

〈9〉黄自進「中日戦争の前奏：蔣介石と華北問題（1933―1935）」（山田辰雄・松重充浩編著『蔣介石研究―政治・戦争・日本』（東方書店、二〇一三年）、三九九、四一五～四一七頁。

〈10〉黄自進「中日戦争の前奏：蔣介石と華北問題（1933―1935）」（山田辰雄・松重充浩編著『蔣介石研究―政治・戦争・日本』（東方書店、二〇一三年）、三九四頁。

〈11〉南開大学歴史系・唐山市档案館編『冀東日偽政権』档案出版社、一九九二年、一七頁。

〈12〉前掲張慶余「冀東保安隊通県反正始末記」、一〇二頁。

〈13〉南開大学歴史系・唐山市档案館編『冀東日偽政権』档案出版社、一九九二年、五〇頁。

〈14〉張炳如「冀東保安隊瑣聞」（中国人民政治協商会議全国委員会文史資料研究委員会《七七事変》編審組編『原国民党将領抗日戦争親歴記　七七事変』中国文史出版社、一九八六年）七七頁。

〈15〉沈雲龍編著『黄膺白先生年譜長編　下冊』聯経出版、一九七六年。

〈16〉沈雲龍編著『黄膺白先生年譜長編　下冊』聯経出版、一九七六年、八四七頁。

〈17〉沈雲龍編著『黄膺白先生年譜長編　下冊』聯経出版、一九七六年、八四八頁。儀我壮一郎大阪市立大学名誉教授（故人）は企業史、企業論に多くの著書のある経済学者であるが、張作霖の軍事顧問の儀我誠也大佐の長男で、張作霖爆殺事件当時、小学校三年生で奉天郊外に住んでいて、「俺が乗っていることはわかっているのに、吹き飛ばすとはひどいやつらだ」と、すすにまみれ、軍服が破れた父が殺気だって帰ってきたのを覚えている、という話を筆者は儀我壮一郎氏から直接聞いている。

〈18〉沈雲龍編著『黄膺白先生年譜長編　下冊』聯経出版、一九七六年、八五七、八五八頁。

〈19〉沈雲龍編著『黄膺白先生年譜長編　下冊』聯経出版、一九七六年、八六三頁。

〈20〉前掲張慶余「冀東保安隊通県反正始末記」、一〇三頁。

〈21〉三谷孝『現代中国秘密結社研究』汲古書店、二〇一三年、一二五頁。二五一～二五五頁。なお、華北農村の秘密結社については、本書を参照した。

〈22〉前掲張慶余「冀東保安隊通県反正始末記」、一〇二頁。

〈23〉安井三吉『柳条湖事件から盧溝橋事件へ——一九三〇年代華北をめぐる日中の対抗』研文出版、二〇〇三年、一六七、一六八頁。

〈24〉黄自進「中日戦争の前奏：蔣介石と華北問題（1933—1935）」（山田辰雄・松重充浩編著『蔣介石研究—政治・戦争・日本』（東方書店、二〇一三年）、四一四頁。

〈25〉閻宝航「流亡関内東北民衆的抗日復土闘争」（中国人民政治協商会議全国委員会文史資料研究委員会編『文史資料選輯』第四輯、中国文史出版社、一九六〇年）八九頁。

〈26〉前掲王成斌他主編『民国高級将領列伝』第四集、二九頁。

〈27〉前掲張慶余「冀東保安隊通県反正始末記」、一〇二頁。

〈28〉前掲張慶余「冀東保安隊通県反正始末記」、一〇三頁。

第2章　冀東防共自治政府と冀察政務委員会

日本軍の華北分離工作の推進

(1) 華北の「第二の満州国化」構想

一九三五年六月に梅津・何応欽協定を強制した関東軍と支那駐屯軍は、当時「北支自治工作」と称したが、華北を国民政府から分離して日本の支配下におくために、傀儡政権を樹立する工作を開始した。いわゆる「華北分離工作」である。その目的は、関東軍司令部の「北支問題について」（三五年一二月）という文書に「北支に存する鉄、石炭、棉花、塩等の資源開発に依りて日満北支の自給自足を強化せしむる」と書いてあるように、華北の豊富な資源を獲得し、日本と満州の経済圏をさらに華北をふくめて拡大することにあった。当時、日本軍当局が考えた「北支那」「北支」つまり華北とは、河北省を中心にチャハル・山東・山西・綏遠《すいえん》省の五省をさした【地図：通州事件関連略図①】（本書一〇頁）。日本は華北の「第二の満州国化」を構想したのである。

満州事変、「満州国」建国、国際連盟脱退によって、英米との対立をふかめた日本は、いずれ可能性のある英米との戦争に備えて、国家総力戦の準備をすすめる必要を考えた。いっぽう、満州の資源も、経済開発がすすむと期待したほど十分ではないことが明らかになったので、華北の資源にたいする日本の欲望は切実となった。さらに、第一次五カ年計画を達成、農業集団化も達成して、社会主義国家としての経済力を強化したソ連が、ソ連を仮想敵にして北進論を唱える関東軍の満州支配強化に対抗して、極東ソ連軍の兵力を、飛行機や戦車を主力とする機械化部隊として増強していたことも、日本が華北を支配して莫大な戦略物資を確保することが焦眉《しょうび》の課題であると日本軍部に思わせた。

三五年九月二四日、支那駐屯軍司令官多田駿少将は日本人記者団にたいして、「北支の所謂明朗化」のためには「国民党及蔣政権の北支よりの除外」が必要であり、「威力の行使」もやむをえない、「我軍の対北支態度」は反満抗日分子の一掃、北支経済圏の独立、北支五省との軍事的協力による赤化防止にある。そのため北支五省連合自治体の結成を指導する」旨を語った。〈註1〉これが日本の指導下に華北五省を南京政府から財政的に分離させ、自治政権を樹立することを宣言した「多田声明」として外交上にも大きな波紋を起こした。〈註2〉

いっぽう関東軍（司令官南次郎大将）は、「中国通」の謀略者として知られる奉天特務機関長土肥原賢二少将を河北に派遣して、北支自治政権樹立工作を進めさせた。中国では土肥原のことを、中国語の同じ発音で「土匪源」（土匪のみなもと）と書いて揶揄した。

関東軍と支那駐屯軍が華北分離工作を急務とした契機には、三五年一一月四日に国民政府が断行した幣制改革があった。その内容は、国民政府系の中央銀行・中国銀行・交通銀行の三銀行が発行する銀行券のみを法幣・法貨（法律上その通用が強制されている貨幣）とし、三行以外の銀行券の発券を禁止し、現銀（現物の銀、銀塊）や銀元（各銀貨の純銀含有量に応じて「銀両」表示の貨幣価値を算出し、それを国内取引用の通貨として用いたもの）行使も禁止し、さらに庶民が日常生活に用いた銅銭や内外の銀行が発行していた各種の紙幣などの発行、仕様を禁止して全中国の貨幣を統一するものだった。これにより、通貨の不統一が経済発展を妨げる要因になっていた障害が除去され、いっぽうで国民政府の経済支配が全国に拡大することになった。国民政府の幣制改革を援助したのがイギリスそしてアメリカで、中国の法幣はポンドやドルにリンクすることになり、イギリスとアメリカの中国経済への影響力が強まることになった。日本は台湾や朝鮮さらに「満州国」へ拡大した日本貨幣の通用圏すなわち円ブロックを華北へと拡大しようとしていた矢先だったので、国民政府の幣制改革の断行と華北への波及は大きな脅威となるものだった。

関東軍は、三五年一一月一二日、独立混成第一旅団にたいして、歩兵一連隊、軽戦車一中隊、野戦重砲兵一大隊、工兵一中隊を一五日まで山海関付近に集結するよう命じたうえで、参謀総長宛につぎのように打電した。幣制改革は中国を「英国の経済的支配下に置き、一般民衆の利益を蹂躙し、満州国を脅威」するものであるから、この政策を放棄せしめなければならない。その対策は「北支諸省を経済的に南京政府より分離せしむる」ほかはない。そこで「一部兵力を満支国境に集結し、北支実力者を支援し、右政策の徹底的実行を容易ならしめんとす」。この方針は、日本の軍部中央の追認を得、奉天特務機関の土肥原賢二は、武力を背景にさらに工作を進めた〈註3〉。

(2) 冀東防共自治政府の成立

関東軍と支那駐屯軍が競合しながら工作を進めた結果、三五年一一月二五日、通州に戦区行政督察専員殷汝耕を委員長とする「冀東防共自治委員会」を設立させ、国民政府から離脱させた。殷汝耕についていは後述する。

その組織大綱はつぎのとおりであった〈註4〉。

一　自治実施区域は停戦地域の外、延慶、龍門、赤城の三県とす
二　委員会は委員九名［保安総隊長五名及殷汝耕及其秘書三］を以て組織し、殷汝耕を以て委員長とす
三　外交及軍事は委員長之に任ず
四　一切の行政は中国現行の法令に従ふも必要に応じ単独法令を発布す
五　一切の国家収入を管理す
六　法院を設置す
七　建設委員会を設く

殷汝耕の冀東防共自治委員会設立にたいして国民政府は強く反発、一一月二六日に殷汝耕逮捕令を

発し、駐華日本大使にもその照会公文（問い合わせ）を送った。それまで宋哲元を自治政権の長とするための工作を進めていた日本軍は、防共自治委員会への宋哲元の合流も考えていたが、宋哲元の背後の国民政府が反対の立場を明確にしたことからその工作に見切りをつけ、自治委員会が国民政府から独立した権力であることを明確にするため、一二月二五日に「自治委員会」を「自治政府」に改編し「冀東防共自治政府」と改称した。本書では「冀東政府」あるいは「冀東政権」と呼ぶ。冀東政府は民政、財政、教育、建設、実業などの庁や法院などを設置したが、ほとんど実体のない、名目的なものであった。（註5）傀儡政権といわれる所以である。

「自治委員会」の組織大綱に委員九名の過半の五名が五個の保安隊（本書六〇頁の河北特警隊が起源）の隊長であることに見られるように、軍事政権的であった。ところが、委員長の殷汝耕は後述するように文官だったので、軍事的基盤をもっていない弱い立場にあった。「冀東政権」の領域は、「戦区」「停戦地域」と称した塘沽停戦協定でさだめた長城以南と北平―天津線以北にさらに北京周辺の三県を加えて二二県からなる広大な区域である【地図：通州事件関連略図②】（本書一一頁）。総面積でいえば、八万平方キロメートルで河北省の総面積の二八％を占める。（註6）日本との比較でいえば、東京都が二一九三・九六平方キロメートルであるから、東京都のおよそ四〇倍に相当する。しかし冀東政権はこの広大な領域を統治する確固たる行政機構を備えていなかった。冀東政権は政府としての行政、財政、司法などの実効的な機構を備えていない権力であって、結局は、国民政府の統治から切り離した中国の軍事・行政権力の「空白地帯」であり、それを利用して日本は密輸貿易や麻薬の密輸、密売などの中国経済と中国社会の破壊活動を専横的におこなったのである。このことについては後に詳しく述べる。

ここで、日本が満州、華北、さらに全中国の軍事侵略を正当化するために使用した〝防共〟〝赤化防止〟という言葉についてふれておきたい。日本は張学良政権を「ソ連の走狗、英米の傀儡」とレッテルをはって、満州事変を日本国民に正当化しようとした。また、共産党が組織した東北抗日連軍のゲリラも「共匪」と蔑称した。「冀東防共自治政府」は、ソ連がモンゴル人民共和国を衛星国家にしてソ連とともに日本の生命線である満蒙を包囲、「満州国」では東北抗日連軍をはじめとして満州共産党の活動が浸透、さらに中国国内でも共産党が抗日運動を組織して影響力を拡大しているので、そうした共産党勢力の浸透を防ぐという意味である。後に日中戦争がはじまると、ソ連の蔣介石政府への援助を「ソ連の中国赤化政策」と称し、蔣介石政府を「赤魔ソ連の手先」とまで、声高に叫ぶようになる。

戦前の日本は厳格な治安維持法体制下にあり、国体＝天皇制に反対する共産主義思想を徹底的に弾圧するとともに、国民にたいして、共産主義は悪であり、危険思想であるという思想教育を徹底しておこなった。ソ連はコミンテルン（共産主義政党の国際組織、モスクワに本部が置かれた）を通じて、世界に暴力革命＝赤色革命を広めようとしているなどと恐怖心を煽る報道、教育もおこなった。このため、天皇制の日本においては、反共、反ソ意識が国民の骨の髄まで浸透するほどに根強いものになった。赤色（アカ）は共産党や社会主義国家がシンボルとして赤旗を用いたことなどに由来する。

ところで、関東軍にとっては、殷汝耕は冀東防共自治委員会の委員長の当初からの本命ではなかった。一一月三日に実施した陸海外三者協議では「従来通り過度に急ならざる『テンポ』にて宋哲元などの自治運動を指導すること」などを打ち合わせ、現地に訓令していた。いっぽう土肥原らを使った出先陸軍側の工作は急進し、宋哲元にたいする圧力は一層強化された。しかし、宋哲元は後述するように、南京の蔣介石の指示を仰ぎながら、巧妙に引き伸ばしをはかって抵抗をつづけたのである。これにたいし、現地陸軍側は、事態の遅延は、宋哲元の決意をますます鈍らせ遷延策を助長するものであるから、とりあえず「戦区」（梅津・何応欽協定の停戦地区）だけの自治をおこなわせることにして、戦区督察専員殷汝耕を担ぎ出して冀東防共自治委員会を設置したのである。（註7）

殷汝耕

殷汝耕（一八八九年～一九四七年一二月一日）は、浙江省平陽県の名門の家に生まれ、上海震旦書院に学んだ後、一六歳で日本に渡り、第一高等学校予科から鹿児島の第七高等学校造士館に進んだ。この時、中国同盟会に加入し、黄興に従って辛亥革命に参加した。湖南省出身の黄興は、一九〇二年に日本に留学し、帰国後清朝の打倒をめざす革命運動に失敗して一九〇五年日本へ亡命、孫文と知り合い、中国同盟会を組織し、一九一一年に辛亥革命が勃発すると武漢へ帰って革命軍の戦時総司令となった。黄興は孫文に次ぐ辛亥革命の指導者といわれた。

辛亥革命によって建国された中華民国の大総統になった袁世凱が専政支配を強め、国民党（中国同盟会を改組）を弾圧するようになったので孫文らは一九一三年に袁世凱打倒の第二革命を起こしたが敗れ、孫文は日本に亡命した。この時殷汝耕も再び日本に渡り、早稲田大学政経学科に入学した。

一九一六年に卒業後、中華民国（北京）政府の衆議院の書記官に就任し、日中問題の研究に従事した。同年秋には銀行制度調査の名目で来日し、革命運動に従事した。一七年九月、寺尾亨《とおる》博士（東京帝国大学教授、孫文を支援）の媒酌で、高知県人・井上宅輔の長女民恵（結婚後中国名として通じる民慧《たみえ》＝民慧《ミンフイ》と改める）と結婚した。孫文が広東軍政府を樹立すると、その駐日委員として日本に滞在した。

一九二五年一一月二三日、当時東三省（満州）で覇を唱えていた奉天軍の張作霖にたいし、部下の郭松齢が反乱を起こした。郭松齢は東北の「保境安民」（地方を守り、民の生活を安全にする）を主張し、張作霖の軍閥的な東北支配に反対した。当時、孫文の国民革命に共鳴して国民軍を組織して「北方革命」を唱えていた軍事政治家の馮玉祥と同盟を結び、自軍を東北国民軍と改称し、張作霖に下野を迫るクーデターを決行した。郭松齢事件といわれる。東北国民軍は緒戦で奉天軍に大勝し、奉天に向かった。この郭松齢の「反奉天軍の挙兵」に殷汝耕は共感して郭松齢の陣営に参加し、その外交部長として郭軍の奉天入城にさいして日本側の諒解を得るため、大連、旅順で奔走した。しかし、日本政府は関東軍司令官を通じて、一二月一五日、郭・張両軍に満鉄付属地両側一二キロ以内の戦闘行為を禁止する警告を発した。これは事実上、奉天に向かった郭軍の進攻を阻止するためであった。このため、郭・張両軍の優劣は逆転して郭軍は敗北に追い込まれ、一二月二四日郭松齢夫妻は逮捕され、翌日処刑された。(註8)

郭軍の敗退により殷汝耕は新民屯の日本領事館に逃げこみ、奉天軍の包囲のなか、半年間潜伏した後、脱出して日本へ亡命、大阪にある妻・井上民慧宅で過ごした。二六年七月に蔣介石を総司令とする国民革命軍の北伐が開始されると、殷汝耕は同年一一月、国民革命軍総司令部通訊処処長兼参議として北伐に参加した。一九二七年四月一二日に蔣介石が上海で反共クーデターを起こし（本書四二頁参照）、国民党と共産党の合作（第一次国共合作）を崩壊させて共産党を粛清し、南京国民政府を樹立すると、殷汝耕は蔣介石の側に立ち、黄郛上海市長の下で秘書をつとめた。蔣介石が汪精衛らの国民党左派が組織した武漢政府を南京政府に合流させる条件として国民革命軍総司令の職を辞し下野を宣言して九月に日本に赴いた時、殷汝耕は随行して通訳をつとめた。二八年三月に黄郛が国民政府外交部長に就任すると殷汝耕は駐日外交特派員となった。

一九三三年に関東軍が熱河作戦を展開し、山海関への侵入を企てると、蔣介石の信任の厚い黄郛が、行政院駐北平政務整理委員会委員長に任命され、関東軍参謀副長・岡村寧次少将と交渉して、塘沽停戦協定を締結したことはすでに述べた（本書五九頁参照）。停戦協定で設定された広域の「戦区」（非武装地帯）の行政として黄郛は河北省政府に二人の行政督察専員を設置、戦区を灤楡《らんゆ》区（冀東、沿岸・北寧線沿線地域。戦区の「東路」にあたる。唐山に役所）と薊密《けいみつ》区（北平、長城沿いの山岳地帯。戦区の「北路」にあたる。通州に役所）の二つに分けて監督することを考えた。殷汝耕は黄郛に招かれて、三三年一一月に薊密区行政督察専員に赴任した。この華北行が彼が冀東政府に関わる直接の契機となった。

前述のように、戦区督察専員として保安隊司令であった殷汝耕は、冀東防共自治委員会を発足させる前の一一月二三日、天津の五人の保安隊長をあつめて自治委員会の発足を宣言し、委員会九名の過半の五名を保安隊長が占めたのである（本書七八頁参照）。

以上の経歴からわかるように、殷汝耕は于学忠や宋哲元のような軍事基盤をもたない文官であった。このことは関智英『対日協力者の政治構想―日中戦争とその前後』で、殷汝耕について「中国と日本を行き来しながら、断続的に国民革命に関わり続け、堪能な日本語や日本人との関係を主な政治資源として活躍の場を広げた人物であった」と書いているとおりである。その結果が、「殷が政治の世界に残ろうとすれば、頼れるのは日本との繋がりしかなかったと言える。そのため殷は日本側に対し快諾を与えたのであり、その背景には殷の権力に対する執着もあったと考えられる」と書いているとおりである。〈註9〉

冀東防共自治委員会は三五年一一月二六日付陸軍次官からの指示に「現地に於ける北支処理の主宰者は実質的にも支那駐屯軍とす。軍は密かに情勢の推移を明にして適時軍の企図を請訓もしくは通報し以て中央並《ならびに》出先の対策をして錯誤なからしむるを要す」とあるように、日本の傀儡組織であった。〈註10〉ただし、いっぽうでは、殷如耕が文官で軍事基盤をまったくもたず、張慶余や張硯田が統括した保安隊の内情に通じていなかったことは、冀東保安隊が相対的に「自立的」に存在できた条件となったのである。

⑶　冀察《きさつ》政務委員会の成立

国民政府は冀東防共自治委員会に対抗して、三五年一二月一二日、宋哲元を委員長とする一七名の冀察政務委員会委員を任命した。同時に河北省主席の商震を河南省主席に移し、宋哲元を河北省主席に任命した。ついで一二月一八日、北平に宋哲元を委員長とする冀察政務委員会が設立された（察はチャハル省、以下冀察政権）。内部機構は、秘書処、政務処、財政処という簡易なものだった。

冀察政権は蔣介石の「退却」方針（本書六〇頁参照）にもとづくものであった。その「退却」方針について、一九三五年一二月一二日の国民党中央政治委員会第一次会議において、蔣介石はつぎのように述べている〈註11〉。

現在、華北方面の敵・味方の情勢は、これまでになく険悪である。我々は頼る力もないので、いかに現実に合った調和のとれた政略と戦略を運用するかによって、この領土を守るしかない。その戦略とは何か？　私は正直に言おう。それは退却である。……戦略からいえば、退却は失敗ではない。今日は退却であるが、明日はまた前進できる。戦略上重要なことは主導権を握ることである。もとより我々が退くのは主導的でなければならず、前進も主導的でなければならない。主導的退却があってはじめて主導的前進がある。

蔣介石は、関東軍の野心がとどまることなく、不断に勢力を拡大しているときに、「退却」方針によって、軍事上で回避政策をとり、武力抵抗を図らずに、曖昧な政治・軍事の空間をつくって対応したが、それがすでに述べた塘沽停戦協定や梅津・何応欽協定にあった「戦区」（非武装地域）と称した緩衝地帯であった。

「退却」方針で重要なのは、蔣介石が「主導的退却」と言っている「中央が主権を失わない」ように対応したことである。冀察政権は国民政府から自立した政権であるように見せかけて対日交渉の対応をしながら、裏面では、国民政府からしっかりと指示を与えていたのである。

さらに「退却」方針では、軍事的反撃はせずに、政治面で主導権を維持するために、地域によって異なる名称の直轄機関を設置して、華北の地方軍当局との直轄関係を維持したのである。国民政府は、北平に軍事委員会北平分会、行政院駐平政務整理委員会、軍事委員会駐平辨事処、さらに冀察政務委員会など異なる形式の機構を設置し、関東軍と支那駐屯軍の対応を分散させ、複雑にしたのである。〈註12〉

つぎに、冀察政権委員長となって、関東軍や支那駐屯軍、日本外交当局との対応の矢面に立たされた、第二九軍長兼河北省主席の宋哲元について略歴を紹介しておきたい。

宋哲元は山東省楽陵県生まれの軍人で、国民革命軍中央の蔣介石直系の軍人ではなかったが、西北（河南・陝西・甘粛省）を基盤とする馮玉祥の国民革命軍の指揮官として頭角を現し、南京政府成立後は山西省や陝西省で地方軍の西北軍を率いて勢力基盤を築いた。三一年に国民政府の蔣介石が地方軍を整理して全国の陸軍編制に組み入れた結果、宋哲元は西北軍と張学良の東北軍を合わせた国民政府軍第二九軍の序列番号をつけられた軍隊を統轄することになった。以後、宋哲元の軍隊は第二九軍と称され、この名称が定着する。前述した于学忠の第五一軍と同様である。

宋哲元

宋哲元は一九三一年河北省南部に移駐し、一二月には北平の東北政務委員会委員になり、三二年八月に張学良が下野したあとのチャハル省主席に就任、国民政府の軍事委員会北平分会委員に昇進した。梅津・何応欽協定成立後、東北軍の撤退と国民政府機関の撤退による華北の軍事的・政治的空白を埋めるかたちで、三五年八月に国民政府から平津衛戍司令兼北平市長に任命された。こうしてチャハル省と北平市を中心とする河北省に勢力基盤を拡大した宋哲元が、冀察政務委員会委員長として、チャハル・河北・北平・天津の二省二市を支配することになったが、同時にそれは日本の「華北分離工作」に対応する矢面に立たねばならないことになった。

宋哲元は国民政府軍事委員長の蔣介石に秘密書簡を送り、随時指示、命令を仰いでいた。日本軍が華北に自治政権樹立の工作をしていることについての宋哲元の報告にたいして、蔣介石は三五年一〇月三〇日付書簡で「現在、兄の置かれている状況からすれば、中央の命令に従い、中央に責任を託することだけが唯一の方法である」として、「兄が益々忍耐し、威嚇されても動揺しないよう希望する」と日本軍との衝突を巧に回避せよと指示している〈註13〉。

前述の一一月一五日に関東軍が部隊を山海関に集結させて、自治政権樹立の圧力をかけてきたこと（本書七六頁参照）にたいし、宋哲元から蔣介石へ一一月一七日付書簡で「目下、日（本）はまたも兵力で威嚇しており、一刻の猶予も許されない。日側は㈠地方自治、㈡中央からの離脱を要求している。このような主権を喪失し国が辱められることは決して受け容れることができず、已にともに拒絶した。（中略）閣下が早急に最後の方針を示すか、高官を北平に派遣して指導させるかして、大局を全うしていただきたい。切羽詰まって命令を待つのに耐えられない」と窮状を訴えている〈註14〉。

宋哲元の要請にたいして蔣介石は国民政府軍事委員会北平分会代理委員長の何応欽と協議させた。何応欽にたいして蔣介石は一二月四日付書簡で、「関東軍と支那駐屯軍は、満州占領の経費五億余円を華北に補償させ、不良分子を買収して自分たちのために利用し、軍事当局を誘惑、脅迫して独立を宣言させて、華北を経済的に支配しようとしており、協同防共は付随的な目的にすぎない」と緊急の情報を知らせたうえで、翌日に「華北と冀察（河北、チャハル）の組織に関する意見は、兄が同地の状況を斟酌し、具体的な方法を策定し、中央に報告して審査、承認を待つよう要請する」と秘密電報を送った。

これを受けて何応欽は以下のような一二月五日付「極密」書簡を蔣介石へ送った。

㈠冀察政務委員会を設立する。㈡委員及び組織は中央が人選を決定して、北方（チャハルと華北）の条件に適合することを基準とするとともに、明軒（宋哲元の字）を委員長に任ずる。㈢軍事、外交、政治、経済はいずれも正常な状態を維持する。㈣絶対に自治の名目及び独立の状態を避ける。（中略）おおよそこのとおり処理することができれば、内外ともに暫く安んずることができよう。〔註15〕

この何応欽の提案を蔣介石は承認し、宋哲元を委員長とする冀察政務委員会が成立したのである。冀察政権は、蔣介石の巧妙な対日妥協策（前述した「退却」方針）によるもので、表向きは国民政府からは自立して河北省・チャハル省・北京・天津を支配下においた地方政権であった。蔣介石は当時、前述のように「安内攘外」政策をとり、中国国内の共産党のソビエト政権の撲滅に全力を投入していたので、傍系の地方軍を日本軍の矢面にたたせたのである。しかも蔣介石には、直系でない地方軍の勢力を機会に乗じて削減するという思惑もあった。

したがって、日本の支那駐屯軍当局が華北分離工作のために、交渉あるいは対抗する相手は国民政府ではなく、宋哲元の冀察政務委員会であった。宋哲元は日本側の要求にたいし、経済権益などで

小さな譲歩をしながら、「華北自治」「協同防共」などの重要な要求には交渉回避や引き延ばし政策をとった。〈註16〉

冀東防共自治政府は名前のとおり「満州国」と隣接する河北省の東部を支配領域とし、冀察政務委員会は名前のとおり、河北省から内蒙古のチャハル省を支配領域としたので、河北省に二つの政権が並存するかたちになった。この二つの政権を利用して、日本の資本・企業の華北進出が促進され、三五年一二月には、華北・華中の経済開発機関として、満鉄の全額出資による興中公司（社長十河《そごう》信二、戦後第四代国鉄総裁）が設立された。

三六年一月一三日、日本政府（岡田啓介内閣）は、「自治の区域は北支五省を目途とするも……先ず冀察二省および平津（北平・天津）二市の自治の完成を期」すという「第一次北支処理要綱―支那駐屯軍司令官に対する指示」を通達した。それは、華北五省（チャハル・綏遠・山西・河北・山東）を国民政府から分離させる方針を決定し、まずは冀察政務委員会の支配領域から実行するために、宋哲元をとおして「指導」するというものであった。〈註17〉これにたいし、国民政府は三六年一月一七日に「冀察政務委員会暫行組織大綱」を公布した。それには、国民政府が河北省、チャハル省、北平市、天津市の一切の政務を処理するために、冀察政務委員会を特設したこと、委員長および政務委員は国民政府が選定し、委員会は国民政府の法令の範囲内で法規を定め、かつ国民政府に請うて承認を得ることなどが定められていた。日本側が予期していたものよりはるかに国民政府の統制が強化され、委員会の権限は制限されていた。〈註18〉

⑷ 宋哲元と張慶余・張硯田の密約

通州保安隊の張慶余の「回顧録」は、宋哲元が冀察政務委員会委員長に就任してまもなく、秘密結社哥老会《かろうかい》の首領の張樹声の斡旋で、張硯田と二人で宋哲元に秘密裡に会見したことを以下のように記している。〈註19〉

日本の特務と中国のスパイに察知されるのを警戒して、天津のイギリス租界一七号路の宋哲元宅で会見することになった。張樹声と宋哲元が会見の時間を打ち合わせた後、我々に家で待っているよう連絡があった。宋哲元は副官の陳継を我が家に迎えによこし、我々は別々に宋宅を訪れて宋に会見した。宋哲元は我々にたいして以下のように語った。

「お二人の熱い祖国愛はもとより知っている。最近俊杰（張樹声の字）兄からお二人が力を合わせて抗日を望んでいることを聞き、私は政府を代表して歓迎を表明したい。事があった場合はまず先にお二人に通知するので、注意していただきたい。私、宋哲元は、決して国を売ることはしない。今後はお二人が私と外で会う必要はないが、立場を堅持して、動揺することのないよう願っている。」

宋哲元はさらに、軍隊の訓練を強化し、準備を怠らず、「日寇」（日本の侵略者）の侵略を防ぐように、と付け加えた。

話し終わると、宋哲元は蕭振瀛に命じて、我々各自に一万元を渡してくれた。我々は宋哲元に感謝して、「我々二人は、一心同体となって委員長に従い国のために尽力する」と誓った。宋哲元は「けっこう、けっこう」と喜んだ。我々は宋と握手して別れた。後に、保安隊が通県で起義（武装蜂起、日本側でいう反乱）を起こしたのは、我々がこの時に宋哲元と会談したことが関係している。

以上が張慶余の回顧録に書かれていることであるが、後述するように、通州で反乱を起こした張慶余の部隊は、北平の宋哲元との合流を目指した行動をとっていることから、この時に通州の保安隊反乱の密約が結ばれたことが裏付けられよう。

一二・九学生運動の展開

一九三五年一一月二五日に冀東防共自治委員会が発足すると、北平と天津の学生がただちに反対運動を開始した。一二月六日、北京大学、清華大学、北京師範大学、東北大学（後述）など北平の大学・中学（日本の高等学校）の一五校の自治会が宣言を発表、「〝防共自治委員会〟に死を誓って反対し、政府が反逆者殷汝耕を討伐し、冀東を回収し、領土と行政を保持する」ことを求めた。[註20] ついで、これより先の一一月一八日に結成された「北平市大、中学生連合会」（北平学生連合会）が、市当局たいして秘密裡に運動を準備して、一二月九日、学生数千名が集結して冀東政権に抗議する大規模な街頭デモを繰り広げた。学生たちは「打倒日本帝国主義」「華北自治反対」「政府の妥協外交に反対」「（国民党と共産党の）内戦を停止し、一致して対外にあたれ」「武装して華北を防衛せよ」などのスローガンを叫びながら行進した。

国民政府軍事委員会北平分会代表委員長の何応欽は、学生の行動が「反日運動」「排日運動」として日本側の軍事干渉の口実にされることを恐れて、戒厳令を敷いて学生デモを鎮圧しようとした。武装警官が出動して、学生デモに襲い掛かり、百余人を負傷させ、三十余人を逮捕、連行した。これが、北京の愛国学生たちの「一二・九運動」として国内だけでなくアメリカやイギリスなど海外でも報道され、大きな反響を呼ぶことになった〈註21〉。

1935年12月9日、北平（北京）の学生数千名が集結して冀東政権にたいする抗議デモを繰り広げた。

一二月一〇日、北平学生連合会は「宣伝大綱」を発表して、北平の大学、中学校は一斉に罷課（中国語で授業停止の意味で、学生のストライキ）に突入した。「宣伝大綱」には「打倒日本帝国主義」「冀東防共自治委員会反対」「売国外交反対」「民族生存に危害をおよぼす内戦反対」「名のみで実を亡ぼす華北政治形態に反対」などのスローガンが掲げられていた〈註22〉。スローガンには、国民党蔣介石政府の「安内攘外」政策に由来する「剿共政策」（共産党撲滅政策）と対日宥和政策に反対することが主張されており、当時地下活動に追い込まれていた中国共産党の北方局が北平や天津の学生運動の組織工作をしていたことがうかがわれる。国民党政府が北平や天津の学生運動を弾圧しようとしたのは、共産党の影響力を恐れたこともあった。

ここで、中国共産党が日本の華北分離工作に反対して、はじめて抗日救国のための国防政府・抗日連軍の結成を呼び掛けた「抗日救国のために全同胞に告げる書」について触れておきたい。同宣言書は、陝西省の延安に拠点を移していた中華ソビエト政府・中国共産党中央の名で三五年八月一日に発表されたので、「八・一宣言」といわれる重要なものである〈註23〉。

同宣言書は「内外の労・農・軍・政・商・学の各界男女同胞の諸君！　わが国に対する日本帝国主義の進攻は急テンポとなり、南京の売国政府は一歩一歩と投降し、わが北方の各省も東北四省に次いで、事実上滅亡してしまった！」と冒頭にいう。日本の華北分離工作によって華北が「事実上、完全に日本侵略者の軍事的制圧下にある。盗賊関東軍の司令部はいわゆる『蒙古国』および『華北国』の成立計画をいまや積極的におしすすめつつある」ことの危機をのべ、蔣介石・汪精衛・張学良などが「無抵抗」政策をもってわが領土を売り渡したと糾弾した。そして蔣介石が「安内攘外」政策をとって、于学忠、宋哲元の軍隊を日本の要求にそって撤退させたことを非難した。そして国家民族滅亡の危機にたいして、政見と利害の相違を越えて、抗日救国のための抗日民族統一戦線の結成を呼びかけたのである。

中国共産党の北方局が日本の華北分離工作に徹底的に抵抗する北平と天津の学生運動組織の工作に力を入れ、冀東防共自治委員会や冀察政務委員会に反対する運動を指導したのは、「八・一宣言」に見られた「蔣介石国民党政府の打倒」の革命路線から「抗日救国」運動への方針転換が背後にあった。

話を一二・九運動に戻して、一二月一六日、冀察政務委員会の設立が予告されていた日に、一二月九日を上回る大規模な抗議デモが展開された。参加した北平の学生は七〇〇〇人を超え、さらに多くの市民、さらに前述した「流亡関内東北民衆抗日復土闘争」を地下活動のかたちで継続していた東北から北平へ流亡してきた人たちも多く参加し、一万人を超える大規模な集会とデモが展開された。学生のデモ隊は四つの集団に分かれて北平市内を行進したが、その一つは東北大学自治会が統率した。東北大学は張作霖時代の一九二三年に奉天に創設され、張学良政権になってから張学良が学長をつとめ、その拡充につとめたのであったが、満州事変と「満州国」の樹立により、教職員、学生とともに北平へ「流亡」、北平だけで四〇〇〇～五〇〇〇人の東北から逃れてきた学生がいた。張学良は「愛国奨券」などを発行して東北学院（のちの東北中学）や東北難民子弟中学などを開設して積極的に関わり、東北大学を北平に再建したのである。〈註24〉東北大学は、教員、職員、学生をふくめ、北平に形成された「流亡」東北人コミュニティの抗日復土運動において中心的役割を担い、華北を「第二の満州国化」する冀東防共自治委員会や冀察政務委員会の設置に反対する一二・九運動に積極的に参加したのである。

集会では、「冀察政務委員会を承認しない」「華北の何《いず》れの傀儡組織にも反対する」「東北の失地を回復する」などが決議された。国民党当局はこの日に予定された冀察政務委員会の設立を延期するいっぽうで（一二月一八日に成立）、警察部隊を出動させて学生と群衆を弾圧、学生四百人近くを負傷させ、二、三〇人を逮捕した。北平の学生の一六日の冀察政務委員会に反対する大抗議デモは「一二・一六」とも呼称されが、一般には「一二・九運動」の一環と考えられている。したがって一二・九運動は、冀東防共自治委員会と冀察政務委員会の二つに反対する運動として展開した。

一二・九運動の糾弾の対象とされた冀察政務委員会委員長の宋哲元は、一二月一七日に「学生に告げる書」を発表し、「各大学生の素朴な愛国運動は社会の同情を得るであろうことに宋哲元は、感服するが、確実な報告によれば、大多数の純真な学生が少数の共産党分子に煽動され、利用されているのである。学生は理性的に判断して、正当な救国の道を歩むように」と警告した。[註25] 宋哲元と北京の学生との対立関係は、後に劇的に変化していくことになる。

北平から開始された一二・九運動は河北の各地に広がり、一二月二六日には平津（北平・天津）学生連合会が結成され、一二月二八日に天津学生連合会が正式に成立し、三六年一月には華北学生連合会が結成された。一二・九運動に参加した北平と天津の学生は、共産党北方局の指導のもとに「打倒日本帝国主義」「反対華北自治」「内戦停止、一致抗日」の抗日運動を民衆の間に宣伝、拡大するために北平と天津の学生による「平津南下拡大宣伝団」を組織した。そして三六年一月三日に第一次団が出発して、河北の農村に入り、農民を集めて劇や歌や踊りを演じながら抗日の演説をおこなうなどして抗日運動の宣伝活動をおこなった。「南下拡大宣伝団」は四団が結成され三週間にわたり、河北省の農村、県城を隈なく巡回し、さらには平漢線（現在の北京―漢口の京漢線）に沿って南下して沿線の農村に入り、日本の華北分離工作に反対し、国民党政府の「安内攘外」政策による軍事的「剿共」作戦を停止させ、国民党と共産党の合作による抗日闘争の実現を訴える宣伝、啓蒙活動を繰り広げた。[註26]

北平の学生は三六年二月一日、「南下拡大宣伝団」よりさらに戦闘的な宣伝隊の「民族解放先鋒隊」（後に中華民族解放先鋒隊と改称、略称民先隊）を結成し、全国へ抗日救国運動を啓蒙、拡大する運動を開始した。民先隊も共産党が工作、組織した学生運動であった。当初加入の隊員は三〇〇人前後

中華民族解放先鋒隊

で、学校ごとに分隊が組織され、北平市で二六個の分隊が結成された。それが一年後には、隊員数六、七〇〇〇人にまで拡大、発展した〈註27〉。

学生の一二・九運動に呼応して、上海では文化人・知識人二八三名の連名で「上海文化界救国運動宣言」が発表されたのをきっかけに、抗日救国運動は上海の各界へひろがり、三六年一月二八日（一九三二年に第一次上海事変が開始された日を記念）には、大学教員・学生・職業界などの各界に組織された救国会を結集した上海各界救国連合会が結成された。上海の救国会運動は、北京・天津・武漢など全国の省や都市にひろまり、六月一日には、全国の一八の省市、六〇余の救国団体の代表が集まって全国各界救国連合会が成立した。同会は、全国の各党派を団結させ、統一した抗日民族運動を展開することを目標にした。こうした抗日救国運動は、翌三七年、日本軍が「一撃で中国を屈服させる」として発動した日中戦争にたいして、あくまでも屈服しないという中国国民全体の「堅固な抗日意志」を形成するうえで重要な役割をはたした。

中華民族解放先鋒隊が広めた義勇軍行進曲

現在の中華人民共和国の国歌は、聶耳《ニエアル》（本名聶守信）が一九三五年に作曲した義勇軍行進曲を国歌にしたものである。聶耳は一九一二年に雲南省昆明で生まれた。雲南省立第一師範学校在学中に短期間、志願して軍隊に入ったことがあったが、復学して一九三〇年に卒業すると音楽家になることをめざして上海に出た。上海で映画会社が映画上演の合間に少女たちが歌と踊りを見せる歌舞団の専属演奏者となってバイオリンを弾いたりしていた。その後、当時北平といっていた北京へ行き、国立北平芸術学院に入学し、音楽家となるための本格的な教育を受けようとしたが、受験に失敗し、再び上海に戻り、一九三三年に電通影片公司という小さな映画製作会社に就職して、映画音楽を作曲するようになった。このころ、聶耳は田漢の紹介で共産党に加入、革命歌や抗日歌を作曲した。やがて国民党の特務機関の監視が聶耳の周辺におよぶようになったので、地下党組織は、まず日本へ行かせ、さらにヨーロッパやソ連で音楽や芸術を学ばせることを決定した。

一九三五年四月に日本に来た聶耳は、東京の神田神保町の友人の下宿に転がりこみ、演劇、演奏会、音楽会、歌劇などを鑑賞して楽しむ日々を過ごした。日本に来ても電通影片公司の映画音楽作曲の仕事は続けていた。聶耳は日本に来る前に電通の映画「嵐の中の若者たち」(中国語原題「風雲児女」)の作曲を依頼され、日本から楽譜を送る約束だった。映画のストーリーは、満州の故郷を奪われた詩人と学生が、華北分離工作が進められている華北各地を巡業して愛国的な歌劇に出演している少女に好意を寄せていたが、学生は華北に侵攻してくる日本軍と戦う軍隊に参加、戦死してしまった。詩人は少女の熱情こもる愛国歌を聞きながら、学生の戦死の報に決意をかため、勇躍、敵にたち向かっていく――というものだった。

この最後のシーンに聶耳が作曲した「義勇軍行進曲」が流れた。作詞は田漢で、映画のシナリオは

左：聶耳／右：聶耳記念碑（神奈川県藤沢市）

彼が書いた。田漢は当時「中国左翼作家連盟」の中心人物で、新中国成立後、文化教育政策の幹部となった。しかし、中国文化大革命が起こると一九三〇年代に魯迅に反対した「文芸界最大の反革命派」として六六年に逮捕、投獄され、六八年に獄死した。七九年に完全に名誉回復がおこなわれた。

いっぽう、聶耳は楽譜を完成してからまもなく、三五年七月一七日、神奈川県の鵠沼《くげぬま》海岸で遊泳中に心臓発作を起こして溺死した。まだ二三歳だった。現在、鵠沼海岸には聶耳の死を惜しんだ日本の人たちによって追悼碑が建てられている〈註28〉。

義勇軍行進曲の歌詞は以下のとおり。

起来！　不願做奴隷的人們！　把我們的血肉　筑成我們新的長城！
中華民族　到了最危険的時候　毎个人被迫着発出最后的吼声！
起来！　起来！　起来！　我們万衆一心　冒着敵人的炮火　前進！
冒着敵人的炮火　前進！　前進！　前進！　進！

起て！　奴隷となることを望まぬ人々よ！
われらの血と肉で、われらの新たな長城を築こう！

中華民族は最も危険な時を迎えている
一人ひとりが追いつめられて最後の叫びをあげようとしている
起て！　起て！　起て！
われら民衆が心を一つにして　敵の砲火を冒して前進しよう！
敵の砲火を冒して前進しよう！　前進！　前進！　前進々！

聶耳は、「卒業歌」「大路歌」「開路先鋒」などの抗日歌を作曲したが、これらの歌は、南下拡大宣伝団や中華民族解放先鋒隊の合唱団が好んで歌った。「義勇軍行進曲」も田漢の歌詞と聶耳の勇壮な曲とが一二・九運動や抗日救国運動に参加した学生たちの闘志を奮い立たせた。日中戦争期は、共産党の解放区では広く歌われ、中国民衆の抗日意識を鼓舞する役割をはたした。「義勇軍行進曲」は中華人民共和国政府が樹立されると国歌になった。

ところで、作詞をした田漢は三二年に共産党に入党し、左翼劇連党書記などをつとめたこともある。義勇軍行進曲の詞は、前述の中国共産党の「八・一宣言」（本書九二頁）との関連が指摘でき、以下に、「八・一宣言」から類似の文言を抜粋して紹介するが、その類似性が理解できよう。〈註29〉

亡国の奴隷となることを欲しないすべての同胞諸君！
われわれは、国が亡び、民族が滅亡するのを座視し、みずからを救うために起ち上らないでいることができるであろうか。

わが国家、わが民族はすでに危機一髪の生死の関頭（分かれ目）に立っている。抗日すれば生き、
抗日しなければ死ぬ。抗日救国はいまや同胞一人ひとりの神聖な天職となった。

みんなでともに起ち上がろう！

日本侵略者と蔣賊による重圧を突き破ろう
同胞よ、起ち上がれ！

祖国の生命のために戦え！

民族の生存のために戦え！

国家の独立のために戦え！


【註】


〈1〉中村隆英『戦時日本の華北経済支配』山川出版社、一九八三年、三二頁。この談話は一九三五年一〇月二五日の新聞紙上に報道された。

〈2〉防衛庁防衛研究所戦史室『戦史叢書　支那事変陸軍作戦〈1〉』朝雲新聞社、一九七五年、五一頁。

〈3〉中村隆英『戦時日本の華北経済支配』山川出版社、一九八三年、三四頁。防衛庁防衛研究所戦史室『戦史叢書　支那事変陸軍作戦〈1〉』朝雲新聞社、一九七五年、五二、五三頁。

〈4〉防衛庁防衛研究所戦史室『戦史叢書　支那事変陸軍作戦〈1〉』朝雲新聞社、一九七五年、五四頁。

〈5〉南開大学歴史系・唐山市档案館編『冀東日偽政権』档案出版社、一九九二年、九頁。

〈6〉南開大学歴史系・唐山市档案館編『冀東日偽政権』档案出版社、一九九二年、一一頁。

〈7〉防衛庁防衛研究所戦史室『戦史叢書　支那事変陸軍作戦〈1〉』朝雲新聞社、一九七五年、五四頁。

〈8〉土田哲夫「郭松齢事件と国民革命」『近きに在りて』第四号、汲古書院、一九八三年九月。

〈9〉関智英『対日協力者の政治構想―日中戦争とその前後』名古屋大学出版会、二〇一九年、七〇頁、八二頁、。

〈10〉防衛庁防衛研究所戦史室『戦史叢書　支那事変陸軍作戦〈1〉』朝雲新聞社、一九七五年、五五頁。

〈11〉黄自進「中日戦争の前奏：蔣介石と華北問題（1933―1935）」（山田辰雄・松重充浩編著『蔣介石研究―政治・戦争・日本』（東方書店、二〇一三年）、四一七頁。

〈12〉黄自進「中日戦争の前奏：蔣介石と華北問題（1933―1935）」（山田辰雄・松重充浩編著『蔣介石研究―政治・戦争・日本』（東方書店、二〇一三年）、四一九頁。

〈13〉丁秋潔・宋平編、鈴木博訳『蔣介石書簡集　下』みすず書房、二〇〇一年、七七二頁。

〈14〉丁秋潔・宋平編、鈴木博訳『蔣介石書簡集　下』みすず書房、二〇〇一年、七七五頁。

〈15〉丁秋潔・宋平編、鈴木博訳『蔣介石書簡集　下』みすず書房、二〇〇一年、七八四、七八五頁。

〈16〉主編陳世松、副主編李全鐘、龍岱『宋哲元傳』吉林文史出版社、一九九二年、二〇三頁。

〈17〉『現代史資料(8)　日中戦争1』みすず書房、一九六四年、三四九頁。

〈18〉『中華民国史事紀要―中華民国二十五年（一九三六）一至六月份』中央文物供應社、一九八七年、一四九頁。

〈19〉張慶余「冀東保安隊通県反正始末記」（中国人民政治協商会議天津市員会文史資料研究委員会編『天津文史資料選輯』第二十一輯、一九八二年十月）一〇三頁。

〈20〉中国現代革命史資料叢刊『一二九運動資料　第一輯』人民出版社、一九八一年、八五頁。

〈21〉中共中央党校党史研究班『一二九運動史要』中共中央党校出版社、一九八六年、より。なお、中国革命史において、「一二・九運動」が中国共産党指導の学生運動としていかに重視されているかについては、以下の刊行書からも類推できよう。

清華大学中共産党史教研組《一二九運動史》編写組編『一二九運動史』北京出版社、一九八〇年。

『一二九運動回憶録　第一集』人民出版社、一九八二年。

中共天津市委党史資料征集委員会編『一二・九運動在天津』南開大学出版社、一九八五年。

孫思白主編『北京大学一二九運動回憶録』北京大学出版社、一九八八年。

〈22〉中国現代革命史資料叢刊『一二九運動資料　第一輯』人民出版社、一九八一年、一〇〇〜一〇一頁。

〈23〉日本国際問題研究所中国部会『中国共産党資料集　第７巻』勁草書房、一九七三年、五二一頁。

〈24〉西村成雄『張学良―日中の覇権と「満洲」』岩波書店、一九九六年、八八、八九頁。

〈25〉中国現代革命史資料叢刊『一二九運動資料　第一輯』人民出版社、一九八一年、二三四頁。

〈26〉謝忠厚『河北抗戦史』北京出版社、一九九四年、四八頁。

〈27〉中共中央党校党史研究班『一二九運動史要』中共中央党校出版社、一九八六年、八八、八九頁。

〈28〉久保亨『日本で生まれた中国国歌―「義勇軍行進曲」の時代』岩波書店、二〇一九年、参照。

〈29〉日本国際問題研究所中国部会『中国共産党資料集　第７巻』勁草書房、一九七三年、五二四〜五二六頁。

第3章　中国国民の怒り、怨嗟の的になった冀東政権

通州事件において、通州県城内すなわち通州に居留していた日本人一一四人、朝鮮人一一一人の合わせて二二五人が虐殺された。それも残虐な手段、方法で殺害された。事件の前に通州居住の日本人、朝鮮人は戸別に調べられてマークされており、明らかに日本人、朝鮮人だけを標的にした虐殺であった。

通州事件の全体像は第5章で詳述するが、通州保安隊の反乱軍の主力は、通州の日本軍守備隊を攻撃したが、一部の部隊は当初から日本人、朝鮮人の居住地を狙って襲撃し、虐殺、略奪をおこなったと思われる。彼らはなぜ日本人と朝鮮人を虐殺したのか、その残虐行為の背景には、通州居住の日本人、朝鮮人にたいする「怒り、怨嗟《えんさ》」の感情に起因する「憎しみ」と「報復」の感情が潜在していたのではないかと思われる。武器をもたない日本人と朝鮮人の民間人を殺戮した非道な行為を認めることはできないが、日本人として彼らの「怒り、怨嗟」の由来を知っておくことは、最低限必要であろう。

そこで筆者は、通州に政府をおいた日本軍の傀儡・冀東政権にたいして河北省民さらには中国国民はどのような感情を抱いていたのか、天津で発行されていた日刊新聞『大公報』の記事を冀東政権成

立から通州事件前夜まで通して調べた結果、二つの問題が浮かびあがった。一つは、日本が冀東政権を利用して大規模におこなった密輸貿易であり、もう一つは、冀東政権を利用して日本人と朝鮮人が大規模におこなったアヘン・麻薬の密造、密輸、密売であった。

本章では、この二つの問題を取り上げて、その実相を『大公報』の記事から紹介してみたい。

『大公報』は、一九〇二年に満州族正紅旗人《せいこうきじん》（清朝時代、満州族はすべて満州八旗という兵制・行政組織に属した。八旗は黄・白・紅・藍の四色の旗の色で識別され、同色はさらに正・鑲に区別された）でカトリック教徒だった英斂之によって創刊された。「不党、不売、不私、不盲（党派に属さず、買収されず、公平、かつ事実に即して真理・真実を探求）」を社訓として、知識人と上流社会を読者対象とした。販売地域も拡大して、上海の『申報』『新聞報』と競合する全国紙にまで発展し、国内外でもっとも影響のある新聞のひとつとなった。一九三〇年代には発行部数は十余万部に達し、中国の代表的な新聞となった。蔣介石と国民政府を支持する報道姿勢に変化したが、反日や排日ではなく、日本の政治動向も比較的公平にかつ詳細に報道していた。日系企業の広告も製薬会社を中心に多く掲載していた。欧米の国際政治動向の報道も詳細で、スペインやフランスの人民戦線内閣*に関する報道などは当時の日本の新聞よりも優れていた感がある。

一九三七年七月七日の盧溝橋事件発生後、七月二五日の廊坊事件、二六日の広安門事件の発生以後、天津も戦場になる戦況になるにおよんで、『大公報』の発行は困難となり、七月二五日付新聞を最後に発行を停止した。したがって通州事件の報道はない。日本軍の天津占領にともない移転、上海での発行をめざしたが、八月には上海も戦場となったので、漢口に移転して九月一六日から漢口版を発刊した。その後国民政府の重慶移転にしたがって、重慶版として発行を続けたが、一九四九年、政権を掌握した中国共産党に停刊を命じられた〈註1〉。

（＊筆者註：スペイン人民戦線内閣は、一九三六年二月にファシズムと戦争の脅威にたいして労働者諸党派と共和主義者左派との選挙連合によって成立した内閣。フランコ将軍が軍事クーデターを起こしスペイン内戦となったが、ファシズム国家のドイツ、イタリアの援助を受けた反乱軍が勝利し、三九年三月、人民戦線内閣は崩壊した。フランス人民戦線内閣は、一九三六年六月にファシズムの台頭にたいする左翼政党と労働組合と市民団体からなる共同戦線で成立したが、三七年六月に崩壊した。）

冀東政権を利用した日本人の密輸貿易

(1) 冀東密輸貿易

『大公報』に冀東政権を利用した日本人による密輸貿易について報道されるようになったのは、一九三六年の三月になってからである。『大公報』〈註2〉（3・11）は「日本人海関行政へ干渉　華北各地密輸貿易勢力盛んで制しきれず　外交部日本にたいし三度抗議」と題した記事で、「日本当局が天津と秦皇島《しんこうとう》の海関行政に干渉し、密輸取締まりを無法化し、その結果、密輸貿易は華北一帯に制御できない勢いで拡大している。過去六カ月の間に、秦皇島から北寧鉄道を利用して天津に運送された貨物の人造絹糸と砂糖の関税漏れはすでに八百万元に達する」と報じた。

密輸貿易商品の人造絹糸《じんぞうけんし》（天然絹糸をまねた人造の織物用繊維、人絹、レーヨン）と砂糖が、冀東政権の領域内の秦皇島港から陸揚げされ、秦皇島税関は「冀東関税」なる超低率の関税をつけただけで、税関を通過させ、鉄道の北寧線で天津まで運搬し、天津の日本租界の密輸商店の倉庫に搬入された後、津浦線（天津―南京）、平漢線（北平―漢口）、平綏線（北平―綏遠）に沿って内地に搬送され、転売されていることを報じ、これにたいして国民政府の外交部がすでに三度、書面で抗議した旨を報じたのである。

日本側は、秦皇島税関では、国民政府の定める関税率の七分の一から四分の一の低率の輸入税を設定して、「冀東政府」との貿易という体裁を整えることによって「合法」化し、中国との特殊の貿易であると強弁して「冀東特殊貿易」と呼称した。（註3）しかし、実態は密輸貿易であり、本書では「冀東密輸」と呼ぶ。

海関は中国語で、清朝が開港場に設けた外国貿易にたいする税関のことで、中国では空港に設けられた税関も海関と呼んでいる。関税は租税の一種で、外国から輸入される貨物、外国へ輸出する貨物にたいして賦課されるが、先進国では後者は極めて少ない。中国では清末の開港時に不平等条約を強制され、関税の税率を決定する「関税自主権」を持たなかった。それが、不平等条約撤廃を掲げた国民革命の達成により、一九二八年にまずアメリカがついでイギリス、フランスなど西欧諸国が中国の関税自主権を認める新条約に調印し、最後まで躊躇していた日本も三〇年に中国の関税自主権を認める条約を締結した。

関税自主権を獲得した国民政府は、外国の軽工業製品に関税を課す保護関税政策によって国内の軽工業を発展させ、増収した関税収入を国内経済の発展のために充当した。さらに、前述した幣制改革の実施によって通貨の統一が実現し（本書七六頁参照）、国民政府の経済建設が進展する展望が見えてきた時に、日本は冀東政権を利用して、その崩壊を策したのである。ちなみに、中国の一九三五年当時の輸入関税の平均税率は二七・二一％であった[註4]。それを冀東密輸では前述のように、国民政府の定める関税率からさらに七分の一から四分の一の低率の輸入税を設定したのであった。

上記の『大公報』の記事から、日本は冀東政権下にある秦皇島海関を利用してほとんど無関税に近い人造絹糸と砂糖を多量に輸入し、冀東政権下の鉄道をつかって天津の日本租界へ搬入して商社の倉庫に収め、折を見て、安価な人造絹糸と砂糖を中国市場へ売り込んで、大きな利益を獲得したのである。

『大公報』（3・18）は「華北密輸問題―天津海関布告密輸取締便法」と題して、冀東密輸の手口と経路を報じた。内容は、冀察政務委員会をとおして国民政府が管轄権をもっている天津海関が骨抜きにされているという実態の報道である。前年末の殷汝耕による冀東政権が成立して以後、天津海関による密輸の取締りは収拾がつかなくなっていた。秦皇島には中国側海関があったが、密輸貿易品に手をつけることができず、傍観するほかはなかった。秦皇島で陸揚げされた大量の密輸貨物は、トラックで昌黎《しょうれい》駅に運送され、そこで北寧線の貨車に積み込まれ、天津東駅で降ろされ、それから天津の日本人租界の商社に搬入される。密輸に関わっている商社は一、二百軒に急増している。当時、天津には、天津東駅、天津西駅、天津総駅（老駅とも称した）、天津新駅があり、天津東駅が日本租界に最も近く、冀東密輸品の搬入、搬出に利用された。

こうした密輸貨物の運搬をしているのが「日鮮浪人」である。記事には、密輸の麻糸、毛織物、紙タバコ、砂糖などを詰めこんだ大きな麻袋が多量に、北寧線の車両から降ろされ、それを「日鮮浪人」

たちが日本租界の商社まで搬送しているが、誰もそれを問題にすることができず、連日頻繁におこなわれている、と書いている。天津東駅は日本租界に最も近く、駅からはイタリア租界を通れば中国人街を通らずに直接日本租界へ至ることができた。したがって、中国の官憲は密輸品の運搬を阻止することができなかった。

「日鮮浪人」は日本人と朝鮮人の「浪人」という意味で、中国では、一定の職業や住所のない者を呼んだ。日本では「大陸浪人」「支那浪人」と呼んだが、中国大陸で活動した日本の民間人をいい、国権主義者が多く、日本政府・軍部の対中国政策の秘密工作などにも従事した。冀東政権下では「日鮮浪人」が、天津の日本租界を拠点にして、冀東密輸や後述するアヘン・麻薬の密輸、密売に従事していた。『大公報』でいう「日本人浪人」とは、当時日本では、「一旗組」といって、満州や中国へ渡って「一旗揚げる人、仲間」のことを呼んだがそれに近い。「一旗組」はもともとは「新しき事を起こすたぐいの人。またその仲間」（『日本国語大辞典』）の意味であるが、「満州国」や冀東政権成立以後、「一儲けしよう」と企んで中国へわたり、不平等条約によって保護された日本人の特権を利用し、「日本人居留民を保護することを目的とした」中国各地の日本領事館や支那駐屯軍の権威を利用して、中国人相手に商業活動や営業活動をして「大儲け」をした人たちのことを指していった。こうした「一旗組」の日本人は、定職を持たず、定住しないで中国を渡り歩いたので「日本人浪人」と言われたのである。「朝鮮人浪人」は「日本人浪人」と組んで、その手先の仕事をする朝鮮人のことで、改めて後述する（本書一二〇頁参照）。

当時の中国は列強による不平等条約体制下におかれ、天津の日本人租界は「治外法権」といって、国民政府の法律が執行できない区域になっていた。領事裁判権といって、日本租界に居住している日本人（日本の植民地の朝鮮人も法的に日本人とみなされた）の犯罪は、日本の法律にもとづいて日本領事が裁くことになっていた。中国の警察当局は逮捕できず、司法は処罰することができなかった。日本側は冀東政権を国民政府から独立した政権とみなし、冀東政権の領域では、日本人（朝鮮人も）は治外法権があるかのように振舞った。先の『大公報』にいう「戦区」すなわち冀東政権の領域では、「密輸の取締り」ができなかったのである。

(2) 冀東密輸の経路

『大公報』（3・28）は「密輸中継港の大連　驚くべき人造絹糸輸出量」と題して、大連港を経由して、冀東への多量の人絹が密輸され、三六年一、二月で前年の大連港からの人絹輸出総量を凌駕する空前の量に達していると報道した。また『大公報』（4・7）は、「巨量の密輸品が冀東から天津へ運ばれる海上の密輸取締り限界あり」と題して、「北寧鉄道局と海関当局の密輸取締りの協力法が完全に無効となり、連日密輸が激増し、日本人と朝鮮人による密輸品が冀東を経て連日天津へ運びこまれている。昨日昌黎と灤県（いずれも秦皇島の南）の海岸に陸揚げされた密輸品の砂糖七百余トン、人造絹糸千三百余トンは午後四時に天津東駅で降ろされ、大きなトラックで日本租界へ運送された」と報じた。昌黎と灤県は遼東半島の大連港からほぼ真西に位置し、大連港からの距離はおよそ二〇〇キロである。大連港から船で運ばれた密輸品は海岸で陸揚げされて北寧線の昌黎駅か灤県駅に運ばれたのである。海岸の荷揚地には港湾設備は全くないので、船は沖で碇泊し、船底の浅いサンパンなどで波打際に運び、苦力《クーリー》（力仕事に従事する労働者）が陸上げして荷馬車や自動車で駅まで運んだ。

大連港にあって、冀東密輸貿易に従事する船舶は、三六年四月現在で、日本船一四五隻（総トン数九三四八トン）、「満州国」船三九隻（六八二五トン）、中国船二四隻（七一六八トン）、合計二〇八隻（二万三三四一トン）といわれた。貿易業者は三六年三月ごろまでは「純密輸業者」のみであったが、その後天津在住日本人商人が加わり、ついで日本側の貿易商社（伊藤忠、増幸、三昌、泰信など。三井、三菱もダミー会社で参入）、中国側問屋もこれをおこなうようになった。〈註5〉

冀東密輸貿易は、その規模が日ごとに拡大していった状況を『大公報』（4・29）は「密輸の氾濫未だ止まず　連日一〇〇〇トン以上に達する　密輸品目新たに十余増加」と題して次のように報じた。

冀東を経由して天津に運搬される密輸品の総量は連日一〇〇〇トン以上に達し、その品目も、砂糖、人造絹糸、綿織物の他に、自転車、自転車部品、汗襦袢（服の下に着る汗取りの肌着）、ゴム製品、ガラス製品、果物、海産物、干貝、顔料、炭酸ソーダ、石油など十余種に増えた。さらに密輸品の販路も、北平、天津市から津浦線、平漢線の沿線、西は陝西省、甘粛省、南は蚌埠《ポンプー》、安慶《あんけい》の各地まで拡大している。

いっぽう、密輸入だけでなく、冀東政権を利用して密輸出をしていたことを『大公報』（3・28）は「冀東なお塩の密輸出あり」と題して、こう報じた。

日本は毎年工業用の塩が著しく不足し、以前日本は毎年約百万トンの工業用の塩の消費量があるのにたいして自国生産が六〇万トンに過ぎず、他は大連や台湾から毎年二〇万トン輸入していたが、なお二〇万トン不足であった。近年の日本の工業および軍需産業の発展にともない、工業用の塩の不足が巨大な量になっていた。そこで、目下、冀東方面から多量の蘆塩《ろえん》が密輸出されている状況がある、というのである。蘆塩は長蘆塩と称され、河北省の東北部の蘆台《ろだい》【地図：通州事件関連略図②】（本書一一頁参照）が産地であった。元、明、清の時代は塩運の船が集まり蘆台場といわれ、それが蘆台という地名になった。

国民政府が中央集権化政策を推進できた財政的な基礎は、関税自主権の獲得にあった。国民政府は激増した関税収入を軸に塩税と統税（工場製品出荷時に徴収される消費税）の国家税収制の整備により、経済建設を推進することができたのである。その国民政府による中国の統一を政治的に阻止しようとしたのが、日本の華北分離政策の強行であり、経済的に妨害したのが、冀東密輸貿易であった。冀東政権を利用した蘆塩の密輸出は、国民政府の塩税収入に損失を及ぼすものであった。

『大公報』（5・16）はさらに「華北の塩行政また危機に瀕している　大連紅塩の莫大な量が運びこまれ、ダンピングされている」と報じた。日本人が大連合して組織した大隆公司（会社）が大連紅塩（品質は蘆塩にはるかに及ばないので極めて廉価である）を冀東政権を利用して、蘆塩の密輸出のルートを使って大連から華北に搬入し、塩店で販売している。塩店も塩税を納めないので、塩税の欠損は三百万元におよんでいる。密輸・脱税取締りの塩務署当局は、緊急会議を開催して、脱税の摘発と欠税の徴収を検討しているというのである。

冀東政権を利用して、日本人の商社が、華北の蘆塩の密輸出と、大連の紅塩の密売をおこない、国民政府の重要な塩税収入に損失を与えていたのである。

冀東密輸の規模の拡大と中国の損失が増大するにともない、『大公報』（5・13）は「海関問題日毎に深刻」と題する「社説」で、こう論じた。

目前の華北における重大で緊急な問題は、密輸貿易の問題である。中国の関税行政を組織的に直接破壊する問題であり、その影響は、中国国家の財政の基礎を危機に陥れるばかりでなく、中国の中小企業と各種の国産品に打撃を与え、全国に経済混乱をもたらし、産業の衰退をもたらし、その被害たるや非常に甚大である。（中略）

最近の華北密輸貿易の内幕は非常に政治的な色彩をおびている。第一は中国の関税制度を破壊するための冀東非法組織の存在である。第二は、天津の海関を特殊な形にして、中国の関税制度の基礎を動揺させ、この政策を華北だけでなく華南に及ぼすことにある。そしてこの問題の深刻な真相は、密輸貿易問題、すなわち税率の軽重の問題ではなく、中国を分裂させ、華北を中国から分離するところにある。

この社説につづいて、『大公報』（５・17）から三回にわたり「華北密輸貿易の税収への影響　海関発表数字統計　損失は関税全収入の三分の一　密輸取締りの全制度が破壊されている」と題する記事を連載し、詳細にわたり、密輸品ごとの密輸量を前年と比較して、月ごとの統計数字を掲載し、全体として、全中国の関税収入の三分の一が損失したと報道した。

(3)　外交問題となった冀東密輸

華北の密輸貿易が外交問題になっていることを『大公報』（５・16）は「華北の密輸貿易の影響は

深刻　我が外交部日本に対して抗議を提出　英政府日本に抗議」と題する六段抜きの大見出しで報道、リード文は以下のようであった。

「日本人と朝鮮人が華北で密輸貿易をおこなういっぽうで、我が国の海関人員の取締りに干渉していることにたいして、我が外交部は駐華日本大使館に抗議をおこなったが、未だ日本政府からの回答がない。最近の密輸貿易の状況は日毎に厳しくなり、我が国家の財政、経済、商業に深刻な影響を及ぼしている。我が外交部は日本政府に厳重な抗議を提出し、海関の取締りへの干渉と日本人と朝鮮人の不法行為を取締まるよう要求した。」

さらに同記事は、イギリス政府も日本人による華北の密輸貿易は、中国の関税収入を毎月一二万ポンド相当減収させている深刻なものであるから、日本政府に密輸貿易を制止するよう要請している。しかし、日本政府から満足な回答がないと再度抗議したことを報じていた。『大公報』（５・17）は、アメリカの駐日大使が華北の密輸貿易問題にたいする交渉を日本政府に要求したことを報じ、冀東密輸問題は、イギリス、アメリカにとっても中国市場の経済権益を侵害するものとして、対日外交問題となっていることを報じた。

『大公報』（５・28）は「英米の在華商業は密輸貿易の脅威に堪えられず　すでに日本にたいして対抗手段を取る　オーストラリア、フィリピンで日貨排斥」と題して、日本の華北における密輸貿易にたいする各国の対抗措置を報じた。⑴アメリカの駐華商務専門委員のフーカー（音訳）が上海のアメリカ商務官を集めて、華北における日本の密輸貿易にたいする検討会議をおこなった、⑵アメリカのコーデル・ハル国務長官が日本の華北密輸貿易を阻止するための手段として、フィリピンにおいて日本製綿製品をボイコットさせている、⑶英国がオーストラリアに日本からの輸入綿布の関税を上げさせて共同で対日制裁措置を実行している、⑷アメリカのルーズベルト大統領がイギリスと提携して、日本の華北密輸貿易にたいする報復措置を検討している、などとイギリスとアメリカが中国市場を確保するために、最大の努力を傾注していることを報じた。

さらに『大公報』（５・30）は「郭泰祺駐英大使とイギリス外相が密輸貿易問題を討論　ロンドン商会、商業部（the Board of Trade）に援助を要請」と題して、華北における日本の密輸貿易問題について駐英中国大使と英外相が討論したこと、およびイギリスのロンドン商会が日本の密輸貿易によりイギリス在華商業が重大な損失を被っているので、商工大臣に援助を要請したことを報じた。イギリスは華中を中心に中国に大きな経済利権と市場をもっていたので、冀東密輸貿易によりイギリスの対中貿易、商業活動も少なからぬ被害を受けていたのである。

以上のような、日本の華北密輸貿易とそれに対抗するアメリカとイギリスの動向から、中国市場をめぐる日本の国際法を無視した暴力的な経済侵略にたいして、アメリカとイギリスが連携して中国政府を支持して対日制裁措置を検討している構図になっており、翌年の一九三七年七月から始まった日中全面戦争からアジア太平洋戦争へといたる戦争の構図が、すでに経済戦争の構図として形成され始めていたことをうかがわせる。

⑷　華北分離工作のための支那駐屯軍の増強

『大公報』（５・18）は、「日本華北へ増兵　米国、九カ国条約を守れと重大な声明　通県は辛丑《しんちゅう》条

約の地点に非ず　日本また一〇〇〇人増兵の準備」と題して、日本政府が五月一四日に、支那駐屯軍を増強することを米、英、仏、伊の駐日大使に非公式に通告したことにたいして、アメリカの国務次官が中国の独立・領土保全を保証した九カ国条約を守れと声明したことを報道した。さらに北平からの情報として、日本が冀東政府の所在地の通州の日本軍守備隊を二〇〇人から一カ月後に一〇〇〇人に増強すると伝えられていることについて、一九〇〇年に起きた中国民衆による排外運動・義和団を鎮圧した八カ国が清朝に辛丑条約（北京議定書）を認めさせ、列強の軍隊が駐屯できる地点を決めたが（本書三七頁参照）、その地点に通州は含まれていない、と抗議したのである。

北京議定書では、直隷省（直隷省は清朝時代の省名で、一九二八年に河北省と改めた）に駐兵できる兵数として、ドイツ三三〇〇、イギリス三二〇〇、フランス二七三〇、日本一五〇〇、イタリア八〇〇、ロシア六〇〇、アメリカ一五〇などと決められていたのである。義和団戦争にたいして日本は八カ国のなかで最大の兵力を派遣したが、列強の仲間入りを認められたばかりでその地位はまだ低かったので、独英仏に比べて駐兵数は少なかった。日本は支那駐屯軍と称して天津に司令部を置き、一七七一名駐屯していた。それが、二・二六事件を利用して軍部強権体制を強化した陸軍が、華北分離工作を進展させるために支那駐屯軍の増強を要求、三六年四月一七日、広田弘毅内閣に、それまでの三倍以上の五七七四人にすることを認めさせたのである。

支那駐屯軍増強の目的について、陸軍当局は五月一五日に発表した声明でこう述べた。

近時北支の情勢殊に抗日を標榜する共産軍の脅威及平津（北京・天津―引用者）地方に於ける

共産党及抗日団体の策動に基く不安等は帝国の為洵《ためまこと》に憂慮に堪えざるものあり。而《しか》も平津就中《なかんづく》北寧鉄路沿線に於ける在留邦人は近年頓《とみ》に激増せるに拘らず、駐屯軍の現有兵力は依然極めて僅少にして叙上《じょじょう》の情勢に対処し万一の場合任務を完《まっと》うし得ざる懸念頗《すこぶ》る大なるものあり

これが公表された支那駐屯軍増強の理由であり、北支の防共と居留民保護がその目的とされている。〈註6〉一二・九運動以降の共産党の指導が入った学生の抗日救国運動の拡大を阻止するいっぽうで、これまで詳述してきた冀東密輸貿易に従事する、『大公報』の記事に頻繁に登場した「日本人、朝鮮人の浪人」と称された日本人居留民を保護するための増強と声明したのである。

『大公報』の記事にあるとおり、参謀本部は、増強された兵力を通州に配置して冀東政権の強化をはかる案であったが、冀察政務委員会のある北平に圧力をかける意味から北平の西の近郊の豊台【地図：通州事件関連略図②】（本書一一頁）／【地図：盧溝橋事件関連略図】（本書一八〇頁）／【地図：盧溝橋付近略図】（本書一九一頁）に決定した。『大公報』（5・30）は「日本新設部隊一〇〇〇名まさに北平に駐屯　現在豊台に兵営を建造中　昨日到着の部隊別れて天津を通過」と増強部隊が続々と派遣されてきていることを緊張感をもって報じた。支那駐屯軍司令部が天津にあったうえに、こんどあらたに北平西南近郊の豊台に支那駐屯軍が駐屯することになったことは、国民政府がある南京よりも中国の政治、経済、文化の枢要な地域である平津（北京・天津）が日本軍の直接の脅威下におかれることになったのである。

支那駐屯軍が新たに駐屯することになった豊台と盧溝橋の間には、宋哲元の第二九軍の駐屯地の宛《えん》

平県城《ぺいけんじょう》があった。翌年の七月七日、豊台に駐屯していた支那駐屯軍の部隊と宛平県城に駐屯していた第二九軍の部隊とが盧溝橋事件を起こしたのである。そう考えると、この時の支那駐屯軍の豊台進駐が、盧溝橋事件の構図をつくったといえよう。

支那駐屯軍の増強にたいして北平と天津の学生も敏感に反応した。『大公報』（6・3）は「天津市の各校初級中学生昨日またストライキ、登校して秩序は極めて良好」と題して、天津市の初級中学校（日本の中学校に相当）以上の高級中学校（日本の高校に相当）ならびに大学生が、増強された日本軍の天津進駐に抗議するストライキを六月一日から実行したことを報じた。学生たちは登校し、授業はボイコットしたが、各校内で抗議集会を開いた。

同日の『大公報』は「北平各校学生代表、第二九軍に請願　学生連合会、報道界に運動方針を説明」と題して、天津学連に呼応した北平学連による日本軍増強への抗議活動を以下のように報じた。北平では五月三〇日から二五校が五日間のストライキに入った。学生連合会は各校三名から五名の代表を出し、計百余名の学生が第二九軍の駐屯する南苑と北苑、西苑を訪問して、第二九軍は日本の圧力に屈して華北から撤退して離れることがないよう請願をおこなった。さらに清華大学と燕京大学の自治会代表は、報道界を招いて記者会見を開き、学生運動の方針を説明し、報道界は学生団体と協力して救国運動を展開することを要請した。そして日本軍の増強に対抗して全国の民衆運動を組織、拡大して民衆の力量を強め、政府が日本の侮辱に抵抗するよう促していくことを強調した。

学生代表が第二九軍に「日本の圧力に屈して華北から撤退して離れることがないよう請願」したのは、塘沽停戦協定（本書五九頁参照）と梅津・何応欽協定はそれぞれ国民政府の黄郛と何応欽が日本軍に譲歩して、「戦区」（非武装地帯）の設定に同意して中国軍の撤退を認めた前例をふまえて、宋哲元の第二九軍がその二の舞をふまないように学生たちは請願をおこなったのである。

『大公報』（6・5）には、北平師範大学付属中学校の生徒たちが、校門前を通過する第二九軍の部隊へ、「熱烈歓迎」の声援を送ったことが紹介されている。

『大公報』（6・10）は「二十九軍と華北」と題する社説を掲載して、北平の清華大学と燕京大学の自治会代表の記者会見における報道界への要請に答えた。社説は、宋哲元と第二九軍の将官を激励し、国民政府に代わって華北問題で対日外交の前面に立たされている困難な立場に同情するとともに、中国を分裂させ、滅亡させることのないよう、中華民国の運命の不朽のために奮闘する将官を、全国同胞はこぞって祝福する、と述べた。

『大公報』（6・5）は「北平市のストライキの各校、昨日全部授業再開　学生代表商会へ赴き請願」と題して、支那駐屯軍の増強派遣に抗議したストライキを停止したことを報じるとともに、北平学連は二十数名一団の請願団を組織して各街の商会をまわり、華北の密輸貿易を制止するために一致して行動するよう、請願運動に取り組んでいることを報じた。「各街の商会」というのは、「〇〇大通りの商店連合組合」といえるもので、日本商品ボイコット運動などを展開、罷市《ひし》といって商店ストライキを決行することもあり、反日運動の有力な基盤となっていた。

上記の『大公報』の記事から、半年前に一二・九運動を発動し、第二九軍の宋哲元の冀察政務委員会の成立に反対して弾圧された北平学連の学生運動とは大きな変化を遂げたことがわかる。一二・九運動は、蔣介石政府が「安内攘外」政策をとり、「剿共」すなわち陝西省の共産党政権と共産党勢力の撲滅を優先させた政策に反対し、「国共内戦停止」「一致抗日」をスローガンに、宋哲元の冀察政務委員会に反対する運動を展開したのだった。共産党の指導があったことは述べたとおりである。

ところが、今回の北平と天津の学生運動は、宋哲元の冀察政務委員会と殷汝耕の冀東防共自治政府を明確に区別し、日本が冀東政府を利用して密輸貿易を推進していることに反対し、日本が華北分離工作を推進するためにおこなった支那駐屯軍の増派に反対する運動へと転換したのである。さらに、宋哲元と第二九軍さらに蔣介石国民政府にたいしては、反対ではなく、抗日の立場に立つよう促していくという方針へ転換したのである。天津や北平に増強されて進駐してくる日本軍を目前に見て、さらに華北ならびに全中国に冀東密輸貿易の被害が拡大している現実をみて、北平と天津の学生たちは、中国の民族的危機をもたらしているのは日本軍と日本人であることを認識したのである。

そこで北平学連、天津学連に参加する学生たちが模索するようになったのは、各界の広範な民衆を結集した抗日民族統一運動の組織であった。その最初の取り組みが報道界への協力要請であり、商会への請願行動であった。

(5) 都市民衆の抗日民族運動

『大公報』には、冀東政府の領域を利用した密輸貿易品が天津の日本租界に搬入され、日本の商社ならびに「日本人と朝鮮人の浪人」が介在して、天津から鉄道網を利用して中国全土へ搬送され、拡散していったことが連日のように報道されていた。以下に『大公報』が報道した全国の密輸貿易のトラブルや被害、密輸品の摘発、抗議運動などが発生した都市や地域を列挙してみる。いずれも一九三六年なので、掲載した『大公報』の月日のみを記す。

太原（山西省）［６・15］、蚌埠《ポンプー》（安徽省）［６・19］、正太線（石家荘―太原）、済南（山東省）・杭州（浙江省）［６・20］、南京（江蘇省）・漢口（湖北省）［６・28］、長沙（湖南省）［７・21］、漢口（湖北省）［７・23］、重慶（四川省）［７・29］、南京・徐州（江蘇省）［７・29］、上海（江蘇省）［８・９、８・10］、安徽省北部［８・29］、保定（河北省）［９・13］、山東省北部［９・27］、福建省南部［10・６］、徐州（江蘇省）［11・３］、福州（福建省）［11・11］、蚌埠（安徽省）［11・13］

以上からも、冀東密輸の被害が中国全土に広がっていた状況を知ることができる。これにたいして、『大公報』（８・９）は「上海民衆、昨日密輸貿易を拒否する大宣伝を挙行　売国商人による関税減価に断固反対」と題して、上海各界救国連合会（本書九五頁参照）のメンバー八〇〇人が集合して、四人組を編成、夕方六時から八時にかけ、フランス租界、共同租界、中国人街の大通りの各商店にたいして、密輸品を運ばず、売らず、買わず、売国商人の関税減価行為に断固反対し、これに対抗して国産品を愛用するよう訴えたビラを配布して宣伝活動をおこなったことを報じた。翌日の『大公報』は、「昨日上海民衆、盛大に密輸取締り大会を挙行　全国へ密輸取締大同盟の結成を打電　政府へ華北関税行政の堅持を要請」と題して、当時「抗日七君子」といわれた全国各界救国連合会（本書九五頁参照）の指導者の沈鈞儒、章乃器、王造時らが主席となって開催した全国密輸取締大同盟大会について報道した。全国各界救国連合会はすでに一二〇〇隊の密輸取締隊を組織して政府の密輸取締に協力しており、この大会ではさらに全国の民衆が密輸取締大同盟を組織していくよう全国へ打電した。さらに政府にたいして、関税減価に反対し、さらに密輸取締に奮闘している関税職員を激励するように要請する電報を送った。

これより先『大公報』（7・4）は「財政部各省政府に各県の密輸貿易取締を通達　首都に密輸貿易防止連合会成立」と題して、国民政府の財政部が全国の各省へ、各県下でおこなわれている密輸貿易を厳しく取締るよう通達を出したことを報じた。さらに首都南京で、国産品提唱委員会が各企業の代表を招集して、密輸貿易防止連合会を組織することを決め、即日成立させた、と報じていた。上海の全国各界救国連合会の全国密輸取締大同盟の組織と活動は、南京の国民政府財政部の密輸取締政策に連動して市民運動の側の密輸取締運動を発動し、その全国化を図ったことにおいて、日本の密輸貿易とその背後の華北分離工作に反対する官と民が協力する官民一体の抗日民族運動が端緒的に開始されたと見ることができる。

今井駿「いわゆる『冀東密輸』についての一考察—抗日民族統一戦線史研究の視角から〈註7〉」は、抗日民族統一戦線の形成に果たした都市民衆の密輸反対闘争の意義を評価した論稿であるが、本章で紹介してきた『大公報』の報道からもその先駆性が証明されたように思う。

⑹　冀東密輸と「日本人と朝鮮人の浪人」

『大公報』（7・30）は「天津の日本人、朝鮮人の居留民一万人に増大」と題して、一九三六年になって天津の日本人と朝鮮人が急増していることを報じた。記事は、日本当局の六月二〇日の調査で、天津居留の日本人と朝鮮人は九八四六人で、年内に一万人を超えるであろう。今年半年で一四〇〇余人が増え、これは昨年一年間の増加を上回った数である。日本租界に居留している日本人は六七三六人で、朝鮮人は二〇二一人であると報じた。

三六年になって半年の日本人と朝鮮人の急増は、『大公報』の記事に頻繁に登場する冀東密輸貿易に従事する「日本人と朝鮮人の浪人」の急増の結果でもある。それらの「日本人と朝鮮人の浪人」が冀東密輸貿易に関わっていることを報じた『大公報』の記事を見てみたい。

『大公報』（7・22）は、「天津東駅　昨日密輸品を大量に押収」と題して「日本人浪人」が麻糸二六六件、紙タバコ二〇余件を保持して天津東駅から平浦線（北平―南京）の列車に乗り込んだが、天津新駅でイギリス人が率いた関税員二〇余名に差し止められ、日本人浪人は逃亡した、と報じた。

さらに同記事は「密輸の朝鮮人、昨日周村で兇暴」と題して、山東省の周村駅で朝鮮人が密輸貿易品五個を所持していたのを駅長が押収しようとしたら、駅長は頭部を殴打され、重傷を負ったと報道した。

『大公報』（8・29）は「安徽省北部の密輸貿易取締りの成果　密輸貿易品八百余トンを捕獲」と題して、「某国浪人」が搬送していた密輸品を津浦線の徐州と蚌埠《ポンプー》の間で押収したことを報じた。『大公報』（10・14）は、「天津総駅、現銀を運んでいた韓人を拘留」と題して、天津総駅で朝鮮人三名が現銀（一元銀貨の現金）若干を運んでいたのを拘留、海関に連行して調査させたと報じた。さらに『大公報』（10・24）は「天津市の密輸貿易取締りまた停頓に陥る　租界の密輸貿易商二〇〇〇家に増加」と題して、「某租界」（日本租界と書くのを避けている）内の密輸貿易商が最近になって数百戸から二千戸ほどに増えている。直接某国から商品を購入している商人は三六〇余戸以上である。密輸貿易の数量は増えることがあっても減少することがなく、憂慮に堪えない、と報じた。

治外法権のため、日本租界における密輸貿易商の増大に中国当局は手も足も出せない現実があったのである。
『大公報』の記事からは日本人と朝鮮人とが組んで冀東密輸貿易に関与していたことがうかがわれる。その結果、前述のように天津の日本租界の朝鮮人居留民が多いこと、さらには通州事件において虐殺された日本人と朝鮮人の数がほぼ同じであったことにつながる。次節で詳述するように、華北でのアヘン・麻薬の密輸・密売は多数の朝鮮人が日本人の手先になるかたちでおこなっていたが、冀東密輸でも多くの朝鮮人がやはり日本人の手先のようになっていたのである。
満州事変勃発後、中国関内（万里の長城以南）に移住する朝鮮人の数は急激に増加しはじめ、華北に冀東政権と冀察政権が成立して以降は、隣接している満州地域からの移住がさらに増加した。朝鮮総督府の統計資料によれば、日中戦争勃発直前の一九三七年六月末時点での中国の関内居住朝鮮人数九六〇五人（実際は約三万人と推定される）のうち、華北居住の朝鮮人は七八五四人（実際はこれより多いと推定される）で、約八二パーセントが華北に移住していた。満州事変以後、日本が華北にその影響力を拡大させていくと、関内居住朝鮮人で朝鮮独立を目指して抗日運動を継続した民族主義者は上海・南京方面に逃れ、残った朝鮮人が天津、北京さらには冀東地域で生活を維持した。〈註8〉
こうした華北居住の朝鮮人、とくに天津の日本租界居住の朝鮮人は、「日本公民」として日本の「治外法権」の特権を「享受」することができた。したがって、中国政府の警察には、中国人のように、逮捕、拘束、処罰することができなかったのである。しかし、「日本公民」の特権を利用した朝鮮人は、国籍は「日本人」であっても、戸籍は「朝鮮人」であり、当時の日本人社会にあっては、「朝鮮人」として厳しく差別される構造になっていた。

ところで、冀東密輸やアヘン・麻薬密輸・密売で日本人が朝鮮人と組んで、手先のようにつかった大きな理由は、中国在住朝鮮人の中国語会話力があった。日本人にとって中国語の発音は難しく、中国人を相手に取引、商売ができるように中国語を聞いて理解でき、中国人に通じるような発音で会話することは容易でなかった。その点、幼少時から満州に生活し、中国語会話力を身につけ、いっぽうでは日本語も話せた朝鮮人は、中国人相手に取引、商売するとき、通訳として欠かせない便利な存在だった。

筆者は各地の中国農村において、日中戦争時代における日本軍の加害について、多くの聞き取りをおこなったが、その体験で痛感したのは、中国の農民たちは、日本軍兵士よりも日本軍部隊の通訳をした朝鮮人軍属、朝鮮人兵士にたいする憎しみ、憤り、反発を強く抱いていたことである。中国人にとって歴史的には「属国」関係の民族であった朝鮮人が、日中戦争では日本軍の「手先」になって中国侵略の「尖兵」となったという認識を抱いていたことを知った。

冀東密輸についても、日本の植民地支配の犠牲者、被害者である朝鮮人が、「加害者」の役割を担って、中国人から恨まれ、憎まれた複雑な民族悲劇の構造を見る思いがした。

日本人と朝鮮人のアヘン・麻薬の密造・密輸・密売

(1) 国民政府のアヘン・麻薬厳禁政策

一九二八年三月一〇日に国民政府が公布、同年九月一日に施行された中華民国刑法は、第二七一条でアヘン、ヘロイン、モルヒネを製造、販売、所持した場合、五年以下の懲役、五千元以下の罰金の併科を課すと定められていた。そして、ヘロイン、モルヒネの製造、販売への取締りは特に厳しかった。したがって、ヘロイン、モルヒネの製造、販売は治外法権に護られた日本人、朝鮮人だけが安全に従事できる職業だった。

ここで、本書で使用してきたアヘン・麻薬の表記について説明しておきたい。アヘンは、罌粟《けし》の実からとった乳状液を集めて固め、乾燥させたもので、生アヘンという（本書一四二頁に詳述）。アヘン窟という秘密の場所で、ベッドに横たわって生アヘンから作った煙膏を火に炙って煙を煙筒で吸飲するのをアヘンと呼んでいる。中国ではアヘン吸煙禁止を「禁煙」と言っている。日本語の「禁煙」はタバコの喫煙の禁止の意味なので、意味がことなる。本書では中国語の「禁煙」をアヘン・麻薬の禁止ないし禁絶と訳して使っているが、引用文などではそのまま「禁煙」を使うが、タバコの禁煙ではないことをお断りしておきたい。

本書にいう麻薬はアヘンを精製して製造するモルヒネとヘロインのことを指している。アヘンからモルヒネ、ヘロイン、コデインなどが抽出されるが、アヘンの薬効はモルヒネの麻酔効果にある。モルヒネ類の生産は発達した化学工業において医学用の麻酔剤、鎮痛剤として、モルヒネ注射やモルヒネ含有の丸薬（通称モヒ丸）が製造される。戦前のアジアで大量のモルヒネ類が生産できたのは日本だけだった。最初のモルヒネ製造に成功したのは星製薬会社で、日本国内での製造は許されなかったので植民地の台湾に工場を建て、一九一五年から製造を開始した。最初は台湾総督府が星製薬だけにモルヒネの製造を許可したので、星製薬は日本の医薬界のモルヒネを一手に引き受け、「薬は星」といわれるほどの日本最大の製薬会社にのしあがった。〈註9〉モルヒネ薬品はその後、大日本製薬や三共製薬などにも製造、売買が許可されたが、中国では製造できなかったので、一九三〇年代に中国で密売されていたモルヒネ、とくにモヒ丸は主に青島を経由して密輸入され、中国に出回ったもので、その量は限られていた。

満州と冀東政権を利用して日本人が大量に密造、密売した麻薬は、ヘロインだった。生アヘンの主成分の約一〇パーセントがモルヒネで、そのなかで、ヘロインの主成分がもっとも多く、ヘロインだけだとモルヒネの四～六倍強い陶酔作用、沈痛作用があった。ヘロインは丸薬にして飲用できたし、粉末にしてタバコの先にちょっとつけて一緒に吸ったり、タバコの銀紙に少量載せてマッチであぶって煙を吸うなど、簡単に服用できたので、日本は大連や天津郊外の工場でヘロインを多量に製造して、冀東政権を利用して、中国人に密売し、多大な害毒を流したのである。

一九三五年四月国民政府軍事委員会は、「禁毒禁煙施行弁法」を公布し、一九三五年から四〇年の六年間に全国においてアヘン・麻薬の徹底禁絶を実現する計画を宣言、軍事委員長の蒋介石は「年を分け、年々心を引き締め一貫した精神で、地方長官と社会団体が一丸となって共同努力し、六年間にアヘン・麻薬の禁毒、禁煙を達成しよう」と国民に呼びかけた。〈註10〉さらに国民政府の行政院は軍事委員会委員長の蒋介石を「禁煙総監」に任命し、三五年六月五日に全国のアヘン・麻薬の禁絶の行政を担当させる訓令を出した。つづいて、国民政府軍事委員会は、六月一五日に「各省市禁煙委員会および各県の分会組織通達」を公布し、アヘン・麻薬禁絶六年計画の完遂を目指す体制づくりに踏み切った。〈註11〉

『大公報』(36・2・5)(以下、一九三六年については、月日のみを記す)は、「禁煙会議閉幕　通過重要法案三〇余件」と題して、首都南京で二月一日から三日まで国民政府のアヘン・麻薬禁止委員会総会が開催され、国民政府のアヘン・麻薬厳禁行政を全国に完全実施するための重要法案を採択して閉会したと報道した。これを受けて『大公報』(2・11)は、「アヘン・麻薬禁止と賭博禁止」と題する社説を掲載してつぎのように述べた。

最近になって国民政府はアヘン・麻薬吸飲者に厳罰を課す法令を制定するいっぽうで、アヘン・麻薬禁絶の完全実施の六カ年計画を作成して実施に踏み切り、今年はその第一年度にあたる。また蔣介石行政院院長が禁煙総監を兼任して、権力を集中してアヘン・麻薬禁絶の実施にあたっている。ただし、中国におけるアヘン・麻薬禁絶の完全実施が困難なのは、国際方面で租界の地位を利用して、アヘン・麻薬を販売し、あるいは違法な営業を助長して、中国の麻薬禁止政策が重大な障害を受けていることである。

最近日本の軍部および領事館が、日本と朝鮮の不良分子が日本の体面を汚していることを認識して、従来の放任の態度に変化があり、北平の三軒のアヘン窟の取締りに、日本側の協力が得られたのはその証拠である。

しかし、最近、冀東の各地では、「外国商社」が林立し、アヘンの毒煙が大いに拡散し、公正な日本官民は羞恥の思いでいる。将来冀東の主権が中国に回収され、行政が常軌を回復すれば、アヘン・麻薬の禁制が実行されるであろう。

右の社説は、国民政府のアヘン・麻薬厳禁政策を高く評価するいっぽうで、それに風穴をあけるような、冀東政権を利用した「日本と朝鮮の不良分子」、すなわちこれまでの記事に登場した「日本人と朝鮮人の浪人」のアヘン・麻薬の密輸、密売行為に注意を喚起したのである。「冀東の各地では『外国商社』が林立」とあるのは、「日本商社」のことである。そう書かずに中国語の「洋行」（外国商社）と書いたのは、「日本商社」とストレートに記したならば、天津の日本領事館から必ず圧力をともなったクレームがつけられるので、それを回避するためだった。

『大公報』（4・15）は、「北平・天津のアヘン禁絶の方法」と題して、上記の国民政府のアヘン・麻薬禁絶の完全実施六カ年計画の第一年度にあたり、北平と天津の清査処（不正取締り所）がさだめた禁絶計画のステップを報じた。第一がアヘン販売の禁止と取締り。ただし（医薬用に）一〇店のみ販売を許可、しかし販売する中国アヘンを登録し、証明書を添付させる。第二は、現在のアヘン吸飲者と家を調査、登録して、五月一日から三カ月以内に禁絶させる。第三にアヘン・麻薬の中毒者の治療医院を設立し、アヘン・麻薬を断つ治療をおこなう。以上の方法を厳密に実行して六年以内に北平、天津からアヘン・麻薬を完全に禁絶する。というのであった。

国民政府が中国社会に大きな弊害をもたらしているアヘン・麻薬の製造、販売、吸飲を厳格に禁止しようとアヘン・麻薬禁絶六カ年計画を作成し、その実行を地方の省政府、市政府に命令、通達したのを受けて、北平と天津の行政の側でも対応したのであった。

(2) 国際連盟、麻薬密輸・密売の日本人、朝鮮人の厳罰を要請

日本の中国におけるアヘン・麻薬の販売は国際連盟においても問題に取り上げられた。『大公報』(5・21)は「国際連盟アヘン委員会は中国のアヘン禁絶工作に特別注意　日本政府に麻薬販売犯人の厳罰を要求」と題してこう報じた。五月一九日にハーグにある国際連盟の特別委員会のアヘン諮問委員会の第二一次会議が開催され、カナダとアメリカの委員(アメリカは国際連盟に加盟していなかったが、特別委員会には参加していた)が、日本が国境を越えて中国へ多量のアヘン・麻薬を持ち込んでいる証拠があると報告した。日本の内務省は麻薬の製造を許可し、日本人の輸出商家は国境を越えてアヘン・麻薬を中国へ運搬して、中国内で販売の営業をおこない、中国民衆へアヘン、モルヒネ、ヘロインなどの麻薬を販売しているのに、未だ摘発逮捕されていない。よって、国際連盟のアヘン諮問委員会は日本政府にアヘン・麻薬の販売犯人を厳罰に処して取締まるよう要求するという報告書を提出した。

別の外交資料によれば、アメリカの委員はフラー(Stuart J. Fuller)で、「日本当局は中国でアヘン・麻薬を販売する日本人と朝鮮人に対して極めて軽い処罰しか加えていない。最も重い処罰でも監獄で数週間程度過ごせばよく、罰金は小規模販売者の一日の営業所得程度である」と非難して、アヘン・麻薬を密輸貿易し、不法製造する日本人と朝鮮人にたいして効果のある処罰を下すよう日本政府に要求する建議を提出した。〈註12〉

(3) 中国人のアヘン・麻薬搬送、販売者の公開処刑

国民政府ならびに省政府のアヘン・麻薬禁絶政策が建前的なスローガンでなかったことの証左として、『大公報』(4・17) は「麻薬販売者・耿欽極刑　幇助犯に実刑判決」と題して、麻薬販売商の耿欽（中国人名）が北平の天橋処刑場に護送されて、死刑が執行され、麻薬販売幇助者の三名が懲役一二年、三名が懲役六年の実刑判決を受けたと報じた。

『大公報』(4・29) は、「阿片《アヘン》・麻薬禁止政策の貫徹　アヘン販売店を最近撤収」と題して、冀察綏靖の宋哲元が、厳格なアヘン・麻薬禁止政策を実施し、悪辣なアヘン・麻薬吸飲者は死刑に処する旨の命令を通電したことを報じた。

『大公報』(5・28) は、「北平市昨日麻薬焼却　天壇西門で挙行　麻薬運搬者一名銃殺刑」と題して、北平の天壇西門広場で、没収した麻薬の高根一〇キロ、紅丸三三キロ、小包白面四三キロ、大包白面三五キロを公開で焼却するとともに、天津駅で紅色毒丸の大包三七キロを運搬していた山東省人三五歳を天津清査処が逮捕、冀察綏靖公署の軍法会議で審理した結果、凶悪犯として死刑を判決、この日、天壇西門において、冀察綏靖公署の兵士二〇名を派遣して、公開の銃殺刑を執行したと報じた。綏靖とは取り鎮めるという意味で冀察綏靖公署は宋哲元が主任をつとめた行政機関である。

公開焼却された麻薬の高根はコカインのことで、アヘンとは異なるコカの葉から製造される麻薬で、中国へは外国から密輸入されたものである。紅丸はヘロインの丸薬で飲用、白面包は紙に包んだ粉末のヘロインである。見せしめに公開銃殺刑にされた山東省人はヘロインの紅丸の大包を三七キロ運搬して

いたというから、これを売れば一財産が築ける額に相当したので凶悪犯として処刑されたのであろう。
北平と天津のアヘン・麻薬取締り機関の清査処が麻薬運搬者を逮捕し、冀察綏靖公署の軍法会議により死刑を判決し、公開処刑したことは、宋哲元が国民政府から任命された平津衛戍司令であり、冀察政務委員会委員長であったことから、冀察政権は明確なアヘン・麻薬厳禁政策を実施したことの証左であった。

これから述べる冀東政権とは真逆の政策を実行したことにより、一二・九運動では両政権に反対する運動を展開した北平学連、天津学連の学生運動が、宋哲元の第二九軍と冀察政権の支持へと転換する契機の一つとなったといえよう。

『大公報』(6・4)は、「六三記念　法院・市政府　公開でアヘン・麻薬の焼却」と題して、「禁煙記念日」とされる六月三日に、天津の裁判所と天津市政府がそれぞれ主催して、没収した大量のアヘン・麻薬類を積み上げて、公衆の前で焼却するというアヘン・麻薬の禁絶を啓蒙、宣伝するセレモニーを挙行したことを報道した。六月三日が林則徐記念日とされるのは、清末にイギリスがアヘン貿易をおこなって、インド産の多量のアヘンを中国内で販売したことに反発した道光帝が、アヘン厳禁政策を主張した林則徐を欽差大臣に抜擢して広州に派遣。林則徐がイギリス商人の所有するアヘンすべてを没収し、海に投棄した日が一八三九年六月三日だった。イギリスがこれに対抗して一八四〇年にアヘン戦争を起こしたのは周知のとおり。中国では一九三六年の時点でも、六月三日を禁煙記念日として、アヘン・麻薬の禁絶を官民ともに誓い、実行する日にしてきたのである。

本書冒頭の「序章　通州事件の歴史背景」において「アヘン戦争と『禁煙運動』」と題して述べた

ように、中国の「暗黒の近代史」はイギリスのアヘン密輸とアヘン戦争によって始まったという国民の記憶は強固なものとなり、「禁煙運動」は反帝国主義の民族運動、国民運動として中国近代史をとおして展開された。その反帝国主義運動が、日本帝国主義を対象とする民族運動、国民運動に集約されるようになったのである。

その後、宋哲元の冀察政権が、逮捕した中国人のアヘン・麻薬搬送者を極刑の死刑を執行した報道が散見されるようになった。たとえば、『大公報』(10・30)は「麻薬販売犯厳しく処罰」と題して、平漢線の列車で白面（ヘロイン粉末）を搬送していた河北省寧晋県人が逮捕され、冀察綏靖公署の軍法会議で死刑の判決を受け、北平市の天橋刑場で銃殺刑が執行にされたことを報じている。

後述する冀東政権と天津の日本租界を利用した日本人と朝鮮人のアヘン・麻薬の製造、密売が目に余る惨状を呈する事態になったことに対応して、天津市政府は、重大な決断をするにいたった。『大公報』(12・31)は、「アヘン・麻薬吸飲者にも明日から死刑　市政府麻薬犯人の埋葬墓地を指定」と題して、天津市当局が重大決心をして明日、すなわち新年からアヘン・麻薬の吸飲犯人にたいしても死刑を執行することに決定した。その結果、処刑される麻薬吸飲者が増大することを見越して、処刑者を埋葬する公共墓地の土地を指定した、と報じた。後述するようにアヘン・麻薬の吸飲者も死刑に処せられるようになる。

『大公報』(37・1・9)は、「昨日北平市　麻薬犯一名銃殺刑」と題して、自転車で白面六キロを運んでいた男を逮捕、冀察綏靖公署の軍法会議で死刑に処する判決を下した。公開処刑として、処刑犯人をトラックの荷台に乗せ、四〇騎の騎馬隊が行進、北平市内の目抜き道路を回ったあと、天橋刑場に着き、公開で銃殺刑を執行、と報じた。麻薬の運送、販売をおこなった者は死刑になることを市民に見せつけるための公開の引き回しと死刑執行であった。日本人と朝鮮人はそのような重罪を犯していながら、中国官憲には逮捕、処刑ができない不平等な状況への市民の怒りを喚起させる作用をもたらした。

『大公報』(37・1・14)は「北平市昨日麻薬焼却　麻薬運搬者五名銃殺刑　場所は天壇門前」と題して、北平市の天壇西門広場に各機関代表と新聞記者百余名を集め、三六年八月七日から三七年一月一二日の間に、関係署が没収した白面八〇キロ、紅丸(ヘロイン丸薬)六〇キロ、その他の麻薬二二キロを公開で焼却した。その後、二台のトラックにのせて天壇西門広場へ連行してきた麻薬運搬犯人五名を公開で順次銃殺刑に処したことを報じた。

名前と年齢と出身県を記された五名の中国人は、冀東政権下の日本人、朝鮮人から麻薬を購入して運送中に検挙された可能性が強いが、中国人への見せしめとして、五名も公開処刑をしたのである。

『大公報』(37・3・5)は「麻薬を運搬、販売した罪　景県女性犯を銃殺」と題して、公開処刑ではないが、河北省南部の山東省に近い景県において、ヘロインを運搬、販売した女性が審査した県長の命令により銃殺刑にされたと報じた。さらに『大公報』(37・4・29)は、「北平市麻薬犯八名銃殺刑」と題して、冀察綏靖公署の軍法会議で、麻薬を運搬していた八名に死刑が判決され、天橋刑場で銃殺刑が執行されたと八名の名前と年齢と出身県を明記して報じた。

(4) 冀東政権下に日本人と朝鮮人の急増

冀東政権成立以後、天津、北平ならびに通州における日本人、朝鮮人の居留民は激増したが、これ

表1　天津の日本人居留民人口（単位：人）〈註13〉

年　次	1930	1931	1932	1933	1934	1935	1936	1937
男	3,630	3,496	3,696	4,246	4,671	5,296	7,470	7,175
女	3,567	3,098	3,587	3,954	4,177	4,557	5,944	5,654
合　計	7,197	6,594	7,283	8,200	8,848	9,853	13,414	12,829

※1936年6月20日、日本当局調査の天津の日本租界居住の日本人と朝鮮人
日本人：6736人／朝鮮人：2021人
（『大公報』〈7・30〉は「天津の日本人、朝鮮人の居留民一万人に増大」〈本書120頁参照〉）

表2　北平の日本人、朝鮮人居留民人口（単位：人）〈註14〉

年　次	1930	1931	1932	1933	1934	1935	1936	1937
日本人	1,208	938	994	1,053	1,076	1,200	1,824	2,470
朝鮮人	319	323	518	844	1,086	1,083	2,593	2,164
合　計	1,527	1,261	1,512	1,897	2,162	2,283	4,417	4,634

表3　通州居住の日本人〈註15〉

1935年12月の冀東政府成立時	冀東政府の関係者数名と日本人居留民若干名
天津総領事館北平警察署通州分署開設後の1936年末	日本人居留民：74戸109名 朝鮮人居留民：77戸181名

らの人たちの多くが『大公報』に報じられた「日本人、朝鮮人の浪人」であった。これから述べるように、冀東政権を利用して、大連からの麻薬のヘロインの密輸、熱河省からの生アヘンの密輸と天津郊外でのヘロイン製造などに関わった人たちであった。まずは、日本の華北分離工作の開始と、冀東政権成立後の天津と北平の日本人、朝鮮人の人口の急増の実相を統計的に見てみたい。

表1に見るように、天津の日本人居留民は、一九三三年の塘沽停戦協定以後、日本の華北分離工作が進められてから急増し、冀東政権が成立（三五年一二月）して以後さらに激増している。多くが日本人租界に居住して、冀東密輸に関係したことは前述したとおりである。それ以上にこれから述べるように、アヘン・麻薬

の密輸、密売関係の仕事に関わっていた。

表2に見るように、日本による華北分離工作が進められ、一九三五年一二月に冀東政権が成立して後、さらに三六年五月に支那駐屯軍が増強されて以後に、北平の日本人居留民が激増した。激増した日本人について、天津総領事館北平警察署の報告は、梅津・何応欽協定によって、国民党の勢力が華北から撤退すると、満州、朝鮮等から「空想を追ふて」北平に流入するものが増え、「此等の大部は、一攫千金を夢みる投機的分子か又は浮浪無頼の輩」で、「此等は不良支那人と結託して、家屋の占拠、賭博、禁制品の販売等を敢えてするに至り」、とその状態が一九三七年七月の盧溝橋事件勃発まで続いた、と述べている。(註16) 禁制品とは、アヘン・麻薬のことである。同報告は、一九三七年の北平の七八三戸、二一六四人の朝鮮人について正業についているのは、「医師八、産婆一、薬種商三、料理店八、自動車業三のみに過ぎず」「禁制品の取扱者」が少なくない、と述べている。表3については一四七頁で言及する。

(5) 冀東政権を利用した日本人、朝鮮人のアヘン・麻薬の密売

『大公報』(36・4・24)は「二軒の大アヘン窟　男女三六名の犯人を逮捕」と題して、北平市において、最近韓人浪人が無届で移ってきた屋敷で、麻薬を吸飲していた中国人を逮捕、連行した。韓人浪人は同行した東交民巷《とうこうみんこう》(北京の外国領事館区域)の日本警察が連行していったと報じた。『大公報』は、朝鮮人と韓人の両表記をしているので、本書ではそれにしたがって表記する。ここで、注目していただきたいのは、韓人浪人は、「日本国公民」なので、「治外法権」により中国の警察は逮捕、連行できず、

日本の領事館警察が連行していったことである。通例では、日本の領事館警察では、日本の国策に反していなければ厳格に処罰することはほとんどなかった。

同日の『大公報』には「北平の朝鮮人　強引に民家貸借で紛糾　一月以来百余件発生」と題して、近来、朝鮮人が北平に移ってきて、民家を強引に賃貸するようになり、三六年一月以来、中国人住民との間にトラブルが百余件も発生していると報じられた。これは前年の一二月に冀東政権と冀察政権が成立して以後、満州地域から移住してくる朝鮮人が増加し、それらの朝鮮人は前述した冀東密輸や本節で詳述するアヘン・麻薬の密輸・密売あるいは麻薬製造に関わる者がほとんどだったので、地域の中国人住民が反対してトラブルが多く発生したのである。

表2からも冀東政権成立後、北平市に移住してきた朝鮮人が急増、一九三六年には日本人を上回っているのを確認することができる。

『大公報』（5・17）は、「浪人の麻薬販売騒動」と題して、北平近郊の長辛店で日本人の浪人板垣ら二人が韓人の麻薬販売者一〇余名を連れて当地の公安局を訪れて、以後日本人の麻薬販売者を逮捕しないようねじ込んだこと、同じく北平近郊の門頭溝の公安局でも、日本人と韓人の浪人が訪れて抗議をする事件が発生したことを報道した。

この記事は、麻薬販売の密輸の卸をやっている日本人浪人の板垣らが、末端で中国人相手に麻薬の販売をしている朝鮮人の浪人が、中国の公安当局が麻薬密売をおこなったかどで、逮捕、拘束しようとしたことにたいして、「治外法権」を振りかざして抗議に押しかけて騒動をもたらしたことを報じたものである。『大公報』の記事からは、頻出する「日本人と朝鮮人の浪人」の関係を知ることができる。それは、日本人の浪人は、麻薬の密輸、仕入れをやっている仲買人で、朝鮮人の浪人は、日本人の下で麻薬の小売をしている販売人である。日本人が朝鮮人を末端の商売人として手先のように使っていたのは、前述したように、中国語が話せ、聞き分け、中国人を相手に商売ができたからである。普通の日本人には中国人相手に通用する中国語を話すのは難しかった。

『大公報』（10・30）は「麻薬販売の韓人婦人、強盗に殺害される　日本租界須磨街」と題して、天津の日本人租界の須磨街の韓人が設立した「第一洋行」（外国商社）がヘロイン粉末を販売、顧客に吸飲させていたところ、深夜強盗が押し入って韓人婦人を殺害した。日本警察の捜査によれば、衣類とともにヘロイン若干も盗まれたことが判明した、と報じた。これは『大公報』の巧妙な報道で、日本租界の商社で麻薬が販売され、顧客に吸飲もさせていることをストレートに新聞報道した場合は、日本の領事館筋からクレームと圧力がかけられるので、このように強盗殺害事件として報道したのである。しかし、この記事によって、日本租界で朝鮮人がヘロインを販売し、顧客に吸飲させていた実態が報道されたのである。

一九三七年になって、『大公報』（37・2・21）は「天津東駅で捕獲　アヘン三千余両を　トランク三個　麻袋一袋に満載　外国籍犯二名を日本警察連れ帰る」と題して、津浦線（天津―南京）の天津東駅を通過する三等車に乗っていた日本人二名が、黄色のトランク三個と大きな麻袋にそれぞれ二五キロ、計一〇〇キロのアヘンを満載していたのを拘留、日本警察と協議して、日本警察が二人の犯人を連れ帰った、と報じた。

三等客車に乗って、トランクと麻袋に入れて一〇〇キロの生アヘンを搬送しようとした大胆さには驚く。中国人ならば死刑にされたであろうが、日本人ということで、日本警察が中国語で「帯帰」、つまり連れ帰ったというのである。厳罰には処せられることはないという含みをもった記事である。

『大公報』(37・3・17)は、「賭博場アヘン窟三カ所、捜査押収される　逮捕男女百余名、外国籍犯人は某方面に回される」と題して、北平市の前門観音寺で某国人が遊技場を改造した賭博場に、担当区の警察が某国の領事館警察を同行して、賭博現場に乗り込み、男子四四名、女子二名を逮捕した。また石頭胡同の韓人経営の白面（ヘロイン）吸飲館へ中国警察が乗りこみ、麻薬客五三人を逮捕。両事件の外籍人犯は同行した領事館警察が某方面へ連れて行き、審査するという、と報道した。

『大公報』のこの記事では、同行した領事館警察の国名がすべて伏字になっている。本章の前半で紹介した冀東密輸の記事では、「日本人と朝鮮人の浪人」と国名が記してあったが、アヘン・麻薬の密輸、密売犯人については、「日本人」を明記せず「外籍人」「某国人」と記している。同行して外籍人を連れていった領事館警察の国名は伏字になっていた。しかし、この記事を読む中国人には、犯人が「日本人」で、同行したのは日本領事館警察であることはわかったであろう。

『大公報』(37・4・9)は「北平市またアヘン窟三カ所捜査　麻薬犯男女五七名逮捕　麻薬販売の外国人は日本警察が処分」と題して、北平市内で韓人が経営する三カ所のアヘン窟を管轄区の警察が日本領事館警察を同行して、捜査に乗り込み、三カ所で合計五七名の麻薬吸飲犯を逮捕、白面（ヘロイン）多量を押収した。麻薬販売の韓人は日本領事館警察が連行していって自分たちで処分するとのことである、と報じた。

『大公報』(37・4・15)は「一五〇キロの巨額の麻薬事件　日本領事館警察連行して処理」と題して、

津浦線（天津―南京）鉄道局の警察が河北省の徳県で外国人六名が麻薬一五〇キロを携行していたのを発見して拘束したが、日本領事館警察へ引き渡され、処分されるという、と報道した。

『大公報』（37・6・25）は「韓人設立のアヘン洞窟二カ所同時に強盗被害」と題して、北平後門外の歓楽街で、韓人の経営するアヘン窟二軒にピストルをもった強盗が押し入り、現金と多量のヘロインを強奪して逃走したと報じた。この記事から、北平市の歓楽街には朝鮮人が経営するアヘン窟があったことがわかる。


冀東政権を利用したアヘン・麻薬の製造、密輸、密売の構造は後述するが、これまでの『大公報』の記事から、北京や天津でアヘン窟を営み、中国人相手に麻薬を販売するのはもっぱら朝鮮人（韓人）で、それも女性が多いことが特長である。中国語が得意であることと、中国人相手の接客業に向いていたからであろう。これにたいして、日本人は卸業の役割を分担し、列車を利用したアヘン・麻薬の搬送をしていて、中国の清査員（取締官）や鉄道警察に発見、拘束され、日本領事館警察へ引き渡されていた。しかし、日本領事館警察では、ほとんど厳格に処分しなかったのは、すでに述べたとおりである。たとえ処分したとしても、軽い罰金と禁固刑ですませたので、得られる莫大な収益に較べれば、痛痒にならず、日本人と朝鮮人のアヘン・麻薬の製造、密輸、密売は減ることなく、どんどんと増加した。

『大公報』の記事に見たように、冀東政権と北京と天津における日本人（朝鮮人）の治外法権を振りかざしたアヘン・麻薬の密売の拡大、浸透に苦慮した冀察政務委員会は、アヘン・麻薬吸飲者の中国人に死刑という極刑を課すことによって、麻薬被害の蔓延を阻止しようとした。

『大公報』（37・4・13）は「麻薬吸飲者一名、数日中に法にもとづき死刑」と題してこう報じた。

冀察政務委員会は、アヘン・麻薬の害毒を粛清するために、かつて河北省とチャハル省の両省および北平、天津の両市政府へ、麻薬吸飲者へ極刑を課す法令を通達したが、冀察綏靖公署は、このたび、麻薬吸飲犯の王某一名を数日中に死刑に処すことを決定した、と報じた。三七年から麻薬吸飲者も死刑に処するという法が制定されたことは既述した（本書一二九、一三一頁参照）。いよいよ死刑執行を新聞に報道させたのである。

『大公報』（37・4・15）は「麻薬再吸飲犯王吉林　昨日早朝市内を公開行進後銃殺刑」と題して、二日前の『大公報』に報じた死刑の吸飲犯を実名で出身県を記して掲載し、トラックに乗せて市内を巡回して公衆の目に晒したのち、河北省王荘刑場で銃殺刑を執行したと報じた。

『大公報』（37・5・27）は「再吸麻薬犯一名銃殺刑」と題して、北平で、ヘロインの再吸煙者で、かつ韓人の麻薬密売を幇助した北平人を麻薬審判処において死刑と判決し、天橋刑場で銃殺刑にしたことを報じた。

宋哲元の冀察政権は、日本が冀東政権と治外法権を利用した日本人と朝鮮人による　アヘン・麻薬の製造、密輸、密売を厳格に取締ることができないために、麻薬吸飲者の中国人を見せしめにして公開処刑することによって、アヘン・麻薬の蔓延をなんとか阻止しようとしたのである。

しかし、この現実は、冀東政権下に治外法権を振りかざし、「居留民保護」を目的に増強された支那駐屯軍の武力を笠に着て、傍若無人にふるまう日本人、朝鮮人のアヘン・麻薬の密輸・密売行為にたいする中国民衆の怒りと怨嗟の感情が誘発されていったことは想像に難くない。

冀東政権とアヘン・麻薬の製造と密売の構造

(1) 熱河省における生アヘンの生産

関東軍が熱河作戦で熱河省に侵攻する前は張作霖と緊密だった湯玉麟が熱河省政府主席兼第三六師長として統治していた（師は日本軍の師団に相当するが、兵員数は日本軍より少ない）。熱河省は山が多く、土地もやせていたので、湯は農民にアヘンを採るための罌粟《けし》栽培を強制した。いっぽうアヘンは専売制にして、生産農家からアヘン栽培税を取るとともに、生アヘン販売の収益を独占した。張学良は湯玉麟を更迭しようとしたが、湯の勢力が強固なために着手できなかった。湯玉麟は関東軍による満州事変と「満州国」樹立には日和見的な態度をとり、張学良の直系の東北軍の入省を許さなかった。三三年の関東軍の熱河省侵攻の報を聞くと、アヘン・金銀などの財産を天津イギリス租界へ避難させ、一戦も交えずに省都承徳から部下を率いて関内に逃亡、わずか一二八騎の関東軍騎兵隊による無血占領を許した。湯は国民政府から逮捕状が出されて、チャハル省へ逃亡した。

熱河省喪失にたいする、張学良と蔣介石の無抵抗主義にたいする激しい国民の非難が集中し、蔣介石に迫られた張学良は、陸海空軍副総司令・東北軍司令官・東北政務委員会主席の一切の軍官職を辞職してヨーロッパ歴訪の旅に出立したのであった（本書五七頁参照）。

熱河省の主要財源はアヘン税と関税と塩税であったが、関東軍と「満州国」政府がもっとも重視したのは、罌粟栽培を奨励し、アヘン専売制を踏襲して、財政源を確保することであった。「満州国」政府は、湯玉麟時代の機構を継承するかたちにして、熱河省公署を開庁して、熱河臨時禁煙指導局と県分局が罌粟栽培指定とアヘン税徴収の仕事を請け負い、アヘン専売制を確立して、アヘン税の収入を中央が吸い上げることに成功した。〈註17〉「禁煙指導局」とはよく名付けたもので、これは「アヘンの私的な栽培、売買」を禁止し、政府の「専売」にするという意味である。日本は満州において、アヘンの専売制の確立に成功し、「建国」六年目の一九三七年で「満州国」の専売当局は、「満州国」内のアヘン中毒患者の約六割に、専売局製造の煙膏を売りつけた。アヘンの専売制は「満州国」に莫大な収益をもたらし、重要な財政源となった。〈註18〉

熱河省が「満州国」の省に編入されて以後、罌粟栽培が盛んになったのは、華北では関内の他の省と同じく、罌粟栽培は厳禁にされ、アヘンの生産はできなかったが、「満州国」ではアヘン専売制度を実施して、「満州国」政府の重要な財源にしたことがある。さらに本章で詳述してきたように、国民政府、冀察政権が禁絶政策を実施したにもかかわらず、北平と天津はアヘン・麻薬の吸飲の悪弊が維持されていて、日本人と朝鮮人の密輸・密売営業が拡大して、大きなアヘン・麻薬の市場になっていたことがある。冀東政権を利用して、天津の日本租界や北平の日本人居留地がアヘン・麻薬の集散地となり、津浦線（天津―南京）や平漢線（北平―漢口）などの鉄道をつかって、全国へ搬送されていったことは前述したとおりである。

熱河作戦以後、関東軍が熱河省の省都の承徳から古北口で万里の長城を通過して北平にいたる【地図：通州事件関連略図①】（本書一〇頁）、一六〇キロほどの距離の道路のトラック便を開通させたので、熱河省専売アヘンを北平・天津へ運びこむ定期トラック便が運航されるようになった。承徳からは錦州に通じる鉄道があり、錦州から山海関を越えて冀東政権の領域に入り天津にいたる列車を利用すれば、日本人や朝鮮人が中国の鉄道警察に拘束されることなく、熱河産アヘンを天津まで搬送することも可能であった。日本人が客車で麻薬を搬送中、鉄道警察に発見され、日本領事館警察に引き渡されたことは、『大公報』の記事で見たとおりである。

「満州国」政府は熱河省のアヘン生産を重視し、熱河省専売公署は一九三六年に同省に六〇万畝の罌粟栽培を割り当て、栽培奨励につとめた。その結果、栽培農家数は三九万一三〇〇戸に増え、九七パーセントの農家が罌粟栽培に従事した。熱河の農業生産の半分を罌粟栽培が占めた〈註19〉。アヘンの採取期は、罌粟の花が咲いて果実になる七月のわずか二週間で、二人一組の作業で、前の人が罌粟の花弁が落ちて俗に「けし坊主」といわれる青い果実になったところに、指頭につけた小刀で切り込み、後の人が傷から乳液が出たのを指でこすり取る。取れる乳液はわずかで、一日かかって湯呑茶碗にやっと一杯分にすぎない。買付人が畑に入って採取したばかりのアヘンを乳液のまま買い付ける。村の村長と副村長が栽培農家から買付人が払った代金の中から禁煙特税を徴収して、熱河省専売公署の県分局に運び、それをまとめて県分局から税務監督署に納入するという仕組みになっていた〈註20〉。

アヘン採取期には、各地から出稼ぎ労働者が集まってきた。日中戦争当時、熱河省のアヘン栽培を指導していた「阿片王」といわれた二反長音蔵《にたんおさおとぞう》の生涯を描いた『戦争と阿片史』には、「遊牧民のように山や谷を南から北へと移動する群衆」が、「阿片採取期のための出稼ぎ人夫だった。うす汚い大風呂敷包みをかつぎ、満州笠で陸続と行く。異様な風景だった。他省から熱河へ熱河へと渡り鳥のごとくやってくるのだが、普通の労働なら一日二十銭か三十銭しかもらえない労働者が、阿片採取だと一円から一円五十銭の収入になるのだった。アリのごとく熱河省へ列をなして来るのももっともだと思った」と書かれている。〈註21〉

群れになっての移動は、懐のアヘンを略奪から守るためであった。長城の破れ目を抜け、華北農村へ帰っていった出稼ぎ人夫たちは、賃金を現物の生アヘンでもらった。二カ所、三カ所とまわれば、懐のアヘンは四〇〇グラム、五〇〇グラムにはなる。華北の郷里に持ち帰って、銀号（両替を本業に銀行業務も兼ねた金融機関）で両替すれば、五割増しの収入になる。栽培農家としても、出来高払いの生アヘンの現物で払ったほうが安く済んだ。農民にとっても収穫したアヘンは銀と同じ貨幣だった。〈註22〉

出稼ぎ人夫の手で採取された液状の罌粟は、まず木枠のついた晒板の上で練って乾燥させ含水の多いアヘン煙土とし、ついでアヘンの乾燥工場でこれを海苔のように板に貼り付けて日光に晒して含水分一二パーセントの乾土に乾燥させるとゴムタイヤを伸ばしたような生アヘンになった。この生アヘンから吸煙する煙膏やモルヒネ、ヘロインなどの麻薬が製造された。

熱河省産のアヘンは煙膏に適したが高価だったので、北平の日本人居留地や天津の日本租界のアヘン窟で、煙膏を吸煙できるのは、裕福な中国人で、顧客数は限られていた。アヘン窟で、ベッドに顧客が横たわって、女給が火をつけた煙膏を煙筒で恍惚とした顔で吸煙している写真はよく見かける。吸煙用のアヘン煙膏は、生アヘンに麦粉・大豆油・アヘン石灰などを混ぜ、これを水に溶かして煮詰め濾過することによってつくられた。アヘン煙膏を作る際、それに加える香料や増量剤によって顧客の好みの味が調整できたという。

(2) 大連におけるヘロイン密造

「満州国」でアヘン専売制をとっていた日本の外務省は、大連でのヘロイン密造黙許の方針をとっていた。熱河省産のアヘンも大連に運ばれてヘロインに密造された。

ヘロインの製造過程は、三つの行程が分業体制になっていて、第一が生アヘンに石灰、アンモニアを加え、粗製モルヒネを製造する工程で、原料を入手しやすい場所でおこなわれ、これで重量が一〇分の一に減り、運搬に便利になる。第二がこれに無水酢酸、クロロホルム、無水炭酸ソーダを加えアセチル基を添加し、粗製ヘロインを製造、第三がエーテルを使用して純度の高いヘロインに精製する過程である。純度の高いヘロインは、中卸し、小卸し、売人の手に渡る各段階で乳糖、ブドウ糖を加えて増量され、消費者にわたるときは二〇～三〇倍に薄められ、小分けして売れるから、アヘン煙膏に較べ、数十分の一の出費で買え、同じ陶酔効果が得られる。取締りがなければ、大衆的嗜好品として、嗜好者をかぎりなく増やせ、利益も大きかった。そのかわり、流す害毒も大きかった。

第三段階のエーテルを使ってヘロインを精製するときに引火事故が多発した。当初は天津の郊外の工場でも製造していたが、引火事故のためヘロインの密造が発覚し、社会問題、国際問題になったので、大連近郊のリンゴ園に分散して設備を建設して多量の精製ヘロインを製造するようになった。ここで製造された多量のヘロインは、前節で述べた大連と冀東政権との密輸貿易ルートを使い、鉄道の北寧線を利用して、天津の日本租界に容易に搬入できた。大連がヘロイン景気に沸いたといわれたほどである。

天津の日本租界は華北におけるアヘン・麻薬の集積地となり、ここから前述のように増派された支那駐屯軍の駐屯地である塘沽、灤州（灤県の県城）、秦皇島、山海関、そして北平、華北一帯、済南、青島などに広く売りさばかれていった〈註23〉。冀東政権領域は中国の官憲の手がおよばないので、「満州国」側から「日本人、朝鮮人の浪人」が入りこみ、アヘン・麻薬の密輸、密売の無法地帯と化し、夥しい量のヘロインが売られた。

『大公報』の記事に散見したのは、北平の日本人居留区域や天津の日本人租界にあった朝鮮人経営のヘロイン吸飲所兼販売所で、一階が販売所、二階が吸飲所であることが多かった。ここでは、中国語の話せる朝鮮人女性が中国人の顧客に対応した。ヘロインは金のない庶民階級でも買えた。

⑶ アヘン・麻薬の密輸・密売の拠点となった天津日本租界

関東庁事務官藤原鉄太郎「阿片制度調査報告」は一九二〇年代前半であるが、天津の日本人租界がアヘン・麻薬の密売取引の拠点となり、日本人居留民の七割がそれに関係していたと、つぎのように視察報告をしていた〈註24〉。

現在において北部支那における麻酔剤の関門は天津なり。天津においても麻酔剤の支那内地に入ることは絶対許さざれども、この地における取締り大連のごとく厳重ならざるがゆえに、密輸入の数量極めて大なるものあるべしと信ぜられる。天津に在住する日本人五〇〇〇人、その七割は「モルヒネ」その他の禁制品取引に関係を有するものなりと云う。薬種商はもとより料理屋、雑貨屋ことごとく禁制品を取扱わざるもの殆ど稀なり、皆「モルヒネ」の現物大取引をなすと云う。しからば、居留地における日本人の繁栄は「モルヒネ」取引の結果なりと云わざるべからず。（中略）

警察の取締りもまた大連の如く峻厳ならず、領事館の方針として目にあまる者のみを検挙すべしと云う。ゆえに海関にて発見せられたるか又は他の事件に関連して発覚したるがごときもののみを訴追し、特に犯行をあばき検挙するがごときことなし。徹底的に取締まれば天津に人なきに至るべし。

右は、一九二三年の天津の日本人租界の視察報告であるが、本章で対象としている一九三〇年代半ば、表1（本書一三三頁）にみたように激増した日本人居留民により、もっと大規模にアヘン・麻薬の密輸、密売がおこなわれていたのである。その一端は、本章で紹介してきた『大公報』の記事からも十分うかがうことができる。

一九三〇年代に入り、天津へ移住した朝鮮人のうち、官吏や店員、学生などの正業に就いた者は少数に過ぎず、残り約九〇パーセントはアヘン・麻薬取引に従事した。これらの朝鮮人が日本人とともに日本租界に開設した麻薬吸飲所は一二〇余カ所に達した。〈註25〉

上海で発行されていた『チャイナ・プレス・ウィークリー』（33・8・5）の「日本のドラッグ貿易、華北を蠹毒《とどく》す」と題するE・W・アレンのルポは、天津のフランス租界と日本租界の境目の秋山街の日本語、朝鮮語の金文字の看板を掲げて立ち並ぶヘロイン販売店の賑わい、北京の哈達門のメトロホールホテルの裏の朝鮮人経営の二階建のヘロイン吸飲所兼販売店の繁栄ぶりを伝えている。〈註26〉北平のいたる所に朝鮮人の麻薬簡易製造所があったが、特別な問題がないかぎり、中国官憲の捜査を受けなかった。前述の『大公報』（36・４・24）の記事に「北平の朝鮮人　強引に民家貸借で紛糾　一月以来百余件発生」とあったのは（本書一三五頁）、北平に移ってきてアヘン・麻薬関係の仕事に従事した朝鮮人が関係したものだった。

⑷　北平と天津へのアヘン・麻薬搬送の経路となった通州

表３（本書一三三頁）で見たように、通州居住の日本人は一九三五年一二月の冀東政権成立時は冀東政府の関係者数名と日本人居留民若干名に過ぎなかったが、三六年一〇月一日に天津総領事館北平警察署通州分署が開設されたその年の年末には、日本人居留民七四戸一〇九名、朝鮮人居留民七七戸一八一名となっていた。〈註27〉日本人よりも朝鮮人が多いのは、一九四〇年に朝鮮総督府北京出張所が作成した「在北支朝鮮人概況」が、華北移住朝鮮人の実情を説明をしているように思える。〈註28〉

特に得意の語学と、強靭なる生活力とをもって、軍の進撃と共に軍に付随、あるいは軍の直後逸早く進出して軍隊の必要とする雑貨を持ち運び、あるいは特殊婦女の一団を引具して軍の慰安所を開業し、あるいは時計屋、写真屋となって軍の需要を充たす等、治安未だ定まらざる地方において、巨利を博せんと前線へ前線へと進出し（中略）、直接間接不正業により生活せる者も極めて多く、「朝鮮人の大半は禁制品の密売により飯を食っている」と謂われる状況なり、「モルヒネ」や「ヘロイン」の密売は僅少の商にて相当の収益を揚げ得るがゆえに、これら不正業者は案外裕福な生活を為しつつあるものの如く（後略）。

日本人と朝鮮人の麻薬取引業者は、麻薬密輸入機関をつくり、日本軍の庇護を要請した。一九三六年九月北平に東亜同楽分社、通州に東亜同楽社が設立され、同分社は北平の外国領事館区域の東交民巷《とうこうみんこう》の日本軍の兵営のなかに事務所を設置したが、機関の会員はすべて日本人と朝鮮人の麻薬密輸入業者だった。これらの麻薬密輸入業者は、麻薬密輸入の過程で、冀察政権の官憲による摘発がたびたび発生すると、麻薬密輸入機関をつくり、支那駐屯軍を利用して、中国警察の取締りを経ずに、通州から北平へ多量の麻薬を運搬できた。北京へ運搬した後、麻薬取引者は庇護してくれた軍隊に純利益の三五パーセントを報酬として提供した。〈註29〉天津方面の生アヘンの多くは熱河省から運搬されてきた北口アヘンと称したが、多くは通州を経由して天津へ搬送された。

(5)「滅種亡国」のアヘン・麻薬の害毒

『大公報』（37・5・9）（以下、三七年なので37は略す）は「浮死体事件の真相しだいに明らか　遺棄犯人二名昨日捕えられる　アヘン窟に雇われて遺棄　死体六体　密輸捜索隊捕獲」と題して、「某租界××街××ヘロイン煙館××洋行に雇われ、毎日死体を海河に遺棄していた二人（中国人）が、苦力四人を使って龍王廟の前で死体を遺棄している現場を密輸捜索隊が発見して、二人を逮捕した」と報じた。遺棄された六体のうち、一体はまだ息があったという。記事は日本領事館当局あるいは支那駐屯軍の干渉と圧力を回避するために、伏字にしているが、読者は天津の日本人租界内のヘロイン煙館で出た麻薬中毒死の死体であることはだれにもわかった。同記事につづいて「地方検察局の責任者談、これまでの全部の浮死体の死因について、各方面の研究継続を待つ」と題して、四月から発生し、すでに百体に達している海河への死体放棄事件について調査が進められると報道した。

先の記事のリードには、天津では前年の初夏以降、天津市街の中央を流れる海河に投棄された浮死体が三百体を超え、四月六日以降から毎日発見された死体総数は八七体にのぼるが、ようやくその真相が明らかになりつつあると、記されている。

この事件について『大公報』（5・16）は「死体遺棄事件　起訴書送達　地方法院数日内に審理開廷」と題して、死体を海河に遺棄して逮捕された中国人二人の裁判が天津地方院で開廷される旨が報道された。今度は、「日本租界」と書いたうえで、朝鮮人経営のヘロイン煙館に雇われた四人の苦力を使って龍王廟前で海河に死体を投棄したことが報じられ、刑法により六カ月以上、五年以下の懲役刑が課せられると報じた。

『大公報』（5・10）は、「水死体昨日三体　各方面継続して来源を調査　宋委員長が刑事の努力を激励」と題して、昨日発見された死体もヘロイン煙館の顧客であったと報道、さらに宋哲元冀察政務委員会委員長が、海河は日本租界の境界を流れているので、日本の領事館警察との困難な合同調査の努力を激励したと報じた。

『大公報』（5・12）は「日本租界　麻薬中毒者　百余名逮捕　警察局へ護送」と題して、海河の水死体が大きな問題とされたことから中国側当局の依頼を受け、日本租界の警察署が租界内の煙館の顧客となって麻薬中毒に陥っている者百二十余人を捕捉し、韓籍人を日本警察が処置した以外の百余名の中国人は、トラックで天津検察局へ護送され、中国当局の尋問後、遊興麻薬中毒者収容所へ送られた、と報道した。遊興麻薬中毒者収容所とは、アヘン窟やヘロイン煙館などに遊興で入って常連となり、まだ軽症の段階の麻薬中毒者を収容して治療をほどこして、麻薬を断ち、通常の生活ができるように更生させるための収容施設であった。

同日の『大公報』は「浮死体三体、地方検察局の法医士（法医学医）の鑑定、一体は傷、一体は吸毒者、一体は普通の労働者」と、浮死体を地方検察庁の法医士が鑑定するようになったと報道した。さらに海河の浮死体の報道は続いて、『大公報』（5・13）は「浮死体二体、昨日発見」と題して、昨日発見された海河の浮死体は、法医士と検験員（監察官）が検査したところ、二体とも麻薬中毒による死であることが判明、と報道。『大公報』（5・15）は「浮死体問題　当局継続して捜査」と題して、昨日発見された麻薬中毒死体は遺書があったので自殺と判明した、と報じた。

海河にヘロイン中毒者の浮死体が流される事件は、天津市民にとって衝撃的であったことから、海河への浮死体投棄事件の反響をおそれた日本租界の領事館警察は、日本租界内のアヘン窟やヘロイン煙館の顧客の麻薬中毒者を捕捉して天津市の検察局へ引き渡す方針をとるようになった。天津市の検察局はそれを遊興麻薬中毒者収容所へ移送した。

日本租界の警察も、租界内のアヘン窟、ヘロイン吸飲館の中毒者の追い出しをはかるようになった。『大公報』（5・16）は「吸毒犯　百余名　日本租界で逮捕、日本租界警察署は、租界内で吸毒犯人を午前八〇余名、午後五〇余名捕捉して中国の検察局へ引き渡し、遊興麻薬中毒者収容所へ送らせたと報道した。『大公報』（５・27）は「遊興麻薬中毒者収容所満員　収容預定数百名超過　麻薬犯のなかに一二歳の少年」と題して、日本租界警察署が日本租界内のアヘン窟から捕捉した顧客が連日、多いときには二百人、少ないときは数十人が、天津市警察局に護送され、さらに遊興麻薬中毒者収容所に転送された者が昨日までで一六〇〇名に達した。同収容所は冬季には二〇〇〇名が収容されるが、平時は一五〇〇名である。収容された麻薬中毒者のなかに一〇歳から一四、五歳の少年の一群がいる（記事には収容されていた少年一二名の写真を掲載）と報道した。

『大公報』（６・13）は、「東方飯店内煙館七十余軒、同時に捜査される　煙毒犯人百余名捕らえられる」と題して、日本租界当局は、連日遊興麻薬顧客を捕捉しているが、昨日東方飯店内で営業している七十一軒の煙館の全軒に捜査が入り、麻薬吸煙犯人百六十余名捕捉して天津市警察局に護送した。東方飯店は日本租界内で有名なホテルで、一般の客室以外の大部屋や中小部屋すべてを煙館に賃貸していた、と報じた。

『大公報』の以上の報道からも、天津の日本租界や北平の日本人居留地に日本人、朝鮮人の経営するアヘン窟、煙館、アヘン・麻薬密売所がホテル、旅館、食堂、飲食店などの表向きの看板のもとに営まれていた状況を知ることができよう。顧客はほぼ例外なく中国人であったが、国民政府や冀察政権のアヘン・麻薬厳禁政策にもかかわらず、アヘン・麻薬中毒者になる中国人はなぜ減少することはなかったのだろうか。大連関東庁にあった保険調査委員会が発行したパンフレット『阿片中毒の話』（一九三四年発行）がある。[註30] 守中清大連医院院長の執筆になるが、同パンフレットを参照にして、吸煙の動機や麻薬の害毒について、簡単に紹介しておきたい。

アヘン・麻薬の吸煙の動機には、階層による差異があった。裕福な階層では、軽い陶酔の境地や性的享楽を経験する嗜好品として愛飲し、社交場や遊里の巷にあるアヘン窟で楽しむことがあった。いっぽう、庶民階級では、病気治療の動機が圧倒的であった。医療施設のない当時の中国社会、とくに農村においては、アヘン・モルヒネ・ヘロインはなによりも薬であった。痛み、下痢、咳止め、熱さましに少量で効く即効薬で、鎮痛、興奮作用もある。慢性の胃病、内臓疾患、老人の場合はリウマチ、腰痛などで常用するうちに習慣性になり、麻薬常用に移行、麻薬中毒に陥るものが多かった。

アヘン・麻薬中毒に陥った人は、症状がだんだん進むにしたがって身体はしだいに衰弱し機能不全となり、消化器系統に傷害が起こり、栄養摂取は悪くなりやせ衰える。いっぽうで麻薬が覚めた時の禁断症状が苦しいので、その苦しみから逃れるためにさらに吸飲するという悪循環を繰り返し、さらに重症化していく。精神的にも意志薄弱、決断力がなくなり、世の中のことに興味がなくなり、職業も怠け、社会や家族にたいする義務も責任感もなくなり、生活破綻者となる。さらに道徳的観念が欠乏し、窃盗、詐欺などの不正行為も多くなる。アヘン・麻薬の購入に多大の失費を余儀なくされ、多くの人は財産を失い、貧困になり、家族、親族からも見放されて露頭に彷徨い、路傍に倒れるようになる。『大公報』で見てきた、天津の海河に投棄された浮死体は、そうした人々の哀れな最後の姿であった。

本章で詳述してきた、冀東政権を利用した、日本人（朝鮮人も含む）のアヘン・麻薬の製造、密輸、密売行為は、中国民衆が日本の「滅種亡国」政策、すなわち中華民族を滅ぼし、中華民国を滅亡に追い込む政策だと怒り、畏れ、憎む感情を醸成したのである。

【註】


〈１〉天津市地域史研究会編『天津史—再生する都市のトポロジー』東方書店、一九九五年、二一六～二二三頁。

〈２〉『大公報』（天津版）は、一九八三年に人民出版社から発行された縮刷版によっている。以下、『大公報』の一九三六年の記事からの引用は、発行の月・日だけで表記する。

〈３〉冀東密輸を本格的に論じた嚆矢は、今井駿「いわゆる『冀東密輸』についての一考察—抗日民族統一戦線史研究の視角から—」（『歴史学研究』四三八号、一九七六年一一月）。今井駿『中国革命と対日抗戦』（汲古書院、一九九七年）に収録。

〈４〉今井駿『中国革命と対日抗戦』汲古書院、一九九七年、二九〇頁。

〈５〉中村隆英『戦時日本の華北経済支配』山川出版社、一九八三年、三七頁。

〈６〉防衛庁防衛研究所戦史室『戦史叢書　支那事変陸軍作戦〈1〉』朝雲新聞社、一九七五年、七七頁。

〈７〉今井駿「いわゆる『冀東密輸』についての一考察—抗日民族統一戦線史研究の視角から—」（『歴史学研究』四三八号、一九七六年一一月）

〈８〉朴橿著、小林元裕・吉澤文寿・権寧俊訳『阿片帝国日本と朝鮮人』岩波書店、二〇一八年、一二八頁。

〈９〉星製薬会社の創始者星一の長男が作家の星新一で、父の生涯を『人民は弱し官吏は強し』角川文庫、一九七一年、に書いた。

〈10〉馬模貞主編『中国禁毒史資料』天津人民出版社、一九九八年、一〇九三頁。

〈11〉馬模貞主編『中国禁毒史資料』天津人民出版社、一九九八年、一〇九四、九五頁。

〈12〉朴橿著、小林元裕・吉澤文寿・権寧俊訳『阿片帝国日本と朝鮮人』岩波書店、二〇一八年、一四〇頁。

〈13〉副島圓照「戦前期中国在留日本人人口統計（稿）」（『和歌山大学教育学部紀要』人文科学第三三集、一九八四年、二〇頁）

〈14〉小林元裕『近代中国の日本居留民と阿片』吉川弘文館、二〇一二年、一五五頁。

〈15〉小林元裕『近代中国の日本居留民と阿片』吉川弘文館、二〇一二年、一五九頁。

〈16〉小林元裕『近代中国の日本居留民と阿片』吉川弘文館、二〇一二年、一五七頁。

〈17〉山田豪一『満洲国の阿片専売』汲古書院、二〇〇二年、四二三頁。

〈18〉倉橋正直「日本のアヘン・モルヒネ政策（その2）」『近きに在りて』第5号、汲古書院、一九八四年五月、四二頁。

〈19〉山田豪一『満洲国の阿片専売』汲古書院、二〇〇二年、八四二、八四九頁。

〈20〉山田豪一『満洲国の阿片専売』汲古書院、二〇〇二年、八〇五、八二四頁。

〈21〉二反長半『戦争と日本阿片史―阿片王二反長音蔵の生涯』すばる書房、一九七七年、一七九頁。著者は息子で、父の伝記を書いたのである。

〈22〉山田豪一『満洲国の阿片専売』汲古書院、二〇〇二年、八四四頁。

〈23〉山田豪一『満洲国の阿片専売』汲古書院、二〇〇二年、四六五、四六八。四六二頁。

〈24〉関東庁事務官藤原鉄太郎「阿片制度調査報告」（一九二三年二月）（『続・現代史資料12 阿片問題』みすず書房、一九八六年、一九〇～一九一頁。

〈25〉朴橿著、小林元裕・吉澤文寿・権寧俊訳『阿片帝国日本と朝鮮人』岩波書店、二〇一八年、一三二～一三三頁。

〈26〉山田豪一『満洲国の阿片専売』汲古書院、二〇〇二年、四六二頁。

〈27〉小林元裕『近代中国の日本居留民と阿片』吉川弘文館、二〇一二年、一五九頁。

〈28〉朴橿著、小林元裕・吉澤文寿・権寧俊訳『阿片帝国日本と朝鮮人』岩波書店、二〇一八年、一三〇～一三一頁。

〈29〉朴橿著、小林元裕・吉澤文寿・権寧俊訳『阿片帝国日本と朝鮮人』岩波書店、二〇一八年、一三三～一三四頁。

〈30〉守中清『阿片中毒の話』（『続・現代史資料12 阿片問題』みすず書房、一九八六年、所収）。

第４章　華北における抗日戦争気運の盛り上がり

関東軍の内蒙古分離工作と綏遠事件

関東軍は、対ソ戦の前進基地として、内蒙古ならびに外蒙古の占領統治を目指し、内蒙古（チャハル省・綏遠省・寧夏省）を国民政府の統治から分離・独立させる工作を進めていた。それは日本の「満蒙政策」「華北分離工作」と重なる。「満蒙は日本の生命線」という意識が当時の日本の軍部、財界、国民の間に浸透していた。日清戦争、日露戦争で日本軍が多くの血を流して獲得しようとした満蒙（満州・蒙古）の権益を守り、拡大せよという領土ナショナリズムである。日中戦争開始後日本側が「蒙《もう》疆《きょう》」「蒙疆政権」という用語を使用するようになるが、それは万里の長城線以北のチャハル省、綏遠省と山西省の一部を含む地域である【地図：通州事件関連略図①】（本書一〇頁参照）。

「満蒙は日本の生命線」という領土ナショナリズムの扇動者の一人が、国際連盟総会（一九三三年二月二四日）で、連盟脱退の演説をして、一躍国民的英雄となった松岡洋右であった。松岡は、一九三一年七月に『動く満蒙』を出版し、「満蒙は日本の生命線であり、中国の中央政権からの独自性が認められるべきだ」と主張した。同書は満州と内蒙古における日本の大陸経営の実行を呼びかけたものであるが、それから二カ月後の九月一八日に、関東軍が謀略で起こした満州事変に多くの国民が熱狂したのが、「満蒙は日本の生命線」というスローガンであった。

関東軍の内蒙古分離工作は一九三三年の熱河作戦以降活発になり、三五年一月初旬に関東軍大連武官会議を開き、国民政府からの華北分離工作と内蒙古分離工作を早急に推進する方針を決定した。内蒙古分離工作は、内蒙古チャハル部の王の長男として生まれた徳王（蒙古名ドムチョクドンロブ）が蒙古帝国の再興を夢見て進めていた内蒙古自治運動を支援し、テコ入れするかたちをとった。〈註1〉

関東軍は、熱河省に影響力のあるチャハル省主席の宋哲元の第二九軍をチャハル省から河北省の方へ追い出す計画をねっていた。三五年六月、貨物自動車で張家口に向かった関東軍特務機関員四名が張家口北の張北で第二九軍の哨兵に監禁された事件が発生した（張北事件）。張家口特務機関長の松井源之助中佐が宋哲元に謝罪を要求、南次郎関東軍司令官も強い姿勢で抗議すると、蔣介石政府は宋哲元をチャハル省主席から更迭、秦徳純をチャハル省主席代理に任命した。梅津・何応欽協定を国民政府に認めさせて勢いに乗った関東軍は、奉天特務機関長土肥原賢二少将が秦徳純にたいして強い態度で張北事件にたいする謝罪と保障を求めて交渉、三五年六月二七日、以下のような土肥原・秦徳純協定を結ばせた。

①張北事件に関し、遺憾の意を表明し、責任者を免職すること、②日華関係に不良の影響を及ぼすと認められる機関をチャハル省より撤退させること、③チャハル省内における日本の正当な行為を尊

重すること、④宋哲元軍（第二九軍）を問題地域から撤退させること。

張北事件で日本軍に譲歩し、宋哲元チャハル省主席を更迭した蔣介石国民政府は、一九三五年一二月一二日には冀東政権に対抗して、宋哲元を委員長としてチャハル省と河北省を統轄地域とする冀察政権を発足させ、宋哲元を河北省主席に任命したことはすでに見たとおりである（本書八三頁参照）。蔣介石が「安内攘外」政策をとり、「抗日」よりも「剿共」を第一にして、日本軍の華北分離工作に譲歩して「退却」方針をとっていたのが、共産党の江西省ソビエト地域の「剿共」に成果をおさめた自信から、宋哲元らの地方軍を正面に立てた「抗日」へと傾斜を強めるようになったのが、冀察政権の樹立であったことも前述したとおりである。

いっぽう、土肥原・秦徳純協定以後、関東軍参謀副長板垣征四郎少将と参謀田中隆吉中佐らは徳王と会見して徳王支持の意向を伝えていた。そして一九三六年一月、関東軍参謀部は「対蒙（西北）施策要領」を決定、田中隆吉関東軍参謀が中心になって蒙古軍政府設立の構想を立てた。関東軍の工作を受けて徳王は、三六年五月一二日、徳化に蒙古軍政府を樹立し、軍政府総裁と蒙古軍総司令を兼任した。蒙古軍は二個軍総兵力一万人余を擁した。成立式典には今村均《ひとし》関東軍参謀副長、田中隆吉関東軍参謀らが参列した。

三六年八月田中隆吉は関東軍参謀と徳化特務機関長を兼任し、綏遠省に侵攻して軍事占領する謀略を計画した。蒙古軍政府は、関東軍が謀略によって勝手に樹立した地方独立政権で、参謀本部の石原莞爾戦争指導課長は関東軍の内蒙古分離工作に批判的で、謀略工作の抑制を指示していた。そのため、関東軍は陸軍中央に正規の予算請求ができなかった。関東軍は押収した旧東北軍の武器・弾薬を無償で提供したほか、参謀長が使途を裁量できる機密費を支出したが、それでは不足した。そこで、田中隆吉は満州国外交部次長大橋忠一と相談して、冀東防共自治政府（冀東政権）が秦皇島で徴収している関税収入（冀東特殊貿易収入）を蒙古軍政府に回すことにした。蒙古軍政府は、田中隆吉関東軍参謀の提案で、三六年一〇月一一日冀東政府と「政治面では共同防共、経済面では相互援助」という趣旨の防共通商協定を締結した。

三六年一一月一五日、田中隆吉関東軍参謀が立案した計画にもとづいて、蒙古軍政府軍は、関東軍飛行隊の支援下に綏遠省を軍事占領しようと侵攻作戦を開始した。綏遠省は当時、国民党の軍人であった傅作義《ふさくぎ》が、国民政府軍事委員会から任命された国民党軍第七軍団総指揮兼綏遠省主席として統治していた。蒙古軍政府軍に反撃した傅作義軍は一一月二四日、蒙古軍政府軍の後方軍事基地であった百霊廟【地図：通州事件関連略図①】（本書一〇頁参照）を奇襲攻撃して占領した。奪回をはかる蒙古軍政府軍と激戦を展開して、一二月上旬、蒙古軍政府軍を敗走させた。折から内蒙古は酷寒期に入り、敗走の蒙古軍政府軍は人馬ともに凍傷に襲われて雪中に迷い、軍事顧問の小浜氏善《こはまうじよし》大佐も戦死して大勢は決した。

こうした事態をみた関東軍の強硬派は日本軍の出動を要請したが、軍中央部は認可せず、苦慮した徳王は後述する西安事件が発生したのを名目に、一方的な停戦宣言を出して軍事行動を停止し、綏遠事件は終わった。関東軍の謀略作戦は失敗したのである。

いっぽう、蔣介石は、一一月二八日に中央軍に北上を命じ、宋哲元に綏遠問題への協力と日本軍の傀儡である冀東政権を武力制圧して国民政府に回収せよとの秘密命令を出していた。蔣介石の「安内攘外」政策にも変化がみられ、綏遠抗戦の勝利は蔣介石の政治的・軍事的威信を高めることになった。
支那駐屯軍参謀の池田純久《すみひさ》中佐の部下であった梨本祐平の回想録には「綏遠事件で中国民衆の抗日態度はますます険悪になった。殊に綏遠事件では、日蒙連合軍が潰滅し、関東軍参謀はかろうじて飛行機で逃げのびたということで、中国に『日本軍敗る』の自信を与えることになった」と書いている。〈註2〉
百霊廟の勝利は無敵の日本軍を破った最初の勝利として、西安事件（後述）の解決によって国共内戦を終結させ、抗日民族統一戦線の形成に向かった中国国民の抗日戦争気運を一層高めることになった。

綏遠軍支援運動の高揚

関東軍の作戦にもとづいた蒙古軍政府軍の綏遠省侵攻のニュースが報道されるや、北平と天津の学生たちはすぐに「援綏工作」（綏遠軍援助）に立ち上がった。『大公報』（36・11・23、以下、綏遠軍支援運動は一九三六年なので、月日のみを記す）は「北平の学生漢童軍昨日総動員による募金活動　挙国の同胞熱烈に援綏　前線将兵一致して感動発奮」など大見出しで、青島、漢口、福州、杭州、上海、徐州、桂林、保定、広州、貴陽、安康、太原の全国の都市で「救国綏遠援助会」が結成され、綏遠軍の抗戦を激励し、軍費の募金運動が開始されたことを報道した。さらに「北平・天津の学界の援綏工作昨日益々熱烈」と題して北平学生連合会と天津学生連合会が各校の代表者会議を開いて、綏遠軍援助の募金活動の方法とスケジュールを決定したことを報道した。

同日の『大公報』から「本社代収綏遠省軍兵士防寒軍費報告」の欄が設定され、募金した数百名の人名と金額が掲載され、これまで集金された募金数万元が傅作義綏遠省主席に届けられたと記されていた。

翌日の『大公報』(11・24)は援綏運動が北平、天津ならびに全国へとさらに拡大していることを大々的に報道した。「上海各界の援綏募金がすでに五十万元に達する」と題した記事では、上海各界の綏遠軍支援の募金がすでに五〇万元に達し、上海ではさらに、綏遠軍将兵に防寒の毛皮着、綿着、毛織物などを送る運動が始まったと報じた。さらに「桂林で昨日街頭デモ行進大会」と題して、広西省綏靖主任兼第五路軍総司令の李宗仁が大会主席になって、綏遠軍の将兵支援街頭デモ大会を開催し、全力を尽くして、綏遠を死守せよ！などと叫んで街頭デモをおこない、「綏遠軍将兵の援助を民衆に告げる書」を全国に発したことが報じられた。さらに開封、漢陽、南京、泰安、杭州、広州で綏遠軍支援集会が開催され、募金活動がおこなわれたことも報じられた。天津では、各地の商会が、綏遠軍慰労の募金活動を開始したと報道、さらに北平・天津の教職員連合会の代表が慰問金と慰問品を持って、綏遠軍の前線の将兵を慰労するために綏遠省へ出発したことも報じられた。また、北平の婦女服務促進会と北平女子青年会が防寒のための毛皮帽子を集めて送る活動を開始したと報じた。

『大公報』の以上の報道からわかるように、関東軍にテコ入れされた徳王の蒙古軍政府軍の綏遠省侵攻にたいする、傅作義率いる綏遠軍の抗戦にたいして、中国全国の都市の各界、各業界の大衆組織が、それこそ爆発的に援助、慰労運動を開始したのである。

同日の『大公報』(11・24)には、「本館代収綏遠省軍兵士防寒募援助金」と題して、新聞紙面半頁を埋めて、およそ二〇〇〇名の寄付者の名前が掲載された。さらに別頁の半頁には、河北省立天津女子中学校教職員および学生らの綏遠剿匪将兵慰労寄付金者名簿(剿匪は蒙古軍政府軍討伐の意味)として、約一〇〇〇名の名前と金額の一覧、および河北省立工業学院の教師と学生らの綏遠軍将兵慰労寄付金者名簿として約一八〇〇名の名前と金額の一覧が掲載された。

『大公報』（11・25）は「我が軍昨日百霊廟へ進撃、激戦昼夜、七次の攻防、蒙古傀儡軍モンゴル草原に潰滅、中央軍継続綏遠に進撃中」と題して、「百霊廟の俯瞰」の写真とともに傅作義綏遠省主席の写真ならびに綏遠軍の副軍長、団長、旅団長の写真を掲載した。蒙古軍政府軍の百霊廟を攻撃する綏遠軍の戦闘が大きく報道されるなかで、中国全国の綏遠軍支援運動も一層の盛り上がりを見せたさまが同日の『大公報』からうかがわれた。「王暁籟など昨日太原に到着、今日綏遠軍の慰労へ赴く」と題する記事では、上海に本部のある全国各界救国連合会（本書九五頁参照）の代表、王暁籟、黄炎培ら五人が二三日に上海を発って、二四日に太原に到着、二五日に綏遠軍の前線に赴き、将兵の慰労と救護工作に従事することを報じた。

同日の『大公報』は「全国募金状況いよいよ熱烈」と題して、済南、南陽、上海、洛陽、広州、南京、漢口、保定、成都、重慶、蘭州の各都市で綏遠軍への支援募金活動が熱気をおびて展開されていることを報じた。いっぽう「北平天津各界の積極援綏」と題して、北平では、各界に綏遠軍への後援会組織が結成され、各校の学生自治会が支援金、支援物資の収集活動を展開、北平学連が救援物資の調達方法を討論、北京大学教職員が一日をかけて募金活動をおこない、北平の商店街の「学徒」（丁稚）が商店を回って募金活動をおこない、天津交通銀行の行員が綏遠軍前線兵士への慰労金を供出、北平の世界紅卍字会中華総会が、綏遠軍の負傷兵を救護するために薬品、医療品、医療衛生道具を綏遠軍の前線に送ったことなどを報じた。北平や天津では、各界、各業団体などがそれぞれの組織団体の特色を生かして、綏遠軍支援の活動を展開したことがうかがえる。

さらに同日の『大公報』には、「本館代収綏遠省軍兵士防寒募援助金㈥一一月二三日」という欄に、一一月二三日に『大公報』本社に寄付金を送ったおよそ八六〇名の名前と金額が掲載されたほかに、別の紙面のほぼ一頁を使って「南開大学学生会綏遠軍援助募金報告」を掲載、南開大学学生会が教員、学生から集めた計二二〇四元（一一月二三日現在）の寄付に応じた人名と各自の寄付金の一覧が掲載された。ざっと数えて、二五〇〇名になるが、〇〇先生とあるのが目立つのは、いかにも南開大学が大学構内で集めたという臨場感がある。

蔣介石の「抗日戦準備」演説

『大公報』（11・30）は「独立自主の立場を確保する　蔣委員長昨日洛陽において講演　寸土も喪失しないよう奮闘する決意　陳誠すでに綏遠に到り、会議を挙行」と題して、蔣介石軍事委員会委員長が河南省の洛陽で綏遠軍の百霊廟の攻略の意義についてこう演説したと報じた。

「日独防共協定が締結された日に、百霊廟が奪回されたことは国際的な意義を持つものであり、我が民族復興の起点となるものである。中国革命の目的は、国家の自由と独立を求めることにあり、どのような問題があろうとも、独立自主の固有の立場を断固保持する準備をしなければならない。」

蔣介石が日本とドイツのファシズム国家が日独防共協定を締結した日（三六年一一月二五日）に、百霊廟が日本の傀儡政権から奪回されたことは国際的に意義があると言及したのは（本書一五八頁に記したように、百霊廟奪回は一日早い一一月二四日だった―筆者）、日本軍がテコ入れした蒙古軍政府と冀東防共自治政府とが防共通商協定を結んだように（前述一五八頁）、日本は「防共」を口実にして傀儡政権を組織していたからである。蔣介石の演説で重要なのは、綏遠事件を「我が民族復興の起点」となると述べたことである。それは、蔣介石がこれまで日本軍の満州事変、「満州国」建国そして華北分離工作にたいして「安内攘外」政策をとってきたことに区切りをつけ、以後は抗日戦争を発動させる決意を表明したのである。蔣介石は日本の華北分離工作、内蒙古分離工作にたいして今後は「寸土も喪失しないよう奮闘する決意」を述べ、「独立自主の固有の立場を断固保持する準備をしなければならない」と表明したのだった。蔣介石の抗日戦決意の背後には、これまで見てきたような、中国全土に爆発的に拡大し、展開された、全国民の綏遠軍支援運動を目の当たりに体験したことにあったことは疑いない。

先の記事に、「陳誠すでに綏遠に到り、会議を挙行」とあるのも重要である。それは陳誠の当時の軍職は、三六年三月から剿共軍第一路総指揮、同年六月から陝晋綏寧四省（陝西省・山西省・綏遠省・寧夏省）剿共総指揮であったように、次の西安事件のところで述べるが、陝西省北部の延安を中心にソビエト政権（革命根拠地）を築いていた共産党軍を撲滅する作戦の剿共軍の総指揮だったのである。その陳誠総指揮が蔣介石の命令で中央軍を率いて綏遠入りをし、二九日に傅作義ら綏遠軍の幹部と会見し、百霊廟にも赴き、綏遠軍への全面支援を表明したのである。これも、前述のように、塘沽停戦協定や梅津・何応欽協定のように、冀東地域からの国民政府軍の撤退を容認した「安内攘外」政策としての「退却」方針を転換させたことを表明した意味をもった。

『大公報』（12・1）が「傀儡軍大挙進犯を企図、国軍の配置すでに完全に終了、各将領綏遠において軍略を協議、陳誠・湯恩伯前線に赴き前線を視察」と大きく報じたように、陳誠はしばらく綏遠省に留まり、国民政府軍の配備を完全にしたのである。

蔣介石の綏遠事件を「我が民族復興の起点」とするという決意表明や陳誠総指揮の綏遠省入りの報道を反映して、綏遠軍支援の募金運動はさらに熱気を帯び、『大公報』には連日、同社に寄せられた寄付金者の名前と金額が、紙面の一面あるいは二面を埋めて掲載された。

『大公報』（12・1）には、一面に「本館代収綏遠省軍兵士防寒募援助金」の寄付金者と金額が掲載され、次の一面には「天津私立特一中学校全体師生および募金活動協力者名簿」と題して、同校の先生と生徒さらに募金活動の協力者が全部でおよそ一五〇〇名、〇〇叔母さん、〇〇姉さん、〇〇商店など、募金活動が想像できる形で掲載されている。つづいて、「天津市区立土城第一小学校名簿」と題して、先生と児童約四〇〇名の名前と金額が掲載され、つづいて「天津市区立土城第二小学校名簿」が約一〇〇名、そして「天津市区立土城第一小学校生徒の募金活動協力者名簿」と題して、同校児童が集めた募金協力者約八五〇名の名前が、〇〇お祖母さん、〇〇お爺さん、〇〇お母さん、〇〇雑貨店などと小学生の募金活動が思い浮かぶような名簿が掲載されていた。

綏遠軍支援募金活動がこのように中学生、小学生も積極的に参加したものになっていたのは、それこそ老若男女問わず綏遠軍支援運動が拡大、浸透していたことの証左である。

『大公報』（12・6）は「綏遠省政府が受け取った寄付金はすでに七〇万元に達する　同胞の愛国心の総発動」と題して、一二月五日現在で、綏遠省政府が受け取った寄付金の総額を報じるとともに、監獄に収監された囚人が絶食して蓄えた金を寄付したとか、幼稚園生も募金活動をしたとかの全国での美談的エピソードも紹介された。

『大公報』（12・6）が「綏遠の傀儡軍すでに反攻する力なし、国軍迅速掃蕩を決定　蔣委員長洛陽から西安に到る」と報道したように、綏遠事件が決着したので、蔣介石が張学良の東北軍と楊虎城の西北軍に「剿共」を迫るために西安に来たことにより、西安事件が発生した。事件は、国民に大きな衝撃を与え、事件の推移に国民の関心が集中したので、援綏運動も勢いを失い、『大公報』（12・30）が「綏遠援助募金の結束、各界に敬意と感謝を表明する」という社説を掲載して、募金活動の収束を宣言したように、綏遠事件をきっかけに全国的に盛り上がった綏遠軍支援運動は、一段落をつげたのである。

綏遠事件は宋哲元と第二九軍にも大きな影響を与えた。支那駐屯軍参謀の池田純久中佐は「綏遠事件以来、一番困った問題は中国の軍隊が日本の軍を軽蔑してきたことだ。日本軍の威信が落ちてくると、華北問題が停滞することは当然だ。現に、宋哲元が日本側のいうことなんか頭からきこうとしなくなった。困ったことだ」と慨嘆したという。（註3）

西安事件と東北軍

綏遠事件が一段落した一二月四日、蔣介石は洛陽から西安に戻った。当時、中国共産党は「革命の聖地」といわれる延安を中心にした陝北（陝西省北部）ソビエト政権を築いていたが、蔣介石は、張学良の東北軍と楊虎城の西北軍に命じて、「剿共戦」といわれた撲滅作戦をおこなわせていた。

一九三〇年代前半に華南と華中の各地に建設された共産党と紅軍によるソビエト政権にたいして、

その撲滅をはかった「囲剿戦」「剿共戦」に大きな成果をえた蔣介石は、共産党政権を陝西省北部に追い詰め、最後の撲滅作戦に執念を燃やした。蔣介石は前述したヨーロッパ諸国の歴訪から三四年一月中国に戻った張学良を「西北剿匪総司令部副総司令」に任命し、東北軍を率いて、陝西省北部の紅軍の革命根拠地の包囲攻撃(囲剿)をするように命じた。蔣介石は、策略家で冷徹な軍人であったので、非直系の地方軍である東北軍を「囲剿戦」に投入して消耗させ、紅軍の撲滅と非直系の軍隊の削減の「一石二鳥」を狙ったのである。

張学良は、東北軍約一三万を率いて、西安に司令部を置き(司令部の張学良公館跡は、現在、「西安事変記念館」になっている)、陝西省主席であった楊虎城の西北軍とともに、陝北ソビエト政権の紅軍(共産党軍)にたいする「囲剿戦」を展開した。しかし、三五年一〇月から一一月にかけて、三回にわたる紅軍との戦闘で東北軍は大敗北を喫した。共産党は捕虜になった東北軍の数千人の将兵にたいして、内戦を停止して、一致して日本と戦うことの必要を説いたうえで、旅費を渡して送り返した。東北軍の将兵の間に、共産党との内戦にたいする厭戦ムードが広まった。東北軍の将兵たちにとって、満州事変によって故郷を追われ、移駐した華北も日本の分離工作で奪われようとしているときに、侵略者の日本軍との戦いではなく、同じ中国人である共産党軍との戦いで兵力を失っていくことは耐え難いことであった。

張学良の東北軍は、すでに述べたように、家族をかかえた軍隊であり、日本の侵略に抵抗しないまま東北から華北へ、華北から、さらに西北へと流浪する難民軍集団でもあった。約一三万の兵士の半分が家族持ちであったと想定すれば、(五人家族として)おおよそ約三二万五〇〇〇人、残りの単身者が六万五〇〇〇人として、数十万人におよぶ東北軍集団が西北地域に流入したことになる。西安は東北軍の家族が集住する地域となり、その子弟や学生が通う、学校や大学（東北大学）もあった。
西安二中は東北軍集団の多くの子弟が通う中学校の一つであった。同校の教師張寒暉《ちょうかんき》（一九〇二〜四六）は西安で抗日演劇活動をしていたが、三六年秋に、自らが作詞・作曲した「松花江上」（松花江のほとり）の歌曲を東北軍将兵の子弟に教えた。

松花江上

我的家在東北松花江上　那里有森林煤砿　還有那満山遍野的大豆高粱
我的家在東北松花江上　那里有我的同胞　還有那衰老的爹娘
九一八　九一八　从那个悲惨的時候　脱離了我的家郷
抛棄那無尽的宝蔵　流浪！流浪！　整日价在関内　流浪！
那年那月　才能夠回到我那可愛的故郷？
那年那月　才能夠収回我那無尽的宝蔵？
爹娘啊！　爹娘啊！　什麼時候才能歓聚一堂？

松花江のほとり

わが家は東北、松花江のほとり　そこには森林と鉱山、
さらに山野に満ちる大豆と高粱がある

わが家は東北、松花江のほとり　彼の地にはわが同胞、そして年老いた父と母がいる
ああ、九《チユウ》・一八《イーパ》、九《チユウ》・一八《イーパ》　あの悲惨な時から、わが故郷を脱出し
無尽の宝庫も捨て去って、流浪、また流浪、関内をさすらいつづけている
いつの年、いつの月、私の愛する故郷へ帰れるのだろうか
いつ、あの無尽の宝庫をとり戻せるのだろうか
父よ、母よ、喜んで一堂に会するのはいつだろうか

松花江は吉林省、黒龍江省を流れ、ロシアとの国境を流れるアムール川（黒龍江）に流れこむ中国東北（満州）を代表する大河であった。「松花江のほとり」の歌曲は、本書で系統的に述べてきた、日本の満州侵略によって、故郷の東北を追われ、関内（長城以南）を流浪する身となった、東北軍将兵とその家族、さらに「流亡」東北人の「抗日覆土」の「救亡ナショナリズム」すなわち、東北の地からいつか日本軍を駆逐し、再び故郷へ帰り、家族団欒の生活を取り戻そうという歌であった。「九《チユウ》・一八《イーパ》」は、柳条湖事件が起きた一九三一年九月一八日のことで、中国人で知らない人はいない。

「松花江のほとり」は東北軍将兵とその家族の琴線に触れて広まり、共産党軍への「囲剿戦」をただちに停止し、「抗日覆土」の戦闘に参加すべきだという「救亡ナショナリズム」を喚起させた。張学良とて同じであった。綏遠事件における傅作義軍の抗戦にたいして、張学良と東北軍将兵がこぞって共感を表明し、資金、物資などの援助をおこなったことは『大公報』でも何度か紹介されていた。

「松花江のほとり」は、当時の抗日気運の盛り上がりとともに、またたく間に中国全土に広まって

愛唱され、日中戦争期の代表的な「抗日戦争歌」になった。日中戦争では、東北だけでなく、華北、華中さらに華南の広大な領土が日本軍に占領され、知識階級や資産階級を中心に、日本軍の占領下での生活を拒否して、日本軍が占領できなかった雲南省や四川省などの抗日戦争の「大後方」への「大西遷」といわれた、中国西南地域に移住した数百万人を超える人々にとっても、「松花江のほとり」で歌われた「抗日覆土」は、共通の感慨を喚起させた。

三六年一二月四日、西安にもどった蔣介石は、「剿共」第一主義政策を継続、張学良の東北軍と楊虎城の西北軍に共産党軍への攻撃を迫った。これにたいし張学良は、蔣介石に内戦停止と一致抗日を訴えたが、蔣介石は頑として受け付けず、張学良と蔣介石の対立は決定的なものとなった。

一二月一二日、張学良は東北軍の精鋭部隊に華清池の蔣介石の宿舎を急襲させ蔣介石を拘束して、西安市内に連行させ、新城大楼に監禁した。その日のうちに、張学良と楊虎城の連名で以下の八項目の主張を全国に通電した。①南京政府の改組、②内戦の停止、③救国会指導者（抗日七君子）の即時釈放[註4]、④全国のすべての政治犯の釈放、⑤民衆の愛国運動の解放、⑥人民の集会、結社、すべての政治的自由の保証、⑦孫文総理の遺嘱の切実なる遵守、⑧救国会議の即時招集。

これが、全世界を驚かせた西安事件である。事件の翌朝、張学良から延安の共産党へ周恩来の招聘を求める電報が届き、共産党はこの要請を受けて、調停のために周恩来を西安に派遣した。一二月二二日には蔣介石夫人の宋美齢と兄で財政部長、行政院院長代理をつとめたことのある宋子文が西安に到着した。張学良と周恩来と宋美齢・宋子文の四者の会談がもたれ、二四日には張学良の仲介のもと、蔣介石と周恩来が直接会談をして、内戦停止と一致抗日について、基本的合意ができた。二五日の午後、張学良は蔣介石の釈放を決定し、その日のうちに蔣介石、宋美齢、宋子文らは西安の飛行場から洛陽へ飛んだ。翌二六日に蔣介石らは飛行機で南京に到着し、南京政府の要人に迎えられた。

西安事件により、蔣介石国民政府が共産党と紅軍の革命政権への「剿共」作戦を放棄し、国民党と共産党が一致して抗日戦争を戦うことに合意したことは、翌三七年の日中戦争の勃発に際して、決定的に重要な意味をもった。日中戦争（抗日戦争）の開始とともに、ただちに第二次国共合作が成立し、これに広範な大衆が加わって、抗日民族統一戦線が形成されたからである。

西安事件解決の歓喜

西安事件が、綏遠事件で盛り上がった抗日気運に大きな打撃をあたえたことは、『大公報』の報道にも現れていた。西安事件が発生した翌日の『大公報』は、「南京・上海の各団体　張学良に勧告速やかに蔣委員長の自由を回復せよ」と題して、上海の八三の文化団体や各地の商会、実業団体など多数の各界の団体が、張学良に蔣介石委員長の身の安全と自由を保障するよう電報を打ったことを報じた。また南京でも、中央国立研究院や中央大学など七つの学術団体が張学良を「逆賊」として非難し、蔣委員長の解放をもとめる電報を打ったことが報じられた。

一二月二五日午後に蔣介石が監禁を解かれ、洛陽へ飛んだことが知れるや、中国全土で歓喜の声がうずまいた。『大公報』(12・26)は「蔣介石委員長、危機を脱して洛陽へ飛ぶ　全国民衆歓喜に踊り狂うごとし　蔣委員長昨日洛陽に駐在、今日南京へ返る　張学良随行して洛陽へ到着、洋行すると伝えられる」と大見出しで報道、紙面いっぱいに以下のような記事が踊った。まずは「朗報に南京はたちまち不夜城となる」と題して、蔣介石委員長が洛陽に到着したという情報が首都南京へ伝わると、歓喜の市民が南京市内の街頭に溢れ、祝賀の爆竹を鳴らし、さながら春節の夜が到来したような状況になったと報道した。

ついで「全国から慰労電報、舞う雪のごとく飛来」と題して、蔣介石が無事に洛陽に到着したニュースが流れて以後、蔣介石を慰問する電報が「舞う雪のごとく」南京政府へ殺到したことを報じた。そして紙面のほぼ三分の一を占めて「吉報の歓声、雷鳴のごとく広がる　挙国同慶の爆竹、一斉に鳴り渡る　各地今日を慶賀の国旗掲揚と定める」と題して、二五日の夜間八時、九時ごろになって全国の都市で、蔣介石解放を歓喜し、祝賀する市民、群衆が爆竹を鳴らし、街頭に出て、自然発生的に街頭行進をおこなったさまが報道された。記事はこのようなことは空前、つまりかつて発生しなかったことであると報じた。同記事が、市民、群衆が狂気して祝賀をおこなったさまを紹介した都市は以下のとおりである。

上海、綏遠、平地泉、太原、北平、鄭州、開封、済南、青島、潼関、徐州、蚌埠、蕪湖、重慶、成都、漢口、福州、厦門、杭州、広州、香港、南昌、南京

これだけの都市で、一二月二五日の夜間に祝賀行動が一斉に繰り広げられたのは、張学良が一二月一二日に通電した八項目の主張が全国に報道され、張学良の要請で延安から駆けつけた共産党の周恩来も加わって、国共の内戦停止、一致抗日への合意形成の方向へ事態が進展している状況があるていど伝わっていたことが予測される。

さらに注目されるのは、同日の『大公報』が「中国の歴史の新たな頁」と題する以下のような「短

評」を掲載したことである。

蔣委員長が昨日、西安から洛陽に飛行機で着くや、全国の民衆はこの吉報を聴いて、みな歓喜に発狂するばかりであった。昨晩の間、全国の都市から城鎮（県城）に至るまで、成人から児童に至るまで、みな熱烈に慶祝して、歓声は夜を徹して響いた。このような状況は中国の歴史に新しい歴史の頁を開いたのである。

蔣委員長が迅速に危機を脱することができたのは一般的には四つの要因が考えられる。①蔣委員長の偉大な人格による感化、②全国の民意の一致した力量、③中央が断固として迅速に事態を処置したこと、④軍人が断固として赤誠、忠勇を表示したこと。（中略）

この度の事件を経て、我が国民の長足の進歩を見ることができ、国家組織がさらに堅固になったのを見ることができる。ここに国家民族の前途があると断ずることができる。

右の短評で注目されるのは、『大公報』が蔣介石国民党側にたった報道をする傾向の新聞でありながら、蔣介石を武力で監禁し、「剿共」の停止を迫った張学良を謀反人として糾弾する論調になっていないことである。この傾向は、『大公報』が大々的に報道した全国民の蔣介石帰還祝賀行動の中にも見られた。全国民が歓喜して歓迎したのは、西安事件解決によって、中国の内戦が停止され、国民党と共産党が一致抗日する合意が成立したことが含まれていたことを思わせる。

『大公報』（12・27）は蔣介石が一二月二六日に南京へ帰還したことを大きく報道し、さらに張学良も南京に来て、軍事法廷における「処罰」を待っているという談話を報じた。さらに「民衆領袖の安全を慶祝、歓喜全国に充ち溢れる　各地国旗を結んだ提灯行列　塞外（長城以北）の辺境でも熱烈に祝賀」と題して、綏遠、包頭、平地泉など長城以北の辺境の都市もふくめて、全国の都市の各界の市民が繰り広げた祝賀行動が報じられた。注目されるのは「北平学生界昨日慶祝デモ　学生万人天安門で集会　続々と蔣委員長へ慰労電報」と題して、北平の各大学の学生が午前中に各大学を出発、蔣介石釈放を慶祝する街頭デモをおこないながら天安門に約一万人の学生が合流して、一二時半から大祝賀会を開催と報じられたことである。会場の正面に掲げられた蔣介石の大きな写真に向かい全学生が敬拝三礼をしたあと、蔣介石を讃えかつ慰労する演説がつぎつぎとおこなわれ、西安事件による国民党中央の決定を支持する決議案を採択した後、最後は国民党の歌を合唱して散会したと報道された。

一年前に北平で展開された、国民党が背後にあった冀察政務委員会の成立に学生が反対し、これを国民党当局が弾圧した一二・九運動（本書九〇頁参照）とは、学生運動の性格が大きく変わり、国民党の蔣介石を国家指導者として崇めて、国民が一致抗日に結集しようという愛国主義的、民族主義的な学生運動へと大きく転換したのである。

『大公報』の報道からも、西安事件は蔣介石が権威を高める絶好の機会となり、蔣介石を抜いては、中国の抗日体制は構築できないことを明白にしたといえる。このことにより、中国の抗日戦争気運を一挙に高めたとともに、蔣介石にとって、「安内攘外」政策の継続はもはや不可能となり、「剿共」を断念して、共産党と「一致抗日」する以外に選択肢はない立場に立たせられたことを意味した。

いっぽう、当時の中国共産党も蔣介石、国民党にたいする方針を国民党との合作による抗日民族統一戦線の形成を目指すように方針を転換していた。一九三六年九月一日、中共中央は、それまでの「抗日反蔣」のスローガンを取消し、「逼蔣抗日」つまり、蔣介石、国民党政府の打倒ではなく、蔣介石に迫って「安内攘外」政策を放棄させ、共産党との一致抗日政策へ転換させる政策を実行させるという方針を決定した。そして、華北においては、劉少奇が指導する中共北方局がさまざまなルートを通じて、宋哲元や閻錫山らの地方軍実力者や社会の名士、学者などと関係をつくり、中共の抗日民族統一戦線の主張を宣伝する方針を採用した。そして、宋哲元と第二九軍を抗日に向かわせるために、一二・九運動で叫んだ「打倒売国賊宋哲元」のスローガンを「宋（冀察政務委員会）委員長の抗日を擁護」「第二九軍の華北防衛を擁護」「第二九軍の平津防衛を擁護」に変更した。北平や天津の各界救国会や学生救国会が第二九軍の部隊を訪問して、慰問と宣伝をおこなう活動も実行した。

『大公報』（11・30）が「二十九軍、昨日景山で煙幕作戦の演習　市民学生続々と参観」と題して、北京の北郊外の景山で、第二九軍の部隊が北平大学化学系の学生が作成した煙幕をつかった軍事演習を実施、それを北平の市民と学生千余人が集まって参観したことを報じたのは、学生、市民が第二九軍の抗日戦を激励する演出の一つと思われる。前節で述べた綏遠事件にさいしても、中共北方局は、傅作義軍の抗戦支援の方針をとり、その指導下に北平学連は各党派と連合して、綏遠の抗戦を援助する運動に積極的に取り組んだ。

西安事件の平和的な解決によって、蔣介石が「内戦の停止、一致抗日」に同意したことで、宋哲元は日本にたいする態度を強硬にするとともに、日本当局の取締り強化の圧力に屈せず、民衆の抗日活動を黙認する態度をとるようになった。〈註5〉

西安事件後の東北軍

西安事件を起こした張学良は、東北軍の反乱や不測の事態を回避するために蒋介石の後に飛行機で南京に行き、国民党軍事委員会高等軍法会議の裁きを受けた。軍法会議では張学良に「上官暴行強迫罪」で「懲役一〇年、公民権剥奪五年」の判決を下したが、蔣介石は、三七年一月四日付で張学良を特赦し、替わって軍事委員会のもとで軟禁する措置をとった。以後、張学良は半世紀にわたり各地を転々としながら、軟禁生活を強いられ、歴史の表舞台から姿を消した。〈註６〉

いっぽう、張学良の統率下に西安で「剿共戦」に従事していた東北軍は、張学良が南京へ行き、そのまま戻らぬ身となったため、膨大な家族とともに西安に残留することになった。その東北軍と家族が西安事件以後、どうなったのか、『大公報』の記事から簡単に追ってみる。それは、本書第１章で述べた冀東保安隊がもとは張学良の東北軍第五一軍の于学忠の部隊であったからである。

『大公報』（37・３・10）は「東北軍大部隊一週間以内に移動　西北民衆に告げる書を発表　西北民食問題は現在極めて深刻」と題して、西安事件以後も駐留する東北軍とその家族の食糧が膨大なため、地元の陝西省の住民が食糧不足に苦しみ、農民も食糧供出を望まないようになったため、張学良と同盟して西安事件を起こした西北軍の楊虎城も東北軍部隊の移動を決定して、その旨を西北の民衆に発表したのである。

東北軍第五一軍長の于学忠が河北省主席として、麾下の張慶余と張硯田を冀東保安隊の前身の河北特警隊長に任命したことは前述した（本書六〇頁参照）。于学忠はその後、川陝甘（四川省・陝西省・甘粛省）辺区剿匪総司令となり、第五一軍を率いて張学良とともに西安で「剿共戦」に従事、その後甘粛省主席となったが、西安事件にも参加した。事件後に張学良が拘留されたため、于学忠が西安に残留した東北軍の全責任を負うことになった。

于学忠は蔣介石の強い要請を受けて、東北軍第五一軍を安徽省の蚌埠《ポンプー》へ移駐させることに決定、甘粛省軍として駐屯させていた東北軍も移動させることにして一旦、西安の西の咸陽に集結させ、第五一軍とともに東部へ移駐させることになった。

『大公報』（37・4・9）は「于学忠部隊咸陽に集結　明日より部隊ごとに東方移駐を開始　東北軍移駐は一〇日以内に一段落を告げる　陝西省財政は三カ月すれば平常に回復」と題して、西安に駐屯していた東北軍第五一軍と甘粛省に駐屯していた東北軍を咸陽に集結させ、ともに東方への移動を開始させたと報道、これにより東北軍集団の生活維持のために逼迫させられた陝西省財政が三カ月後にはようやく正常にもどるであろう、と報道した。このため、南京の中央政府から五〇万元が援助されたと報じた。

『大公報』（37・4・29）は、「東北軍の整理を開始　整頓補充して完全に国軍化する」と報道した。于学忠に率いられた東北軍第五一軍は安徽省北部の蚌埠に移駐させたのち、蔣介石によって東北軍を国軍化、すなわち国民党政府軍として整理補充して新たな防衛地に分屯させられた。東北軍の第五一軍は、安徽省北部の蚌埠、宿州《しゅくしゅう》、江蘇省北部の淮陰《わいいん》に分駐させられ、于学忠は江蘇省綏靖主任に任命された。それでも于学忠は淮陰に駐在したので、安徽省北部と江蘇省北部を合わせて東北軍集団の生活圏とすることが可能となった。（註7）

本書の「第1章　冀東保安隊はどのような軍隊だったのか」において、通州事件の反乱を起こす冀東保安隊の二人の総隊長、張慶余と張硯田が于学忠の東北軍第五一軍麾下の団長であったことを述べた（本書六一頁参照）。さらに、梅津・何応欽協定により、于学忠が甘粛省へ移駐させられた時、張慶余と張硯田を呼んで「軍隊の訓練をよくして、命令を待つように」と秘密命令を与えたことも述べた（本書七〇頁参照）。

ここで、当然予想されるのが、江蘇省綏靖主任に着任した于学忠に、冀東保安隊の張慶余と張硯田が連絡をとったことである。あるいは逆に、于学忠からかつての部下に連絡をとったことである。反乱の「秘密命令」を与えたかどうかは資料的には確認できないが、第二九軍の宋哲元とは、反乱の「密約」ができていた（本書八九頁参照）。連絡をとらなくても、張慶余と張硯田は、かつて第五一軍の上官であった于学忠が、第五一軍を率いて西安から江蘇省・安徽省の北部に移駐してきたこと、さらに宋哲元の第二九軍とおなじ国軍として抗日戦を戦う側にあったことは『大公報』などの報道から知ることができたはずである。次章で詳述する張慶余と張硯田が通州における冀東保安隊の反乱を計画、発動するにいたった背景に、于学忠と第五一軍の抗日戦参加の動向が間接的な影響を与えていたことは、十分考えられる。

【註】

〈1〉関東軍の内蒙古分離工作については、森久男『日本陸軍と内蒙工作―関東軍はなぜ独走したか』（講談社選書メチエ、二〇〇九年）を参照。

〈2〉梨本祐平『中国のなかの日本人』第1部、平凡社、一九五八年、一七五頁。

〈3〉梨本祐平『中国のなかの日本人』第1部、平凡社、一九五八年、一八〇頁。

〈4〉蔣介石が共産党の影響力が増大する抗日救国運動の高まりを恐れ、さらにその激化は、日本が居留民保護を口実に軍隊増派をはかり、軍事侵略を強めることになるのを警戒して、一一月二三日、全国各界救国連合会（本書九五頁参照）の七人の指導者を逮捕し、救国運動を弾圧しようとしたのに反対するものであった。

〈5〉中国共産党の「抗日反蔣」から「逼蔣抗日」と抗日民族統一形成への方針転換については、謝忠厚『河北抗戦史』（北京出版社、一九九四年）、五三〜五六頁による。光田剛『中国国民政府期の華北政治1928—37年』（お茶の水書房、二〇〇七年）の「第六章　冀察政務委員会と中国共産党」も参照。

〈6〉NHK取材班・臼井勝美『張学良の昭和史最後の証言』（角川書店、一九九一年）が記すように、張学良は日中戦争後の国共内戦に敗れた蔣介石とともに台湾へ移され、九〇歳になった一九九〇年に政治的自由が回復され、同年八月にNHKのインタビューに答えた。その後張学良はハワイへ移住して一〇〇歳で亡くなった。

〈7〉一九三七年七月に日中戦争が開始されると、蔣介石は第五一軍を山東半島の海防を担当させるべく、八月に于学忠を第三集団軍副総司令に任命、一二月于学忠軍は青島を攻撃した。その後、于学忠は軍を率いて台児庄戦や武漢防衛戦にも参加、三九年以後は東北軍の第五一軍と第五七軍を率いて山東省と江蘇省の省境で日本軍と戦闘、四一年は山東省主席となって日本軍に抗戦した。中華人民共和国成立後は、中国国民党革命委員会の中央委員となり、全国人民代表大会の山東省代表委員にもなった（中国社会科学院近代史研究所　李新・孫思白主編『民国人物伝　第二巻』中華書局、一九八〇年所収の黄徳昭・王秦「于学忠」、および王成斌他主編『民国高級将領列伝　第四集』解放軍出版社、一九八九年所収の「于学忠」より）。

第5章　通州事件の発生と全貌

盧溝橋事件と宋哲元の第二九軍

(1) 盧溝橋事件の「前史」

本書第1章の最後に「歴史的事件には『前史』がある」と述べ、これまで通州事件の「前史」にあたる歴史を詳述してきた。日本の歴史書の多くには、日中戦争は一九三七年七月七日の夜に偶発的に発生した盧溝橋事件がきっかけとなって勃発したと書かれているが、盧溝橋事件にも「前史」はある。その直接的「前史」といえるのが、本書第3章で述べたように（本書一一四頁参照）、一九三六年四月に日本が北京議定書を無視して支那駐屯軍を一七七一人から五七七四人へと一挙に三倍以上に増強し、支那駐屯軍歩兵旅団の司令部と歩兵第一連隊（連隊長牟田口廉也大佐）を北平に駐屯させ、第

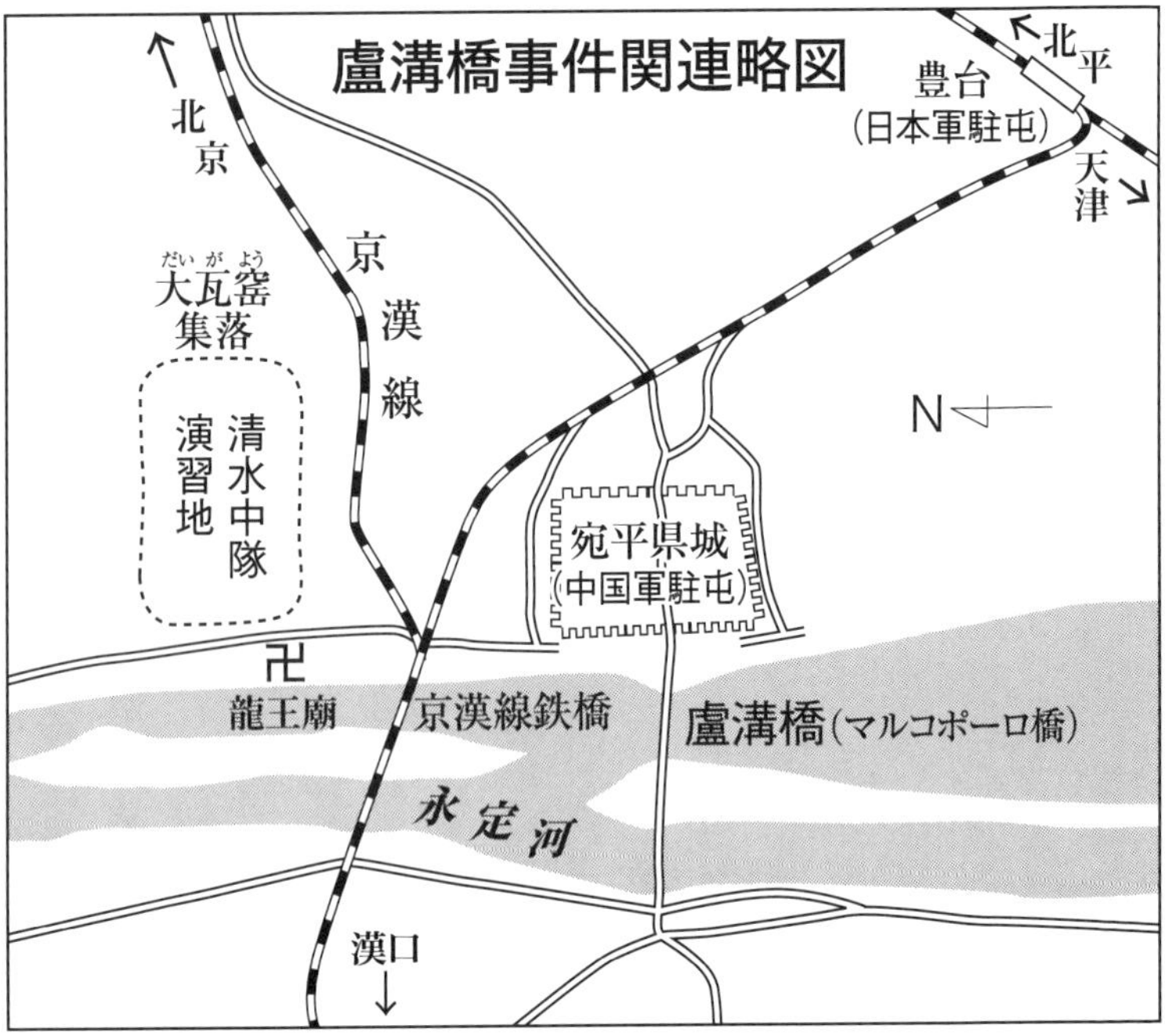

三大隊（大隊長一木清直少佐）を豊台県城に駐屯させたことにあった。盧溝橋事件は豊台に駐屯していた第三大隊の第八中隊（中隊長清水節郎大尉）が永定河東岸の荒蕪地《こうぶち》で夜間演習をしていた時に発生したのである。上の「盧溝橋事件関連略図」に見るように豊台と盧溝橋の間に宋哲元の第二九軍が駐屯していた宛平県城《えんぺいけんじょう》があった。

支那駐屯軍の増強に抗議して、北平学生連合会は宋哲元第二九軍にたいして、抗戦に立ち上がるよう請願活動をしたことは既述のとおり（本書一一六頁参照）。支那駐屯軍の北平、豊台への進駐にたいして抗戦気運が高まりつつあった一九三六年九月一八日、豊台において支那駐屯軍と第二九軍が衝突した豊台事件が発生した。九月一八日は、歌曲「松花江のほとり」（本書一六七頁参照）の歌詞にあった「九《チュウ》・一《イー》八《パ》」（柳条湖事件）が五年前に発生した日であり、中国軍民にとって忘れられない日だった。

この日の午後、完全武装の日本軍の歩兵中隊約六〇〇名が演習を終わって豊台県城に引き上げて来たところ、豊台県城の正陽街を行軍していた第二九軍と遭遇、相互に道を譲らずに睨み合いが続いた。すると騎馬の日本軍将校三人が中国軍に道を譲るよう威嚇して、中国兵数人を馬で蹴散らして負傷させた。そして中国軍の連長孫香亭を連行したことから、日中両軍は険悪となり、対峙状況になって互いに援軍の急派を要請した。豊台の一木清直大隊長は、「傲慢な支那部隊を膺懲せよ」と強硬な対応を指令、建物の屋上に機関銃を備えるなどして、第二九軍を威嚇した。宛平県城から援軍に駆け付けた中国軍と日本軍が豊台付近で銃撃戦となり、中国兵二名が負傷した。

日本軍との衝突を恐れた宋哲元は、第三七師長の許長林と第二九軍参謀周思敬を豊台に派遣して第二九軍にたいして日本軍への発砲を禁じた。天津の支那駐屯軍司令官田代皖一郎中将も参謀を豊台に派遣して戦闘停止の交渉をさせたので、事態の拡大は阻止され、翌一九日の午前一〇時ごろ、双方の軍隊は撤退を開始した。支那駐屯軍が強硬に要求した陳謝と関係者の処分、軍の兵舎の豊台からの撤去を第二九軍が認めたので、豊台事件はひとまず解決を見た。〈註1〉しかし、火種はそのまま残り、翌年七月七日の盧溝橋事件となって発火したのである。そもそも、北平を支配する宋哲元の第二九軍の警備領域に日本軍が侵入、駐屯し、華北分離工作を推進するための夜間軍事演習をおこなっていたのであるから、盧溝橋事件が発生するのは時間の問題であった。

(2) 起こるべくして起こった盧溝橋事件

盧溝橋は、北平（北京）から南西一五キロの地点にある、永定河にかかった全長二六〇メートル、

盧溝橋（筆者撮影）

幅約八メートルの美しい橋である。英語ではMarco.Po.lo Bridgeといわれる。かつてここを訪れたイタリア人の旅行家マルコ・ポーロが『東方見聞録』のなかで、この石橋は「全く世界中どこを捜しても匹敵するものがないほどのみごと」なものと紹介したことに由来する。[註2]

一九三七年七月七日、前々頁の「盧溝橋事件関連略図」にあるように、盧溝橋の北西、京漢線（北京—漢口）の線路北側にある、盧溝橋駅近くまで広がる永定河東岸の荒蕪地を演習地にして、豊台に駐屯する支那駐屯軍の歩兵第一連隊第三大隊第八中隊（中隊長清水節郎大尉）の総勢約一五〇名が夜間軍事演習をおこなった。演習地の南には京漢線を挟んで第二九軍の駐屯する宛平県城があった。永定河の土手には、龍王廟から南へ約四〇〇メートルにわたり第二九軍の散兵壕が掘られ、三つのトーチカが築かれていた。散兵壕は日本では蛸壺《たこつぼ》という言い方をしたが、兵士一人が直径一、二メートル、深さ一メートルほどの穴を掘って立ち、掘土を盛った上に銃を乗せて射撃する。トーチカはコンクリートで作られた堅固な銃撃陣地である。清水中隊はそのわずか数百メートル前で演習をおこなったのである。明るければ堤防の上や散兵壕の中国兵から見下ろせる。

演習も終了に近づいた午後一〇時四〇分頃、中国軍の陣地のある永定河の堤防の龍王廟の方向から日本軍部隊へ向かって数発の実弾が飛んで来た。いわゆる盧溝橋事件の「第一発」である。清水中隊長が集合ラッパを吹かせて部隊を集合させたところ、大瓦窑《だいがよう》前の仮想敵陣地に演習終了を告げる伝令に行かせた志村菊次郎二等兵の行方が不明であった。

清水中隊長は「第一発」と「兵一名行方不明」の事実を伝令を飛ばして豊台の一木第三大隊長に報告した。一木は「兵一名行方不明」を重大視し、ただちに部隊を警急呼集して盧溝橋に出動させるとともに、北京の牟田口第一連隊長に電話で報告した。警急呼集とは、警戒すべき突発的な事件が発生したときに緊急に部隊を呼び集めることである。牟田口は一木に戦闘隊形をとって中国側と強硬に交渉するように命じた。一木大隊は八日午前二時すぎに盧溝橋付近に到着したが、行方不明であった志村二等兵は、集合二〇分後には無事帰隊していた。一木大隊出動の最大の理由であった「兵一名行方不明」の問題は解消したのであるが、一木は、「第一発」を中国軍の威嚇射撃、すなわち「不法射撃」とみなして、明け方を待って現地の第二九軍当局に厳重に交渉する方針に転換して現場にとどまった。すると、午前三時二五分頃、龍王廟の方面から再び銃声が起こった。これを日本軍にたいする「不遜」な「不法射撃」とみなした一木大隊長は、牟田口連隊長に「膺懲のため断固攻撃をしたい」と電話で申し出たところ、「やって宜しい」と戦闘許可命令が出た。そこで一木部隊は、夜明けを待って、午前五時三〇分、龍王廟や永定河堤防の散兵壕の中国軍への攻撃を開始した。前年の豊台事件の後、牟田口連隊長が「もし今後支那軍にして不法行為あらば決して仮借《かしゃく》すること無く、直《ただち》に起《た》て之に膺《よう》懲《ちょう》を加えて……」と訓示したことの実行であった。これにたいして中国軍の散兵壕からも応戦、盧溝橋付近で日中両軍の戦闘がくり広げられ、盧溝橋事件となった。

月のない闇夜に、永定河堤防に沿った中国軍陣地の数百メートル手前で、黎明の奇襲攻撃のための夜間軍事演習を展開したこと自体が無謀で挑発的な行動といえた。危機意識と敵対意識を抱いて、トーチカあるいは散兵壕で警戒にあたっていた中国兵が、暗闇のなかを陣地に接近してくる日本兵の影を認めれば、警告の意味もふくめて発砲するのは当然なことであった。牟田口連隊長と一木大隊長は、これを「不法射撃」とみなして中国軍を「膺懲」しようとして攻撃を命令したのである。盧溝橋事件は起こるべくして起こったといえよう。

(3) 拡大派の「下剋上」による華北派兵決定

盧溝橋付近では、九日も一〇日も日中両軍の戦闘がくりかえされたが、現地日本軍は、陸軍参謀本部の「対支時局対策」にもとづいた「侮日抗日」に一撃を加えたのちは、「事件を小範囲に極限し、共に解決を迅速ならしむ」という訓示のとおりに、一一日に現地中国軍当局との間に停戦協定を結んだ。それは、中国の第二九軍代表の日本軍にたいする遺憾の表明と責任者の処分、宛平県城と龍王廟陣地からの中国軍の撤退、抗日各種団体の取締まりなど、中国側に一方的に譲歩を強いたものであったが、ともかく現地で停戦協定が成立したのである。

いっぽう、日本の陸軍中央では、日本軍の作戦指導の事実上の最高責任は、参謀本部第一（作戦）部長石原莞爾少将が負っていた。参謀総長の閑院宮載仁親王《かんいんのみやことひとしんのう》は、天皇の軍隊の象徴としてのお飾り的存在であり、さらに七三歳の高齢でもあったので、ほとんど実権はなかった。代わって参謀本部を統括すべき立場にあった参謀次長の今井清中将は病臥中で、その任務を遂行することはできなかった（一九三八年一月に死去）。参謀本部第二（情報）部長渡久雄中将も病臥中であった（一九三九年一月死去）。支那駐屯軍の最高指揮官であった支那駐屯軍司令官田代皖一郎中将は、重態で盧溝橋事件発生直後の七月一六日に死去した（後任は香月清司中将）。唯一健康であった陸軍大臣杉山元《はじめ》は「厠《かわや》のドア」と言われていたように、強く押す方向へ開く「ロボット将軍」と言われ、周囲の強い勢力になびく人物であって、頼りにならなかった。こうした状況のため当時の陸軍中央は折悪しくガバナンスが欠けた状態にあったので、作戦部長の石原莞爾が事実上、参謀本部の最高作戦指導者の立場にあったのである。

石原は対ソ戦を第一義とし、中国の民族意識の成長と国共合作による抗日勢力の成長をそれなりに認識していたので、現地解決の不拡大方針をかためるために努力し、閑院宮総長の同意を得て、七月八日午後六時四〇分、支那駐屯軍司令官宛に、参謀総長の指示として、「事件の拡大を防止する為、更に進んで兵力を行使することを避くべし」と発令した。

しかし、この八日に参謀本部の武藤作戦課長と田中軍事課長との間で、内地から三個師団と航空隊一八個中隊を急派する案について意見が一致。武藤、田中らの策動が功を奏して、九日に参謀本部と陸軍省の関係部課の間で作成された「北支時局処理要領」は、内地軍と関東軍、朝鮮軍を華北に派兵して「平津（北平・天津）地方」に限定して同地方を安定確保するというもので、石原部長の不拡大方針に対抗するものであった。陸軍中央においては華北への兵力増派論が大勢を制し、七月一〇日には陸軍省と参謀本部の間で、関東軍二個旅団、朝鮮軍一個師団、内地軍三個師団と航空隊の華北への派兵案がまとめられ、石原も同意させられた。この派兵案は、盧溝橋事件に乗じて、強大な兵力で中国軍に一撃を与えて華北分離工作の目的を達成し、河北・チャハル両省を「第二の満州国」としようとするものだった。

陸軍中央の華北派兵案がまとまった七月一〇日、杉山元陸相はその日のうちに近衛文麿首相に翌日の閣議開催を申し入れた。七月一一日に開催された近衛内閣の閣議では、陸軍の提案を承認し、事態を「北支事変」と命名し、近衛内閣は以下の「重大決意」を発表した。〈註3〉

今次事件は、全く支那側の計画的武力抗日なること最早疑の余地なし。思うに北支治安の維持が帝国及満州国にとり緊急の事たるはここに贅言《ぜいげん》を要せざる処にして、支那側が不法行為はもちろん、支那側の排日侮日行為に対する謝罪を為し、今後斯かる行為なからしむ為の適当なる保障等をなすことは、東亜の平和維持上極めて緊要なり。よって政府は本日の閣議において重大決意を為し、北支出兵に関し、政府として執るべき所要の措置をなす事に決せり。

現地で停戦協定が成立しているさなか、近衛内閣は、中国側の計画的な武力抗日にたいしては、日本は「満州国」および華北の治安維持のため、そして中国に反省を促すため「重大決意」をもって華北に派兵する、という強硬な政府声明を発表したのである。「北支事変」と命名した近衛内閣の「重大決意」の声明によって、盧溝橋事件は、局地の軍事衝突事件から本格的な日中間の戦争へと拡大することになった。

⑷　第二九軍の北平・天津地域における抗戦

盧溝橋事件が発生した翌日の七月八日、中国共産党の毛沢東、朱徳、彭徳懐らは「紅軍将領（指導者）」の名で、以下のような「日本侵略者の華北侵攻に際して宋哲元らに通電」を発した。（註４）

北平の宋明軒（哲元）先生、天津の張自忠先生、張家口の劉汝明先生、保定の馮治安先生御高覧。

日本侵略者の進攻は、全国民を激怒させ、盧溝橋の戦役における二九軍の勇敢な抵抗の模様を全国民は聞知して、その後楯となることを願っている。あえて願わくば、諸先生が全軍を激励して、北平・天津の防衛のために戦い、華北の防衛のために戦い、祖国の寸土たりとも日本侵略者の占拠にゆだねることなく、国土防衛のために血の最後の一滴まで流されんことを。紅軍将兵は満腔の義憤を抱いて、随時の出動を準備し、貴軍に従って日本侵略者と決死の一戦を交えんとしている。（蔣介石）委員長および全国の友軍が勇敢に敵を斃すよう電報を発するとともに、右のとおり伝達申上げ、かつご指教を仰ぐ次第である。

電報の冒頭に名前をあげられたのはそれぞれの地域における第二九軍の指導者である。つづいて、七月九日付で、中国人民抗日紅軍全体指揮員戦闘員を彭徳懐、賀竜、劉伯承らが代表するかたちで、「華

北当局および二九軍将兵に宛てた至急書簡」を送った。〈註5〉

七日夜の事変は、世を挙げて震憾・驚倒せしめるものである。日本侵略者の残虐性と中国を亡ぼそうとする野心は余すところなく暴露された。貴軍は国防の最前線にあって、凶暴を恐れず、奮起して抵抗された。その忠義なること、その壮烈なること、軍人の模範たるに恥じない。抗日救国をもって旗印とするわが軍は矛を枕にして出動を待つこと一日ならず、誓って貴軍の後楯となるものである。（以下略）

右の中国紅軍（共産党軍）の宋哲元第二九軍にたいして抗日戦争への奮起を促し、その後楯となることを誓った電報と書簡は、北平学連や天津学連に強い影響力をもった共産党の方針として、北平と天津の学生運動が宋哲元の第二九軍を全面的に支援して、抗日戦争に決起させる運動を展開させることになったことは重要なのでここで指摘しておきたい。

中国にたいする宣戦布告に等しい日本政府の華北派兵と「重大決意」の声明をうけて、中国国民党と中国共産党の国共合作による抗日民族統一戦線の結成と発動の気運が急速に進展した。中国共産党中央は七月一五日、「国共合作を公布するの宣言」を国民党へ送り、国民党政府打倒の革命運動をとりやめ、ソビエト政権の名称を取り消し、紅軍の呼称も改称することを約束した。七月一七日に廬山で開かれた国民政府の国防会議には、周恩来を代表とする中国共産党代表団が招かれ、国共合作について具体的に協議した。蔣介石はこの日、廬山に招集した全国の学者や各界の指導者一五八人を前にして、「盧溝橋事件により、日本にたいして和平か戦争か最後の関頭（分かれ目）にいたった。これは中国の存亡だけでなく、世界人類の禍福にかかわる問題である。戦争にいたれば、徹底的な犠牲を払っても徹底的に抗戦するという決意によってのみ、最後の勝利を得ることができるのだ」という有名な「最後の関頭」演説をおこなった。〈註6〉

蔣介石は、これより先の一三日、宋哲元に電報を送り「中央は宣戦を決意しているので、兄（宋哲元）は中央と共同一致して、和平か戦争かを問わず、単独で事を進めて、敵に各個撃破の隙を些かでも与えないように」と厳命していた。〈註7〉これにたいし、宋哲元も一五日、「天津は絶対に放棄せず、兵力を結集して応戦する」と抗戦の決意を表明した。〈註8〉いっぽうで蔣介石は、日本軍の華北増派を恐れた第二九軍が支那駐屯軍と勝手に協定を結んで北平、天津を明け渡してしまうことを懸念して、国民政府の中央軍を北京に向けて北上させた。

支那駐屯軍参謀池田純久中佐の通訳として盧溝橋事件の発生した北平へ行き、停戦協定の締結や戦争への拡大を避けるため冀察政務委員会や第二九軍の首脳者たちとの折衝に奔走した梨本祐平は、当時の現地の状況について、「二十九軍の首脳部は戦争回避をはかったが、下級兵士は抗日の意気いよいよあがり、その上、北京、天津の学生や労働者たちも、抗日救国を唱えて二十九軍へ投ずるものが続出し、事態は容易に予測を許さなかった」「何しろ、二十九軍の下級兵士の間には、対日決戦の意欲が強烈に根を張っているので、いつ爆発するかわからない」と回想録に書いている。〈註9〉

❖廊坊事件

日本軍の増援部隊の到着と国民政府中央軍の北上がおこなわれた緊迫した状況のなかで、七月二五日夜、北京と天津のほぼ中間ある廊坊【地図：通州事件関連略図②】（本書一一頁）で、廊坊事件が発生した。廊坊駅は北平―天津さらには冀東へ通ずる物資運送の要衝で、第二九軍の管理下にあった。日本軍との戦闘が発生した場合には、日本軍の物資・兵員の北平への輸送を妨害するために鉄道の破壊を宋哲元が密命していた駅である。七月二五日午後四時、天津の日本軍約二百名が列車に乗って廊坊駅に到着、電線修理の名目で駅を占拠しようとした。これに第二九軍第三八師一一三旅（旅長劉振三）が抗議して、「電線の修理なら少数の電気工事人で済むはず」と日本軍の撤退を要求したが、日本軍は応ぜず、睨み合いがつづき、深夜になって両軍は戦闘を開始した。黎明になって一四機の日本軍機が襲来して爆撃、午前七時ごろ天津から日本軍増援部隊千余名が装甲列車で到着、戦闘は昼頃までに及んだが、中国軍が撤退して終わった。〈註10〉

❖広安門事件

廊坊事件につづいて、二六日、北平城の南門の広安門（次頁「盧溝橋付近略図」参照）で広安門事件が発生した。北平の公使館区域の日本人居留民を保護する目的で、天津の支那駐屯軍歩兵第二連隊第二大隊（廣部廣大隊長）は午前五時三〇分に天津駅を出発して午後二時に豊台駅に到着した。大隊は豊台駅から二六両のトラックに乗り換えて広安門に向かった。

北平特務機関長松井大久郎と北平留守警備隊長（第六六連隊長）岡村勝実は、当時の緊迫した状況

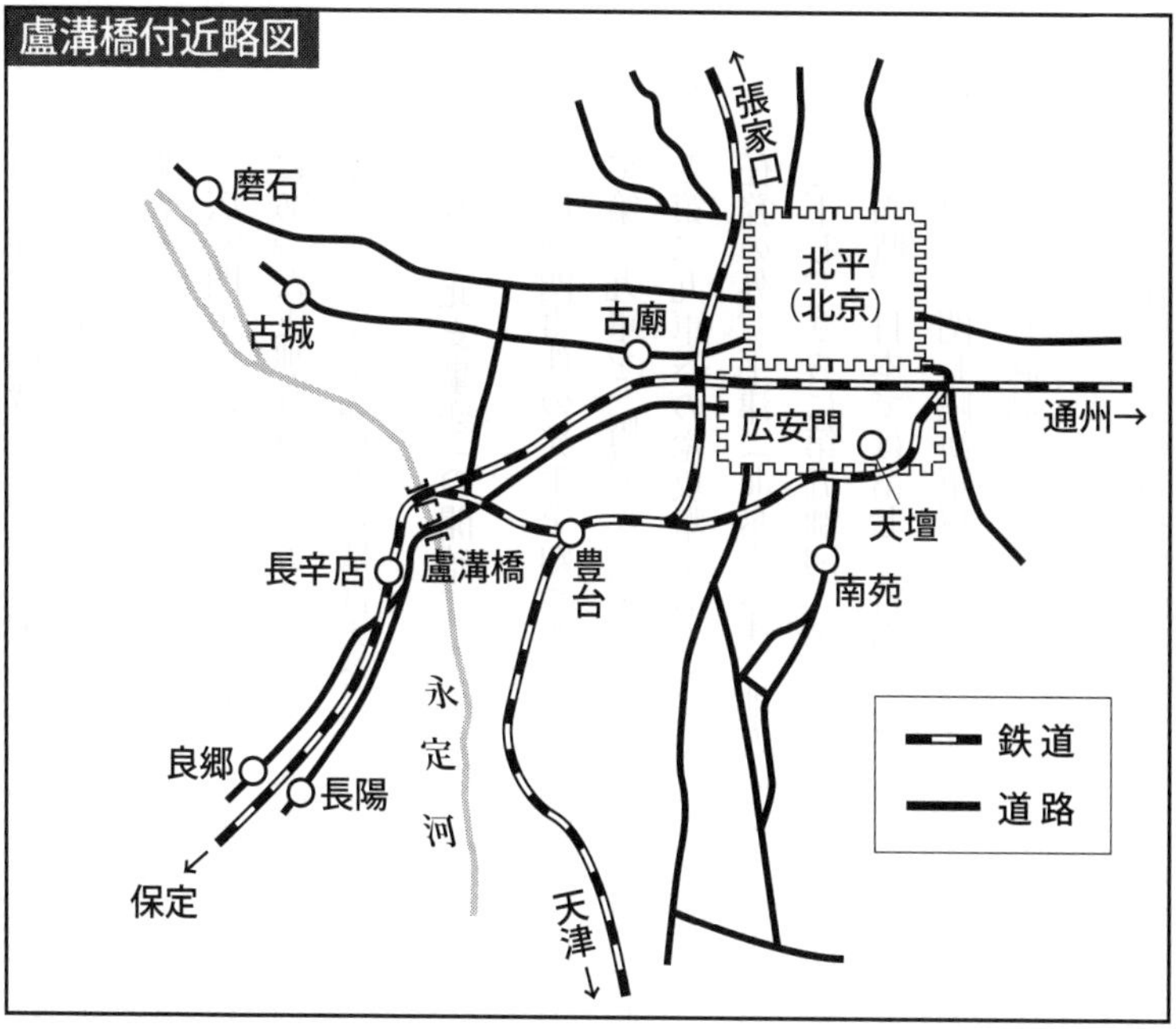

では、天津の支那駐屯軍の大隊（戦時編制で約一千名）の北平入城を、第二九軍の守城部隊は認めないことを知っていたので策略を考えた。当日の昼、支那駐屯軍司令部付で第二九軍顧問になっていた桜井徳太郎少佐をとおして広安門守備の第二九軍独立旅六七九団団長の劉汝珍に連絡させ、「北平の日本大使館警備の部隊一五〇名が野外演習を終えて帰隊するので、広安門からの入城を認めるよう」通告させていた。劉汝珍も日本軍の策略は察知していた。夕方になって日本軍が入城を開始したところ、車両が余りにも多いので、中国軍は先頭三車両が通過したところで、城壁の上から射撃を開始、日本軍の通過を阻止した。大隊の一二両は全速力で通過したが、残り一四両は城外に残され、分断された。

桜井軍事顧問が広安門に登り、中国軍の鎮撫につとめたが、そのかいなく、二〇時、ついに廣部部隊も応戦した。中国軍は続々兵力を増強して大隊を包囲した。急を知った豊台の河辺正三旅団長が二一時半に救援隊を派遣した。そして折衝の結果、日本軍入城部隊は公使館区域へ、城外部隊は豊台へ引き返すことでまとまり、二三時過ぎに停戦となった。これが広安門事件である。[註11]

広安門事件は日本側が通説としているような、第二九軍が一方的な射撃したのではなく、敵対関係にあった支那駐屯軍が策を弄して、大軍を北平城内に進駐させようとして、阻止されたのであった。「膺懲」すべき不法行為とは言えない。

(5)「北支事変」の開始

広安門事件の発生を知った支那駐屯軍は、廣部大隊は恐らく全滅したものと判断し、ただちに起《た》って第二九軍を「膺懲」することに決し、二六日二二時二〇分に「軍は明七月二十七日正午より攻撃実施」と第二九軍への総攻撃を命令した。これを受けて二七日、参謀本部は、「支那駐屯軍司令官は、現在任務の外、平津（北京—天津）地方の支那軍を膺懲して同地方主要各地の安定に任ずべし」との命令を下し、さらに第五師団、第六師団、第十師団の華北への増派を決定した。[註12]

当時、日本では第七一特別議会が召集されていたが、二七日の貴族院、衆議院の両院において「北支事変に関し陸海軍将兵の労苦を謝してその勇健を祈る」旨が決議され、同日日本政府は、風見章内閣書記官長談話の形式をもってつぎのような声明を発表した。[註13]

廊坊、広安門両事件たるや、我駐屯軍本然の任務たる北平、天津間の交通線の確保及居留民の保護に対する支那軍の武力妨害にして、今や軍は此任務遂行並に協定事項の履行確保に必要なる自衛行動を採るの已《や》む無きに至れり。固《もと》より帝国の期する所は、今事件の如き不祥事発生の根因を芟除《さんじょ》するに在りて、善良なる民衆を敵視するものにあらず。

いっぽう、蔣介石は廊坊事件の翌日、宋哲元にたいして、「現在は先ず北平、保定、宛平の各城を固守することを基礎にし、絶対に誤りを犯してはならない。保定の防衛任務は、確実な部隊が責任をもって固守すべきである（中略）必ず全力で増援する。念のため」と秘密の電文を送った。北平と保定の地域における抗戦を命じたのである。〈註14〉

広安門事件の翌日、宋哲元は蔣介石にたいし、「二六日、日本側は我に通告を提出し、二七日午後一二時以前に八宝山（北平市の石景山区東部）、盧溝橋などの我軍を長辛店以南に撤退するよう要求した。この種の要求は実に無理であること甚だしいので、ともに厳しい言葉で拒絶した。謹んで報告する」と秘密電報を打った。〈註15〉

支那駐屯軍が宋哲元軍撤退の最後通牒を二七日正午としたので、攻撃は先の命令より一日遅れとなったが、七月二八日早朝から、北平、天津地域の第二九軍にたいする総攻撃を開始すると、第二九軍もこれに応戦、「北支事変」、すなわち華北戦争が全面的に開始された。

通州事件が発生したのは翌日の二九日であった。

通州保安隊の反乱準備

前節において、盧溝橋事件発生から通州事件前日までの、「北支事変」といわれた華北戦争が全面的に開始されるまでの、支那駐屯軍と第二九軍の動向を見た。その時期に通州保安隊はどのような動きをしたのか、以下に明らかにしてみたい。

まずは、通州保安隊の反乱指導者の張慶余と張硯田が冀察政務委員会成立後まもなくにして宋哲元と天津で秘密裡に会い、日中戦争が勃発したならば、宋哲元は第二九軍長として抗日戦に起《た》ち、張慶余と張硯田も宋哲元側に立って反乱を起こす密約を交わし、それぞれ一万元を受け取っていたことを確認したい（本書八九頁参照）。

盧溝橋事件が発生した時、宋哲元は北平に不在であった。冀察政務委員会委員長で第二九軍長であった宋哲元は、支那駐屯軍ならびに日本の外交出先機関から排日運動の取締り要求や利権譲渡の要求、軍事的譲歩の脅迫など、さまざまな要求と圧力を執拗に受けていた。そのため、一九三六年五月から郷里の山東省楽陵県へ隠遁して、日本の軍関係者と政府機関との接触を避けていたのである。

盧溝橋事件の勃発により宋哲元が天津に戻ってきたのは七月一一日で、北平へ戻ったのは七月一九日であった。〈註16〉盧溝橋事件の発生時に北平、天津に不在であった宋哲元に代わって第二九軍を指揮したのが、張自忠、劉汝明、馮治安であった。先の中国共産党の毛沢東や朱徳らの第二九軍への電報は、宋哲元ならびに彼らが宛名になっていた（本書一八七頁）。

盧溝橋事件の発生時に、河北省主席の馮治安が北平にいたので、張慶余は腹臣の劉春台（冀東教育訓練所副所長）を北平に派遣して、馮治安に会見させ、指示を仰がせた。この時、馮治安は「現在、我が軍は、日本軍と和平か戦争かまだ決定していない。張慶余隊長はしばらく軽挙を慎み、我が軍が日本と開戦するのを待って、通州で蜂起して、一部を豊台へ派遣し、我が軍と日本軍を挟撃したい」と劉春台に指示した。

さらに馮治安は、以後、第二九軍の参謀長の張樾亭と連絡を保持するよう指示したので、劉春台はつづけて張樾亭に会ったところ、張は張慶余と張硯田の部隊を第二九軍の戦闘序列に編入した。〈註17〉ここに通州保安隊は、第二九軍の一部として日本軍との抗戦に加わることになったのである。

以後、通州保安隊の張慶余と張硯田、沈維幹は秘密裡に会って、第二九軍に呼応して反乱に決起する準備の相談をした。〈註18〉後者の二人は張慶余の部下の旧東北軍の指揮官であり（本書一三頁の「本書に登場する中国軍人の一覧」参照）、三人は共通の抗日意識で結ばれていた。〈註19〉

通州憲兵分遣隊の細木繁特務機関長は、盧溝橋事件後の緊迫した情勢に対応して、第二九軍が通県に進攻するのを防止するために、張慶余と張硯田を特別に召集して軍事会議を開いた。細木が五千分の一の軍用地図を示しながら作戦配置の説明をしようとしたので、張慶余はそれを遮り、「我々二人は学問がないので地図はわからない、しかし、第二九軍と戦闘して通県を守ることは保証する」と言って、細木の指示する作戦配置につくことを拒否した。そして「通州保安隊の兵力は分散していて、攻めるにせよ守るにせよ掌握できない。そこで、各地に分散する保安隊を一旦通州に集めて待機させ、それから攻守の配置を決めてはどうか」と提案したところ、細木もそれに同意して許可を下した。この結果、通州の冀東保安隊反乱において、張硯田の第二総隊を駐屯地の蘇県から通州へ移動させることができた。張慶余と張硯田の両総隊を通州に集結させることができたのは反乱の準備に好都合となった。細木が張慶余と張硯田指揮下の保安隊の反乱準備にノーマークだったのは、後述するように、池田純久支那駐屯軍参謀の通訳の梨本祐平が事件前日に通州へ赴いて殷汝耕冀東政府長官に面会して警告したところ、殷は「少しも心配いらない」と反乱の動向に全く気づいていなかったことと深くかかわっていよう。

張慶余と張硯田は、所轄区域に分散して駐屯していた他の保安隊を通州に集めて待機させ、部隊ごとに呼んで起義（武装蜂起）の目的を話し、秘密裡に作戦を指示した。このとき、冀東保安処処長劉宗紀は張慶余の挙動の異常さを感知して、張の耳元で「あなたは反乱を企てているらしい。しかし私も中国人である。十分注意して準備するとともに、発動は大胆に。私も左右にあって義挙を援助したい」と囁いたという。〈註20〉

通州事件で奇跡的に虐殺を免れた浜口茂子の回想に、七月一六、一七日ごろ、日本の巡査のようなことをしている中国人がやってきて、戸籍調べのようなことをして帰ったと記している。〈註21〉通州事件においては、七月二九日の未明から市街地の日本人、朝鮮人の住宅が襲撃されたが、それは、事前に日本人、朝鮮人の居住区と住居を調査してマークしていたからだと思われる。

七月二七日、通州に駐屯していた支那駐屯軍歩兵第二連隊（連隊長萱島高《かやしまたかし》大佐、以下萱島隊）の主力は、通州県城南門外にあった第二九軍の一個営を武装解除しようとして戦闘となり、これを撃破した。この時、関東軍から派遣された関東軍飛行隊が、萱島隊を援護しようとして、近くにあった冀東保安隊幹部訓練所を第二九軍の兵営と誤認して爆弾を投下、保安隊員十余人が死傷した事件が発生した。誤爆事件は通州の保安隊員の怒りを喚起したが、これをきっかけに保安隊が反乱を起こしたという通説は、本書で「前史」を詳述してきたように、皮相な見方である。

当時、北平特務機関補佐官であった寺平忠輔の回想によれば、細木特務機関長は、誤爆の報を聞くと「ただちに自動車をとばして、冀東政府に殷汝耕長官を訪ね、陳謝するとともに爆死者の遺族に対しては、日本軍として最善の方法を尽し、負傷者に対しても同様、十二分に療養と慰藉《いしゃ》の方法を講ずる旨を申し出た。そして二十七日、機関長自ら現場の視察、遺族の弔意に奔走した。さらに翌二十八日、教導総隊幹部一同を冀東政府に招集し、機関長は誤爆に関して説明を加え、彼らの慰撫に努めた。そのかいあってか、保安隊員は心中の鬱憤を軽々に、表面だって爆発させる事はしなかったのである」〈註22〉。

萱島隊と小山砲兵部隊はその日の夕刻通州を出発して、北平南方の南苑（本書一九一頁の「盧溝橋付近略図」参照）に向かった。南苑は、七月二八日に北平、天津地域において、支那駐屯軍と第二九軍の間で全面的に開始された戦闘の激戦地となった。同日午後、南苑を占領した萱島隊は撤退する第二九軍を追撃して北平の西郊外へ向けて進軍した〈註23〉。この大兵力の萱島大隊の南苑への出動により、通州に残留していた支那駐屯軍は、通州警備隊四九名と通州兵站司令部二名の五一名だけとなり、張慶余と張硯田は反乱の好機到来と考えたのである〈註24〉。

通州保安隊の反乱が張慶余と張硯田によって周到に準備されたものであることは、支那駐屯軍通州兵站司令部の戦闘詳報に、反乱した通州保安隊の「残置弾薬の極めて多数なりしこと、糧食準備の豊富なりし点、野戦病院に準ずる設備等より考察するに、相当期間準備し、今回の挙に出でたることを推察するに難からず」〈註25〉と記録されていることからも確認することができる。

「通州保安隊編成図」（本書一四頁）の左端に「幹部訓練所」の部隊があり、学生班として、衛生班、救護班が記されている。「野戦病院に準ずる設備」で従事する計画であったのであろう。ただし反乱は二日間で崩壊したので、機能することはなかった。

通州保安隊の反乱開始

(1) 事件前日

七月二八日昼、張慶余が通州の日本軍の動向を観察していると細木特務機関長と遭遇、細木が二七日に保安隊に第二九軍の退路を断つ攻撃を命じたとき、なぜ命令に従わなかったと詰問してきた。張慶余が「保安隊は治安維持のためにあるので、戦闘をするためではない」と答えると細木は激怒して「貴様は首だ」とどなったので、張慶余は「お前こそだ」と応じ、両者はピストルを抜いて睨み合った。周囲の者が割って入って制止したので、二人はその場を離れた。もはや猶予がないと判断した張慶余は、もどってくると張硯田と沈維幹と協議して、その日のうちに反乱を準備し、張慶余が総指揮者となり、指揮機関は北門外にある孚佑帝君祠堂に設置し、二九日早暁、日本軍兵営を攻撃する銃声を合図に、一斉に起義（武装蜂起）を開始することに決した。〈註26〉

張慶余は暗くなるのを待って、保安隊の佐官クラス以上を孚佑帝君祠堂に集めて、反乱各部隊の配置と作戦を説明、指示した。

通州保安隊の反乱に遭遇した山田自動車部隊の戦闘詳報には、七月二七日には「武装団体として冀東防共自治政府の保安警衛総隊及び第一、第二教導総隊並びに警務局等一千名ありたるも、右武装団体に関しては事変以来平常変化なく、注意を要すべき情報を入手しあらず」と記されており、支那駐屯軍当局には、保安隊反乱の動向はまったく知られていなかったのである。〈註27〉

中国語に堪能なので支那駐屯軍参謀池田純久中佐の通訳としても活動していた梨本祐平（前述）は、池田参謀から通州へ行って殷汝耕と会って、「治安維持に全力をつくすようによく懇談をしてくれ」と命じられ、二六日に通州へ着いて日本旅館の近水楼に泊まり、二八日の正午ごろ、冀東政府の長官室で殷汝耕と面会、「冀東地区内といえども楽観を許さない。充分治安の維持に力をつくされたい」と池田参謀の伝言を伝えた。これにたいして殷汝耕はこう応じた。

「冀東政府三千人の保安隊は、皆私に心服している。この三千の保安隊員が治安の維持に当たっているので、少しも心配はいらない。むしろ、北京から通州に難を避けて逃げ込んでくる者も相当いる位で、冀東は全く別天地です。（中略）池田参謀によくお伝えください。冀東の治安は絶対にご心配はいりません〈註28〉」

殷汝耕長官も保安隊の反乱の準備にまったく気づいていなかったのである。梨本はその日も近水楼に泊まって、通州事件に巻き込まれることになった。

(2) 支那駐屯軍と保安隊の兵力

二八日の夜、通州にいた日本軍守備隊は、通州兵站司令部二名、通州警備隊四九名、当日天津より砲弾、銃弾を運搬して通州に泊した山田自動車部隊五三名、通州憲兵分遣隊七名、軍兵器部出張所員二名、野戦倉庫出張員二名、病馬収容班五名の計一二〇名、他に非戦闘員の日雇人、小使などの非戦闘員二三名がいた〈註29〉。

日本軍守備隊は、通州兵站司令官辻村憲吉中佐の総指揮の下、山田自動車部隊は山田正大尉が指揮し、兵站司令部と通州警備隊兵営施設の東正面は望月俊篤少尉率いる小隊（山田自動車部隊）、西正面は郡司准尉率いる小隊（山田自動車部隊）、北正面は大塚分隊、南正面は小川分隊が配備につき、さらに杉山分隊、梶尾分隊が連絡、弾薬運搬など、予備隊的な役割をになった〈註30〉。

通州事件を起こした冀東保安隊（以下、通州保安隊と称する）は、「通州保安隊編成図〈註31〉」（本書一四頁）の如くである。反乱に参加した保安隊の全部隊が指揮官の名前と兵力とともに記された貴重な資料で、通州兵站司令部の戦闘詳報に挿入されていた。保安隊の反乱総指揮者の張慶余と側近の者でなければ知り得ない情報である。どのように入手したかは不明であるが、本書で引用しているとおり、ほぼ事実と符合する。

ただ、総兵力約七〇〇〇名は多すぎるので、通州兵站司令部の戦闘詳報に記録された「城内に集結せる兵力約三〇〇〇、戦斗第二日は歩兵約四〇〇〇、砲四門、迫撃砲若干」というのが妥当の兵力と思われる。

日本軍に制圧された通州城内（写真提供：毎日新聞社）

通州事件の全貌

七月二九日午前零時、保安隊によって、通州城の東西南北の城門が閉鎖され、市内交通は遮断され、電気、電信、電話も切断された。

午前三時をやや過ぎたころ、通州日本軍守備隊を攻撃する沈維幹麾下の機関銃大隊の射撃音を合図に、通州保安隊の反乱が開始された。

❖二人の体験記

人為的事件あるいは自然災害事件の全体像を知るには、事件現場にいた者の目撃証言、記録からだけでは不十分である。「木を見て森を見ず」という諺のように、体験者それぞれは事件現場にいて事件を目撃したが、他の地域で発生していることについては、見ていないからである。事件の全貌、全体像を知るためには、本書のように個々の事件現場にいた者の体験記、見聞記録を総合する歴史学的方法が必要である。

ただし、通州事件のような虐殺事件の場合、加害者の立場にいた者は別として（概してそのような者は証言や記録を残さない）、虐殺現場を目撃してそれを記録、証言できる人は稀である。一般的には後述する共同通信社の安藤利男記者の手記のように集団虐殺の現場から奇跡的に生き延びることができた人たちが残した証言や記録から虐殺事件が知られることが多い。そうした状況のなかで、通州事件については、事件後も通州に留まり、被害状況を調べる立場にあった二人の体験記があるので、これに依拠しながら、通州事件の全貌を考察してみたい。

体験記の一つは、藤原哲円「通州事件回顧録」（無斁会『通州事件の回顧』一九七一年、非売品、所収。以下藤原書と記して引用する）である。藤原は一九三六年春に満州棉花協会から派遣されて、冀東政府実業庁所属の植棉指導所に、政府嘱託として配属され、棉花開発の指導をしていた。藤原は中国語が堪能で、藤哲園という中国名を名乗り、中国服を着ていて日本人と見なされなかったので、虐殺を免れることができた。藤原は、八月七日まで通州に残って日本人被害者の遺体整理にあたったので、事件後の通州市街を回り虐殺現場も見ているので、藤原の体験記は事件の全容を知るうえで、恰好な史料になっている。

もう一つは、梨本祐平『中国のなかの日本人　第1部』（平凡社、一九五八年、以下梨本書と記して引用する）で、梨本については、すでに述べたように、支那駐屯軍参謀池田純久から命じられて、冀東政府長官の殷汝耕に状況への警戒を忠告にきて、二八日に近水楼に泊まって事件に遭遇した。梨本は、二九日午前零時半ごろから機関銃の音が聞こえたので「夜襲」と直感した。宿泊客一五、六人と女中、番頭が集まっていたところへ、一人の番頭が飛び込んできておろおろ声で「今の電話で細木機関長が殺されたそうです。電話も切られたらしく、もう通じなくなりました」と告げるや、電燈も消えた（梨本書、二〇二頁）。梨本は軍人の直感で近水楼も危険なことを察知、「私は守備隊に逃げ込むが、逃げ込みたい人は一緒においでなさい」と随行者一〇名をつれて、守備隊にたどり着き、保護されて大きな食堂に収容された。すでに日本人、朝鮮人が七〇名近くが逃げ込んでいた（梨本書、二〇四頁）。

保安隊の反乱と虐殺は以下の三つの区域に分かれて展開された。

冀東防共自治政府

(1) 第一方面──冀東政府と通州特務機関、政府関係機関の襲撃

❖冀東政府公署

反乱開始とともに、警衛大隊を指揮して冀東政府の占領と殷汝耕長官ならびに政府要人の捕縛を命じられた杜憲周隊長が、直前になって強硬に反対したため、張慶余は杜を連行して拳銃で処刑した（死にはいたらず）。杜の部下五〇名もその場で武装解除された。その一部は、後述する日本人居留民の虐殺と略奪に加わった。[註32]

杜憲周に替わって張慶余が自ら教導総隊を率いて、通州の北門近くの文廟《ぶんびょう》（孔子廟）内にあった冀東政府に赴いて殷汝耕長官を拘束、北門の呂祖祠堂（孚佑帝君祠堂）に連行して、抗日反乱への参加を迫っ

たが、肯《がえん》じなかったので、そのまま堂内に監禁した〈註33〉。冀東政府公署では、冀東保安隊顧問村尾昌彦大尉が保安隊長の従卒に銃殺された〈註34〉。冀東政府外交顧問として派遣されていた「満州国」外交部事務長官・田場盛義《たばせいぎ》と藤澤平太郎（後述するように二人は「満州国」通州特派員公署に勤務）ならびに植棉指導所所長・浜口良二が保安隊により射殺された。

❖通州特務機関

「通州保安隊編成図」によれば、教導総隊の李歩青指揮の第一区隊の第三隊が、通州特務機関と日本領事館、電話局を襲撃している。教導総隊を向けたのは、重要な機関であったからである。通州特務機関は、特務機関長細木繁中佐は不在で、副官の甲斐少佐が憲兵隊員七名を指揮して応戦したが、多勢に無勢、全員討ち死にし、特務機関の建物は保安隊に占領された〈註35〉。

特務機関に不在だった細木特務機関長は、事件当時通州にいた支那駐屯軍の梨本祐平の回顧録によれば、「この夜、北京から避難してきた芸妓二人を相手に酒を飲み、二人の女性を侍らして素っ裸で寝ている所を殺され」たのだという。梨本が特務機関で奇跡的に助かったたった一人の男から聞いた話である。梨本は「前からこの男に関するいろいろな噂は、私もたびたび聞いたことがあるが、（中略）こんな男を特務機関長にしておく軍に責任がある」と憤りを書いている（梨本書、二〇九頁）。細木特務機関長の最期については、あまりにも不名誉な死に方なので、梨本のように率直に書いている本は他になく、細木が保安隊との銃撃戦で死亡したように書いているのがほとんどである。

『読売新聞』（一九三七年八月一日）に、「細木中佐は、今なお生死不明、通州特務機関員は甲斐少佐

通州特務機関（写真提供：毎日新聞社）

以下七名戦死」と報じられている。また八月二日の衆議院本会議で、杉山元陸軍大臣は通州事件について報告したなかで、「わが特務機関は細木中佐生死不明、甲斐少佐指揮下七名戦死」と述べているので、細木特務機関長は、事件当時特務機関にはおらず、単独でいたことは明らかである。この段階で公式に生死不明とされていることは、多くの歴史書に記述されている、細木機関長が保安隊との銃撃戦で倒れたのではないことを裏付けている。梨本が憤って書いていることが事実と思われる。

特務機関を襲撃した部隊はつづいて日本領事館を襲撃し、北平領事館警察署通州警察分署長日野誠直夫妻以下、署員三名とその家族一一名が殺害された〈註36〉。

❖冀東銀行

「通州保安隊編成図」に第一総隊の張含明率いる第一区隊の第一大隊が冀東銀行襲撃と記されている。同隊は冀東銀行を襲撃して、中国銀行の法幣（国民政府の貨幣）数万元を奪って搬出し、いっぽう冀東政府が発行していた紙幣

は、街頭にばら撒いた。[註37] 冀東銀行顧問三島恒彦は近水楼に宿泊していて殺害された。[註38]
通州には冀東政府の行政、経済政策を指導、援助するために、満鉄の出張所のように日本人が派遣されていた出張所がいくつかあった。これらも保安隊の襲撃目標とされ、公務出張で勤務していた日本人とその家族が殺害された。日本人の出張所とその職員を襲撃した保安隊は、「通州保安隊編成図」の第一総隊第一区隊第二大隊に「日本居留民襲撃」と記されている部隊と思われる。つぎの安田公館を襲撃したのも同部隊であろう。ただし、後述する警衛大隊の一部が「日本人虐殺及掠奪等に協力す」とある、市街の日本人居留民を襲撃した部隊とは違っていることは注意する必要がある。

❖安田公館

安田公館は官舎で、塀に囲まれた中に三軒の家と共同で使用する応接間があった。ここに通州棉作指導所で働いている藤原哲円の同僚の夫婦と、城外にある棉作試験場から避難してきた岩崎場長ら三名、計一〇名が応接室に集まって避難していた。藤原は藤哲園という中国名で民家を借りて住み、安田公館には住んでいなかった。二九日の午前六時ごろ、応接室に侵入してきた保安隊に銃撃されて八名死亡、板壁を隔てて奥にいた身重の安田正子夫人と浜口茂子夫人が負傷しながらも助かり、八月一日に飛行機で天津に搬送された。後、二人とも女の子を無事出産した（藤原書、六八〜七一頁）。浜口茂子は遭難の体験を「通州事件遭難記」にまとめている。[註39]

❖水利委員会

水利委員会事務所は日本軍守備隊兵営の南方にあった。五名の日本人が勤務していたが、事務所の周囲で二人が射殺され、裏の空き地の草むらにタイピスト嬢の死体があったが、ハイヒールを履いたままで、乱暴された形跡はなかった（藤原書、四二頁）。あとの二人は、西門の南に空き地と池があり、そこに連行されて殺害された。遺体は背広姿であった（藤原書、五一頁）。

❖満鉄通州出張所

高橋武所長夫妻以下所員、七名が一人残らず宿舎から連行され、場所は不明であるが虐殺された（梨本書、二〇八頁）。

❖「満州国」通州特派員公署

「満州国」通州特派員公署事務官田場盛義、藤澤平太郎の二名が犠牲。遺骨が新京（長春）に届けられたら葬儀をおこなう（『読売新聞』一九三七年八月五日）。

❖大林組の出張者

建設会社の大林組は、満州事変を機に満州へ進出、「満州国」の首都新京の関東軍司令部庁舎や「満州国」国務院庁舎など名だたる建物の建設を請け負った。通州の二階建回廊式の中央市場建設を請け負い、天津出張所から七名が通州に出張していて、六名が殺害された。社員は旅館や事務所に分宿していて被害に遭遇した。（註40）近水楼の男性の宿泊客で安藤記者らと一緒に連行され、集団虐殺された日本人のなかに大林組の社員がいた可能性が高い。

❖冀東病院

冀東病院は通州城内の市街地の東部にあった【地図：通州事件関連略図③】（本書一二頁）。冀東病院を襲った保安隊は、院長夫妻、産婆、看護師および入院患者たちまで残らず数珠つなぎにして、通州城西南一〇〇〇メートルの高粱畑の脇の空き地へ連行して、一列横隊に並ばせて射殺した。この虐殺現場から生存できた患者が一人いて、藤原に虐殺の経緯を語った（藤原書、四四頁）。

冀東病院は、本書の「はじめに」に紹介した通州事件の被害者の櫛渕久子さんと鈴木節子さんの父の鈴木郁太郎さんが経営していた病院であった。虐殺された院長夫妻は、姉妹の両親である。節子さんは冀東病院の看護婦の何鳳岐《かほうき》さんに助けられ虐殺現場から逃れることができたのである。冀東病院については、本書第Ⅱ部で改めて詳述する。

(2) 第二方面──通州日本軍守備隊の兵営をめぐる攻防

日本軍守備隊の兵営には、通州兵站司令部、通州警備隊の兵営、山田自動車部隊の宿泊兵舎があったので、通州の日本軍守備隊の兵力が集中していた。ここを襲撃したのが張慶余、張硯田とともに反乱を準備した沈維幹が率いる教導総隊と第一総隊の部隊で、機関銃大隊と四門の大砲を持つ山砲野砲大隊を有していた。沈維幹は張慶余の信頼が厚く、教導総隊の実質的な責任者だった。[註41] 日本軍守備隊の通州兵站司令部前の広庭に機関銃隊をならべ、迫撃砲が砲列をしいて、戦闘態勢をとった。

保安隊の砲撃で爆発した日本軍自動車部隊の車両（写真提供：毎日新聞社）

保安隊に較べて、圧倒的に兵員の少ない日本軍守備隊は、堅固な建物と強力な火力により、九時間にわたる激戦を耐え抜き、保安隊の突入を阻止した。いっぽう、保安隊には約二〇〇〇人の戦死者が出た〈註42〉。

通州城内の中央を東西に走る北平街道に面した兵舎に、天津から北平へ銃弾薬を運搬途中の山田自動車部隊が宿営していて保安隊の反乱に遭遇した。正午ごろ、兵舎敷地に駐車していた銃砲弾を満載した車両に保安隊の砲弾が命中して炎上し、それが延焼して満載の銃砲弾がつぎつぎに爆発した。砲弾の破片は周囲に飛散し、日本軍守備隊を包囲攻撃していた保安隊の陣地に落下した。自動車一七台はそれぞれ約二〇メートルの間隔をおいて、およそ三〇〇メートルにわたって駐車していた。その全車両に満載の銃砲弾がつぎつぎと爆発したのであるから、日本軍守備隊の本館と兵舎を包囲して攻撃していた保安隊の陣営に砲弾、銃弾

日本軍守備隊の兵舎（写真提供：毎日新聞社）

の破片が飛び散り、保安隊の陣営に動揺が走った。支那駐屯軍通州兵站司令部の戦闘詳報には「十七両全部に延焼し自爆せる銃砲弾の飛散する状況は凄惨を極め敵軍為に色を失ふ」とある。いっぽう、日本軍守備隊は堅固な囲壁が防壁となって被害を避けることができたと記されている。

劣勢を挽回しようと張慶余の命令で、保安隊の練兵場の中央に野積にされていた二千数百缶のガソリンのドラム缶に引火させ、守備隊を火攻めにしようとしたが、ドラム缶がつぎつぎ延焼して爆発、黒煙が天を覆い、夕方のように暗くなった。このため、保安隊は現場からいったん退却したので、砲撃と攻撃は中断された。トラックの銃砲弾の爆発とドラム缶の爆発、炎上は二時間近くつづいたので、この間保安隊の攻撃が中断されたことは守備隊にとって幸いした。

午後二時ごろ、天に沖する黒煙をいぶかって鈴木混成旅団に配属されたプスモ機を操縦していた満州航空の飛行士が飛来して上空を一周した。飛行機は一機で、まもなくして北へ飛び去ったが、熱河省承徳の飛行場にある戦爆連合に通州で異変が発生している報告を入れた。報告を受けた支那駐屯軍司令官は臨時航空兵団に通州爆撃を命じ、午後三時、同兵団の爆撃機六機が通州上空に飛来、日本軍守備隊に「敵の位置を示せ」と通信筒を投下した。辻村守備隊長は屋上に兵器手入れ用の長い布を屋上に広げ、弾薬箱や雨樋などで矢印にして、保安隊の陣地と冀東政府付近の保安隊の陣地方向を指示した。日本軍機の爆撃は、二時間ほどつづき、保安隊は機関銃で応戦したが、形勢は逆転して、保安隊は戦闘をやめ北平に向かった。そして二九日が暮れた。〈註43〉

通州事件といえば、日本では本書「はじめに」で紹介したように、日本人居留民の虐殺事件としてもっぱら捉えられているが、支那駐屯軍の戦闘詳報に、「(敵) 総兵力優に二千名を算す。而して主力を以て兵站地を、一部を以て市内所在機関及在留邦人を攻撃せるものの如し〈註44〉」とあり、当時参謀本部の作戦班の部員であった西村敏雄少佐の回顧録に、「冀東保安隊数千名は二九日夜半過、突如反乱、兵変を起し、我が特務機関及日本居留民を襲撃し、その主力は我が守備隊を攻撃せるものにして、特務機関は防戦効なくほとんど全員戦死し、多数の居留民は其惨虐なる凶手に依り虐殺せられたり〈註45〉」、とあるように、通州保安隊の主力はこの第二方面の日本軍守備隊の兵営の攻撃に集中したのである。そのことは、「通州保安隊編成図」に見るように、日本軍守備隊を攻撃したのが、張慶余麾下の教導総隊と第一総隊の部隊であり、とりわけ、沈維幹指揮の機関銃大隊と山砲野砲大隊が中心となっていたことからも確認できる。

(3) 第三方面—日本人、朝鮮人居住区における虐殺、略奪

日本人、朝鮮人が虐殺されたのは、【地図：通州事件関連略図③】（本書一二頁）の東西に県城の中央を走る北平街道の北側の市街地で、とりわけ、日本人居留民の食堂や旅館が多かった県城の東北部にある市街地に集中した。「通州保安隊編成図」によれば、この地区を襲撃したのが、殷汝耕拘束を拒否して張慶余に処刑された杜憲周の警衛大隊の一部の武装解除された部隊であった。いずれにしても大部隊ではなかった。前述のように、日本人と朝鮮人を襲撃する計画があって、事前に日本人、朝鮮人の居住区の戸別調査がおこなわれていたようである（本書一九六頁参照）。中国書には「日本居留民名簿を手に入れて、日本人の官吏、商人、浪人を捜索して殺害」と記されている。〈註46〉中国書には「通州反正（不正を正す）」と記され、「日本の将兵および日本人、朝鮮人の浪人三百人近くをことごとく殲滅」と書かれているように、本書第3章で詳述した、冀東の密輸・麻薬商売に従事した「日本人、朝鮮人の浪人」が通州に居住していたというイメージが強い。〈註47〉

日本人居留民の虐殺については、奇跡的に生存できた日本人の体験記録が本書「はじめに」に紹介した本に記されているが、その中に、中国人の夫とともに、虐殺現場を見歩いたという特異な目撃談があるので、紹介してみたい。〈註48〉

❖佐々木テンの目撃談

佐々木テンは中国人と結婚して、一九三四年から通州に住むようになった。一九三六年の終わり

ごろから、小銃や青龍刀で武装した学生集団が、「日本人は殺してしまえ」と叫んで町中を練り歩き、過激な排日運動が大手を振ってまかりとおっていたという。

通州事件の七月二九日の九時ごろ、「日本人居留区で面白いことが始まっているぞ」「日本人居留区では女や子供が殺されているぞ」と往来で叫ぶ声が聞こえた。佐々木テンが恐ろしいものは見たいという心理から中国人の夫の手を引いて走って現場に行ってみると、たくさんの中国人が道路の傍らに立って見物している中を、黒い服を着て青龍刀で武装した学生たちが保安隊と一緒になって、日本人の家から女性を連れだして、凌辱を加えようとしたが、抵抗されて殺害している場面に遭遇した。日本人居住区では、学生や保安隊は狂った牛のように日本人を探しつづけ、「日本人がいたぞ」と大声で叫ぶものがいると、そちらの方に学生や兵隊たちがワーッと押し寄せて、日本人の男を家から連れ出して一〇名ぐらいの手を針金で縛って数珠繫ぎにして虐殺場へ連行していった。日本人居住区にある旭軒という食堂と遊郭を一緒にやっている店に行ったところ、凌辱された日本の女性が二人、保安隊に連れられて出てきたところを目撃した。

また中国人が沢山集まって見物している中で、国民党政府の兵隊〈註49〉と保安隊と学生一〇名くらいが、妊婦の日本人女性を連れだしてきて、残虐な殺害をしているところも目撃した。

最後に通ったのが近水楼の近くにある空き地の池で、針金で数珠繫ぎにされて連行されてきたほとんど男の日本人、四、五〇人が、保安隊と国民政府の兵隊と学生に青龍刀で殺害され、死体が池に投げ込まれている現場を見た。その時、昼過ぎであったが、日本の飛行機が一機飛んできた。その時ドタドタと軍靴の音が聞こえて来て、誰かが「日本軍が来た」と叫ぶと、保安隊、国民政府軍の兵隊、学生たちが、まるで脱兎のように逃げ出して行ったのだという。

以上、佐々木テンが中国人の夫を連れて日本人居住区において、日本人が残虐に虐殺された現場の目撃談を紹介した。日本軍が中国戦場で無抵抗な民間人や捕虜を集団虐殺している場面では、日本兵は異常に殺気だっており、その場に日本の民間人がいて見物していようものなら、証拠隠滅のため、殺気だった日本兵によって日本人でも殺害される危険があった。佐々木テンの目撃談の日本人居留民が虐殺されている現場を中国人住民が取り囲んで見物していたという場景から、保安隊や学生隊は「日本人だけを殺害する」ということが中国人住民には共通に「確信」されていたようである。

佐々木テンは、自分が日本人女性であることがわかったら殺されるのではないかという恐怖心を抱くことなく虐殺現場を見てまわったようであるが、自分は中国人の夫と一緒なので絶対に安心という確信があったように思える。

佐々木テンの目撃談からさらに推測されるのは、日本人居住区を襲撃して日本人、朝鮮人を虐殺した保安隊は、「通州保安隊編成図」にある、張慶余の殷汝耕捕縛命令を拒否して射撃された警衛大隊長杜憲周の「部下五〇名は武装解除受けたる後、一部は日本人虐殺及掠奪等に協力す」とある部隊ではないか、ということである。それは、後述の安藤記者の手記に、近水楼を襲撃したのが、「青服に五色の徽章の帽子をかぶった殷汝耕長官の衛兵たち」と記されていることからも証明される。「殷汝耕長官の衛兵」とは杜憲周を大隊長とした警衛大隊のことである。張慶余や張硯田の直接の指揮下にある部隊ではなかった。

また、同図の左端の傅恵泉幹部訓練所長の麾下におかれた学生隊の「教導第一第二総隊所属の約二五〇名は原隊復帰叛乱に参加」と記されているのは、学生隊が、張慶余と張硯田の教導第一第二総隊から離脱して学生隊に復帰して反乱に参加したという意味である。したがって、学生隊に復帰した約二五〇名の学生隊が、日本人居住区の日本人、朝鮮人の虐殺に加わった可能性がある。

本書で述べてきたように張慶余と張硯田指揮下の教導第一第二総隊は、旧東北軍第五一軍の部隊を基幹としていた。いっぽう、杜憲周の警衛大隊は、それと異なり、冀東保安隊の前身である河北特警隊を編成した時に増員した、河北省の各県から募集、徴兵した兵隊で、前近代的な暴力主義的な排外主義を信念とする秘密結社の会員が多く含まれていたことを思わせる（本書六六頁参照）。

いずれにせよ、通州保安隊反乱の主力であった教導第一第二総隊は、日本人居住区の虐殺に参加していないことは、「通州保安隊反乱の終焉」として後述する同部隊の行動を見れば確認できる。

❖近水楼―同盟通信安藤記者の手記

同盟通信記者の安藤利男は、七月二八日、通州における知人の告別式に参加した夜、日本旅館の近水楼に泊まって事件に遭遇した。虐殺現場から脱出した安藤は逃避行の後、八月一日に北平に辿り着いて、発表した手記が、『盛京時報』（37・8・3、8・4）に「万死に一生を得た安藤特派員の手記　通州事件の真相明白なり」と題して二回に分けて掲載された。『盛京時報』は、日露戦争後の一九〇六年、日本人の中島眞雄が奉天で創刊した漢字新聞である。以下は安藤手記からの抜粋である。〈註50〉

七月二九日明け方四時ごろ、戸外の四方で銃声が聞こえ、次第に激しくなった。その日の宿泊客および女中は一九名だった。午前九時ごろ、近水楼界隈の五、六軒にピストルを持った保安隊が押し入っているのが見え、その中に黒い帽子を被った学生の一団も見えた。午前九時半ごろ、近水楼の使用人が飛んできて、日本人居住区の北平館旭食堂（旭軒）の前方に射殺された死体があると知らせた。午前一〇時ごろ、冀東政府の背後の堤で、白線の帯がついた帽子に黄色の制服の保安隊が「撃て！　撃て！」と叫び、学生および藍衣社員〈註51〉がそれにつづいて撃っているのが見えた。凶悪なのは黒衣の学生隊で、掛け声とともに略奪を開始した。

近水楼にも銃弾が飛び込んできたので、安藤記者も含めて一九人中の一一人が屋根裏に隠れた。近水楼に現れたのは、青服に五色の徽章の帽子をかぶった殷汝耕長官の衛兵たちだった。やがて正午近くになって屋根裏も発見され、「金を出せば殺さない」といわれて、屋根裏を降りて、捕縛される。一団は近水楼内をくまなく略奪をおこなった。一階の入り口には、女中三、四人が射殺されていた。男子六名と女性七名の一三人は裏庭に引き出され、まもなく保安隊の五、六名に引きたてられて、冀東政府の庭に連行された。そこには冀東政府顧問および長官の女性秘書や日本人女性が数人いた。日本人は付近から連行されてきた朝鮮人八、九〇名とともに集団にまとめられ、隊長らしき人物から、「これから北門内の銃殺場へ行く」と告げられた。朝鮮人の中に大声で泣き出す者がいた。

集団は麻縄で捕縛されて、城壁の東北隅の空き地に連行された。そこは土を採った跡が窪地になっていて雨水が溜まり池のようになっていた。城壁の内側は土の露出した斜面になっていて、その前に集団は連行された。そこが集団虐殺場で、午後二時半ごろ、三、四〇名の射手による虐殺が始まった。連行されている間に縛られた麻縄を解くことに成功していた安藤記者は、城壁の崩れていた斜面を駆け登って、一メートル半ほどの城壁を越えて、脱出することに成功し、途中、中国人に食糧を与えられたり、宿泊させてもらうなどして助けられて、北平への逃避行をつづけ、八月一日の午後五時ごろ北平に辿り着き、日本軍に保護された。

近水楼は冀東一の立派な日本旅館であり、出張で通州にきて利用していた官庁職員や企業関係者がほとんど殺害された。前述の大林組の社員がそうであったし、冀東銀行の三島恒彦顧問、冀東政府の島田宣伝主任もここで殺害された。〈註52〉近水楼は二度にわたって襲撃と略奪を受け、窓ガラスは一枚残らず破壊されていた。帳場の天井に隠れていた旅館のマダムも射殺されていた。近水楼の惨状を見に行った梨本は「女中たちはさんざん暴行されたらしく、ふくよかな白い股を丸出しにして仆《たお》れていた」と記しているが（梨本書、二〇七頁）、近水楼の死体の収容を手伝った藤原は「玄関のつきあたりの帳場には、男一人と女中さんたち五、六名の死体が、折り重なっていました。女中さんたちは皆きちんと着物を着て、帯もおたいこに結んでいました」と書いている（藤原書、三二頁）。

二九日の夜、危険を察知して近水楼を出て、日本軍守備隊の建物に避難した梨本は、守備隊の食堂で一夜を過ごした。三〇日になって保安隊が撤退したあとの通州の市街へ出かけ、守備隊長を先頭とする列について、日本人と朝鮮人が虐殺された現場を視察してまわった。梨本は三〇日の午後、軍のトラックに乗って通州をはなれた。

藤原はその後も通州に残り、日本人居住区の旅館や食堂を回って惨劇の跡を見た。通州県城内は中央を東門から西門に走る北平街道の北部半分が市街地になっていて、西部、中央部、東部と三つに分かれた東部に日本人の旅館や食堂が多く、食堂と遊郭をかねた旭軒もこの地区にあった。

ある食堂では店のテーブルの間に下腹部を銃剣で刺されたおかみの死体があり、部屋には裸にされた女中の死体が四、五体あり、布団も衣類も略奪されていた。ある旅館では中はがらんどうで、炊事場にボーイの死体だけがあったので、付近の中国人の住民に聞いたところ、数十人の日本人が数珠つなぎに縛られて東門のほうへ連れていかれるのを見たと言われた。日本人、朝鮮人が居住区から集団で連行され、近水楼の宿泊していた安藤記者が連行された城壁東北隅の空き地で集団虐殺された事例のひとつではないかと思われる。

通州保安隊反乱の終焉

「通州保安隊編成図」に見るように、張硯田の第二総隊は、通州県城の城外に布陣して、日本軍の援軍を阻止する作戦であった。それが、二九日の午後、日本軍機が襲来して城外に布陣していた第二総隊の部隊を爆撃した。対空兵器もなく、遮蔽物もない街道に布陣していた部隊はたちまち大きな打撃を受けた。夕暮れとなり、日本軍機の爆撃がおさまると、形勢の逆転を知った張硯田は、夜陰に乗じて、天津の寓所へ潜伏しようと、密かに戦場を離脱、第二総隊の将兵も相次いで、逃亡をはかり、反乱軍から離脱していった。〈註53〉
北平の北東近郊、通州の北約二〇キロにある順義に駐屯していた張慶余の第一総隊第二区隊長蘇連章（書）率いる約二〇〇名の保安隊も、二九日夜に反乱を起こして、通州反乱への合流をめざし、三〇日午前一〇時に部隊を整え通州へ向かったところ、日本軍機の爆撃を受け、防空手段が皆無のため、軍服を脱ぎ、武器を放棄して逃走する結果になった。〈註54〉

通州では、二九日の夜、張慶余は日本軍に包囲される前に通州を放棄することを決定、北平の第二九軍と合流して再度作戦の立て直しを図ることにした。三〇日早朝、張慶余は全軍を左右二軍に分け、北平へ行軍したが、宋哲元は前日の二九日早朝に北平を撤退して、保定に向かっていた。保安隊が捕縛して北門の呂祖祠堂に監禁していた殷汝耕を護送していた車が、北京城の安定門と徳勝門の間を走行中、日本軍部隊と衝突して押収され、殷汝耕は日本軍に救出された。日本軍は二十余両の装甲車を城内より出動させて、行軍中の保安隊を集中攻撃した。ここで、教導総隊第二区隊長沈維幹と第一総隊第一区隊長の張含明が戦死した。

第二九軍がすでに北平から撤退したことを知った張慶余は、明るくなれば、日本軍機の爆撃にさらされることを警戒して、率いていた全保安隊を百二〇個の小隊（一個小隊五、六〇名）にわけ、連長、排長に率いさせて保定に集合させることにした。

保定に武器もない状況でたどり着いた保安隊員は、隊員の希望により、張慶余が孫殿英と交渉して、孫の部隊に編成して、日本軍との前線に赴くことになり、ここに通州保安隊は解隊した。

張慶余は保定で宋哲元と会見した。「あなたはこの度の起義で、前年の約束（本書八九頁参照）を果たしてくれた。ただ、我軍はすでに撤退し、あなたと合同作戦ができなくなったことは慚愧に耐えない」と手を握り深い溜息をこめて言われた。〈註55〉

三〇日、通州では、午前七時頃から飛行隊二三機が飛来、敗残、敗走の保安隊の部隊をめざして四方八方から爆撃をおこなった。爆撃は午後四時半ごろまで絶え間なくおこなわれた〈註56〉。また、午前一時に南苑を出発して通州に向かった萱島部隊は午後四時二〇分に通州に帰着した〈註57〉。

ここに通州保安隊の反乱は完全に鎮圧された。

「通州兵站司令部」の戦闘詳報によれば、通州日本軍守備隊の戦死者一〇名、負傷者八名、山田自動車部隊の戦死者七名、負傷者五名であった。憲兵分遣隊の記入はないが、既述のとおり、細木特務機関長も含め九名全員が戦死であった。合計すると戦死者二六名、負傷者一三名であった。

同じく「通州兵站司令部」の戦闘詳報によれば、保安隊は、「戦場掃除の結果敵の遺棄死体一四〇を算す、推定死傷約五〇〇」となっている。通州事件の遺骨収集にあたった藤原は「守備隊の練兵場の煉瓦塀の手前の空き地に、練兵場で死んだ保安隊の死体約二百が制服のまま二山に積まれていたのを目撃している（藤原書、四一、五二頁）。

通州事件で犠牲になった日本人、朝鮮人の民間人の数については、藤原哲円は、「この事件で遭難して死亡したと思われる一般邦人は、四百数十名と推定されています……邦人の死体だろうということで収容して仮埋葬したのが、確か三百体そこそこでしたから、残りの百体余りは、どこにどうなったか不明であります」と書いている（藤原書、七二頁）。「一般邦人」には朝鮮人も含まれている。

八月二日の衆議院本会議において、杉山元陸軍大臣は、通州事件における居留民の犠牲について次のように報告した〈註58〉。

通州の我居留民は平時内地人約百十名、朝鮮人約百八十名で、我駐屯軍は常に一小隊を守備に任じめていたが、この事件発生当時は我居留民は約三百八十名に増加し、我軍は守備隊その数を合して約百名になっていた。しかし、二九日駐屯軍は主力を以て北平周辺にある支那軍掃蕩を実施していた。（中略）爾後諸報告を総合するに、居留民三百八十名の中百八十名を収容することができたが、その他は行方不明で、目下捜査中とのことである。（中略）わが特務機関は細木中佐生死不明、甲斐少佐以下七名戦死で通州守備隊は戦死五名、負傷七名を出した。なお真相は引続き調査中である。

右の杉山報告の平時の通州居留民の数は一九三六年末の天津総領事館通州分署の資料と符合する（本書一三三頁参照）。通州事件当時、朝鮮人を合わせて約三八〇名いた居留民のうち、一八〇名が保護された残りの約二〇〇名の行方不明者が犠牲者となったことを示唆した。

通州では、前述の藤原哲円も奔走した通州事件犠牲者の遺骨整理も相当進展し、八月四日、『読売新聞』（一九三七年八月五日）が「無念の魂を弔ふ　涙の読経！　あはれ通州の仮埋葬式」と報道したように、犠牲者の仮埋葬式がおこなわれた。記事は、八月四日までの発見死体数は、一二五でこれで総計一五九死体となった。死亡が確認された者は一五九名となったので生存者を含め、合計二九四人の行方が明確となった。全体居留民三五〇名からすると、まだあと五六人の生死不明者が残されている、と報じた。

『読売新聞』（一九三七年八月七日）は「通州事件遭難者　きのふ氏名判明」と題して、邦人一三〇余名の生存者以外は、ほとんど絶望視されるにいたり、行方不明または死亡と見られる者は、内地人七〇名、半島人九八名で、六日当局に齎《もた》らされた内地人行方不明及び死亡者の氏名左の如し」として、七〇名の氏名と年齢が記された。この名簿の中に、本書の「はじめに」において「通州事件の『憎しみの連鎖を絶つ』被害者の姉妹」と紹介した二人の両親と妹の名前もある。鈴木郁太郎（三六）内妻木村茂子（三二）長女紀子（二つ）と記されている。このことについて本書第Ⅱ部で詳述する。

通州事件における日本居留民の犠牲者数は、在天津日本総領事館北平警察署通州分署による調査記録にある、日本人一一四人、朝鮮人一一一人、合わせて二二五人が、公式記録として参考になろう。（註59）現在の研究状況では、通州の日本人、朝鮮人の居留民と出張などで通州に在住していた日本人を合わせた民間人の犠牲者は、二百数十人（内約半数が朝鮮人）という数字が妥当のようである。ところで、日本人とほぼ同数の朝鮮人の犠牲者の実態については、ほとんど解明されていないのが現状である。

通州保安隊の反乱は、宋哲元の第二九軍と河北省主席商震の第三二軍によって展開された「平津抗戦」の一環として起こされたものであった。結局、蔣介石国民政府の中央軍は、「平津抗戦」には参加しなかった。保安隊の反乱の終焉と時期を同じくして、第二九軍と第三二軍は北平、天津周辺地域での戦闘に敗退して撤退、戦禍を免れた北平城内には、支那駐屯軍によって元国務総理の経歴を持つ江朝宗を主席とする「北平治安維持会」が樹立され、以後、北平と天津は長期にわたり、日本軍の占領下におかれることになった。本書で多用した『大公報』は、天津に戦火がおよんだため、七月二五日の記事を最後に発行停止を余儀なくされた。その後は漢口に移転し、満州事変が起こった「九《チュウ》・一八《イーパ》」を記念する九月一八日に発行を再開した。

本書で述べてきた、華北における抗日戦気運は、北平、天津が日本軍に占領されても衰えることなく、一九三八年一月には、中国共産党と八路軍の主導による中国で最初の抗日根拠地の晋察冀辺区が建設された〈註60〉。晋は山西省、察はチャハル省、冀は河北省のことであり、万里の長城に結ばれた三省の広大な地域に解放区としての抗日根拠地が形成され、「農村から都市を包囲する」という抗日戦争のスローガンのように、北平や天津を包囲するまでに拡大発展し、抗日戦争勝利へと歴史の歯車を動かしていくことになった。

通州保安隊の反乱を指導した張慶余の後日譚になるが、保定に撤退後しばらくして蔣介石の召電を受けて南京に行った。蔣介石に起義の経過を報告すると、「あなたの通州起義は敗れたとはいえ、光栄であった。あらゆる損失は我が軍政部がただちに補充するから、しばらく休養してから再び戦闘に参加されたい」と慰労された。その際蔣介石から「なぜ捕縛した殷汝耕を殺害しなかったのか」と問われたので、「まずは北平の宋哲元委員長のもとへ押送し、ついで中央の軍法会議に送ろうとしたが、遺憾ながら北平で日本軍に奪回された」と答えると、蔣介石はそれ以上のことは言わなかった。

張慶余はその後第六補充兵訓練所所長（中将）に任命され、一九三八年に第九一軍副軍長に任命されたが、病気を理由に辞退した〈註61〉。

張慶余が本書で多くを引用した「回顧録」を執筆したのは一九六一年であると『天津文史資料選輯』（第二一輯、一九八二年一〇月）に記されている。張慶余は新中国成立後も大陸に残っていたと思われるが、没年や場所などその他のことはわからない。

【註】

〈1〉『中央日報』一九三六年九月二〇日（『中華民国史事紀要』中華民国二十五年〈一九三六年〉七至十二月份）中央文物供應社、一九八八年、六〇八頁に掲載）

〈2〉マルコ・ポーロ、愛宕松男訳『東方見聞録〈1〉―マルコ・ポーロの旅』平凡社、一九八三年、二三一頁。

〈3〉外務省編纂『日本外交年表竝主要文書 下』日本国際連合協会、一九五五年、三六六頁。

〈4〉日本国際問題研究所中国部会『中国共産党資料集 第8巻』勁草書房、一九七四年、四三六頁。

〈5〉日本国際問題研究所中国部会『中国共産党資料集 第8巻』勁草書房、一九七四年、四四八頁。

〈6〉秦孝儀総編纂『総統 蔣公大事長編初稿 巻四上冊』一九七八年、七九頁。

〈7〉秦孝儀総編纂『総統 蔣公大事長編初稿 巻四上冊』一九七八年、七六頁。

〈8〉秦孝儀総編纂『総統 蔣公大事長編初稿 巻四上冊』一九七八年、七七頁。

〈9〉梨本祐平『中国のなかの日本人 第1部』平凡社、一九五八年、一九六頁、一九八頁。

〈10〉秦孝儀総編纂『総統 蔣公大事長編初稿 巻四上冊』一九七八年、九〇頁。李雲漢『盧溝橋事變』東大図書公司、一九八七年、三八一頁。以上は中国書の記述であるが、日本側の防衛庁防衛研修所戦史室『戦史叢書 支那事変陸軍作戦〈1〉』（朝雲新聞社、一九七五年、二一四頁）の記述は、以下のとおりである。

「日本軍の軍用電線に対する中国側の妨害が頻々として生じていたが、二十五日、廊坊附近で故障があったので、通信隊の一部に歩兵一中隊を付けて、あらかじめ中国側に通報のうえ、これを派遣した。同部隊は十六時半ころ廊坊駅に到着し、同所付近を守備していた中国軍と折衝したのち、中国軍守備区域内を通過している日本軍の軍用電線を修理中、二十三時十分ころ、中国軍から突如として小銃、軽機の射撃を受け、さらに廊坊駅北方三〇〇米の中国軍兵営からも迫撃砲の射撃を加えてきたので、やむを得ずこれに応戦した」

日本側の記述だと、中国軍の守備地域中で夜中に軍用電線を修理していたのが異常である。中国軍から見れば、鉄道爆破の仕掛けをしていたと疑念をもたれる可能性があった。電線修理が原因の深夜の軍事衝突の現場で、敵味方の配置も不明な場所に中国軍が迫撃砲が撃ち込んだというのも、陣地に分かれた戦闘ならわかるが、ずいぶん無謀な話である。しかし、日本の歴史書では、軍用電線修理中の通信隊が射撃されたのが事件のきっかけであるというのが通説になっている。

〈11〉秦孝儀総編纂『総統　蒋公大事長編初稿　巻四上冊』一九七八年、九〇頁。李雲漢『盧溝橋事變』東大図書公司、一九八七年、三八四頁。広安門事件も日本側の防衛庁防衛研修所戦史室『戦史叢書　支那事変陸軍作戦〈1〉』（朝雲新聞社、一九七五年、二一六頁）の記述では、「事前に冀察当局と交渉し十六時開門の約束であった。しかるに中国側は（中略）城門を閉じて戦備を整えた。中島、櫻井軍事顧問らの折衝により、十九時開門したので廣部大隊が入城を開始したところ、先頭の三両が通過したとき、城壁上の中国軍が廣部大隊を目がけて猛射を浴びせかけた」と中国側が一方的に攻撃してきたと記述している。

〈12〉防衛庁防衛研修所戦史室『戦史叢書　支那事変陸軍作戦〈1〉』朝雲新聞社、一九七五年、二一七、二二〇頁。

〈13〉防衛庁防衛研修所戦史室『戦史叢書　支那事変陸軍作戦〈1〉』朝雲新聞社、一九七五年、二一九頁。

〈14〉中国第二歴史档案館編『抗日戦争正面戦場　上』江蘇古籍出版社、一九八七年、一九八頁。

〈15〉中国第二歴史档案館編『抗日戦争正面戦場　上』江蘇古籍出版社、一九八七年、一九九頁。

〈16〉陳世松主編『宋哲元傳』吉林文史出版社、一九九二年、二九三、二九七、三一四頁。

〈17〉張慶余「冀東保安隊通県反正始末記」（中国人民政治協商会議全国委員会文史資料研究委員会《七七事変》編審組編『原国民党将領抗日戦争親歴記　七七事変』中国文史出版社、一九八六年）一〇四頁。

〈18〉南開大学歴史系・唐山市档案館合編『冀東日偽政権』档案出版社、一九九二年、五二頁。

〈19〉南開大学歴史系・唐山市档案館合編『冀東日偽政権』档案出版社、一九九二年、五〇頁。

〈20〉張慶余「冀東保安隊通県反正始末記」（中国人民政治協商会議全国委員会文史資料研究委員会《七七事変》編審組編『原国民党将領抗日戦争親歴記　七七事変』中国文史出版社、一九八六年）七三頁。

〈21〉浜口茂子「通州事件遭難記」（無數会『通州事件の回顧』一九七一年、非売品、七九頁）。

〈22〉寺平忠輔『盧溝橋事件―日本の悲劇』読売新聞社、一九七〇年、三六九頁。

〈23〉防衛庁防衛研修所戦史室『戦史叢書　支那事変陸軍作戦〈1〉』（朝雲新聞社、一九七五年、二二五頁。

〈24〉南開大学歴史系・唐山市档案館合編『冀東日偽政権』档案出版社、一九九二年、五三頁。

〈25〉「昭和十二年七月　七月二十九三十日於通州附近戦闘詳報　支那駐屯軍兵站部通州兵站司令部」防衛省防衛研究所戦史研究室センター資料室所蔵、二二頁。

〈26〉南開大学歴史系・唐山市档案館合編『冀東日偽政権』档案出版社、一九九二年、五三頁。

〈27〉「昭和十二年七月二九日通州ニ於ケル戦斗詳報　山田自動車部隊」（防衛省防衛研究所戦史研究室センター資料室所蔵）、七六頁。

〈28〉梨本祐平『中国のなかの日本人　第1部』平凡社、一九五八年、二〇〇頁。

〈29〉「昭和十二年七月　七月二十九三十日於通州附近戦闘詳報　支那駐屯軍兵站部通州兵站司令部」（防衛省防衛研究所戦史研究室センター資料室所蔵）、九頁。

〈30〉「昭和十二年七月　七月二十九三十日於通州附近戦闘詳報　支那駐屯軍兵站部通州兵站司令部」「昭和十二年七月二九日通州ニ於ケル戦斗詳報　山田自動車部隊」（防衛省防衛研究所戦史研究室センター資料室所蔵）による。軍階の付してないものは、記載がなかったことによる。

〈31〉「昭和十二年七月　七月二十九三十日於通州附近戦闘詳報　支那駐屯軍兵站部通州兵站司令部」（防衛省防衛研究所戦史研究室センター資料室所蔵）、三二頁。

〈32〉「通州保安隊編成図」中の記述によるが、文斐『我所知道的偽華北政権』中国文史出版社、二〇〇五年）には、七月二七日夜の孚佑帝君祠堂に保安隊の佐官クラス以上を集めた会合の場で、杜憲周が反乱に反対して、ピストルで処刑（未死）されたと記している（五三頁）。場面は違うが、杜が反乱に反対して射撃されたのは事実と思われる。

〈33〉南開大学歴史系・唐山市档案館合編『冀東日偽政権』档案出版社、一九九二年、五三頁。

〈34〉「鬼畜も及ばぬ残虐　眼前で村尾大尉殺害　虎口を脱した夫人は語る」（『東京日日新聞』一九三七年七月三一日号外）。村尾大尉夫人は冀東政府秘書孫錯夫人（日本人）とともに脱出に成功して、北平の日本人居住区へたどり着いた。

〈35〉張慶余「冀東保安隊通県反正始末記」（中国人民政治協商会議全国委員会文史資料研究委員会《七七事変》編審組編『原国民党将領抗日戦争親歴記　七七事変』中国文史出版社、一九八六年）七四頁。藤原哲円「通州事件回顧録」（『通州事件の回顧』無斁会、一九七一年、非売品）六六頁。

〈36〉「暴虐の銃火に通州警察分署全滅　凄惨なわが警官の殉職」（『東京日日新聞』一九三七年八月四日）。

〈37〉文斐編『我知道的偽華北政権』中国文史出版、二〇〇五年、二四三頁。

〈38〉「惨たる通州反乱の真相」（『東京日日新聞』一九三七年七月三一日号外）。

〈39〉浜口茂子「通州事件遭難記」（無斁会『通州事件の回顧』一九七一年、非売品、所収）。

〈40〉大林組社史編集委員会『大林組百年史』一九九三年、七一頁。

〈41〉南開大学歴史系・唐山市档案館合編『冀東日偽政権』档案出版社、一九九二年、五〇頁。

〈42〉張慶余「冀東保安隊通県反正始末記」（中国人民政治協商会議全国委員会文史資料研究委員会《七七事変》編審組編『原国民党将領抗日戦争親歴記　七七事変』中国文史出版社、一九八六年）七四頁。

〈43〉「昭和十二年七月　七月二十九三十日於通州附近戦闘詳報　支那駐屯軍兵站部通州兵站司令部」防衛省防衛研究所戦史研究室センター資料室所蔵、一五頁。張慶余「冀東保安隊通県反正始末記」（中国人民政治協商会議全国委員会文史資料研究委員会《七七事変》編審組編『原国民党将領抗日戦争親歴記　七七事変』中国文史出版社、一九八六年）一〇五頁。寺平忠輔『盧溝橋事件―日本の悲劇』読売新聞社、一九七〇年、三七四～三七五頁。

〈44〉「昭和十二年七月二九日通州ニ於ケル戦斗詳報　山田自動車部隊」（防衛省防衛研究所戦史研究室セ

ンター資料室所蔵)、七九頁。

〈45〉「西村史料(2)西村敏夫中佐回顧録　件名通州事件」(防衛省防衛研究所戦史研究室センター資料室所蔵)

〈46〉南開大学歴史系・唐山市档案館合編『冀東日偽政権』档案出版社、一九九二年、五四頁。

〈47〉李雲漢『盧溝橋事變』東大図書公司、一九八七年、三九一頁。

〈48〉加藤康男『慟哭の通州　昭和十二年の虐殺事件』(飛鳥新社、二〇一六年)に「第四章　私はすべてを見ていた—佐々木テンの独白」として収録されている。佐々木テンがその後中国人の夫と離婚して、日本に帰国、晩年を送った郷里の寺佐賀県の因通寺の住職がテンの独白を聞き取り、調寛雅『天皇さまが泣いて御座った』(教育社、一九九七年)に収録した。

〈49〉左の註〈51〉の藍衣社員のことである。

〈50〉安藤利男同盟記者の体験記は、「戦慄!通州反乱隊の残虐　突如全市に襲撃　宛らパルチザン　同盟記者死の生還記」という見出しで『読売新聞』(一九三七年八月二日)でも大きく報道された。同じく「〝死の通州〟脱出血涙手記　〝邦人虐殺〟の銃口下　近水楼屋根裏の恐怖　奇跡的生還　安藤同盟特派員」という見出しで『東京日日新聞』(一九三七年八月二日)にも大きく報道された。

〈51〉藍衣社員というのは、蔣介石の特権的な秘密特務機関のメンバーで、蔣介石の密命をうけて、暗殺、謀略、監視、内偵などの工作に従事した。佐々木テンの目撃談に日本人居留民虐殺に国民政府軍兵士が加わっていたことが述べられていたが、この藍衣社員のことである。蔣介石は中央軍を北平・天津まで北上させなかったが、冀東保安隊の中に藍衣社員を送り込み、張慶余が蔣介石や国民政府軍から離反しないように監視、内偵をさせていたのである。この時の藍衣社員が通州事件における日本人、朝鮮人虐殺を扇動していた可能性もある。

〈52〉『東京日日新聞』一九三七年七月三一日号外。

〈53〉張慶余「冀東保安隊通県反正始末記」(中国人民政治協商会議全国委員会文史資料研究委員会《七七事変》編審組編『原国民党将領抗日戦争親歴記　七七事変』中国文史出版社、一九八六年)七四頁。

〈54〉張慶余「冀東保安隊通県反正始末記」（中国人民政治協商会議全国委員会文史資料研究委員会《七七事変》編審組編『原国民党将領抗日戦争親歴記　七七事変』中国文史出版社、一九八六年）七四頁。「自昭十二年七月二十九日至八月五日　通州事件電報綴」防衛省防衛研究所戦史研究室センター資料室所蔵、六五頁。

〈55〉張慶余「冀東保安隊通県反正始末記」（中国人民政治協商会議全国委員会文史資料研究委員会《七七事変》編審組編『原国民党将領抗日戦争親歴記　七七事変』中国文史出版社、一九八六年）七五頁。

〈56〉藤原哲円「通州事件回顧録」（無斁会『通州事件の回顧』一九七一年、非売品）二二頁。

〈57〉「自昭十二年七月二十九日至八月五日　通州事件電報綴」防衛省防衛研究所戦史研究室センター資料室所蔵、五五頁。

〈58〉『東京日日新聞』一九三七年八月三日。

〈59〉広中一成『通州事件―日中戦争泥沼化への道』星海社新書、二〇一六年、四頁。

〈60〉謝忠厚・肖銀成主編『晋察冀抗日根拠地史』改革出版社、八頁。

〈61〉張慶余「冀東保安隊通県反正始末記」（中国人民政治協商会議全国委員会文史資料研究委員会《七七事変》編審組編『原国民党将領抗日戦争親歴記　七七事変』中国文史出版社、一九八六年）七六頁。

第Ⅱ部　憎しみの連鎖を絶つ

——通州事件被害者姉妹の生き方

第Ⅱ部では、通州事件被害者姉妹の櫛渕久子さんと鈴木節子さんの両親が日本から満州に渡り、それから通州に移住して事件に遭遇することになったファミリー・ヒストリーから始めて、父の鈴木郁太郎さんと母の茂子さんを虐殺されて「戦争孤児」となった久子さんと節子さんが「憎しみの連鎖を絶つ」べく、苦しみ、葛藤してきた半生を紹介していきたい。その前に筆者と姉妹とのそもそもの出会いから紹介したい。

櫛渕久子さん・鈴木節子さん姉妹との出会い

二〇一八年二月、拙著『日中戦争全史(上・下)』(高文研、二〇一七年七月)を読んだ櫛渕久子さんから、出版社宛につぎのような手紙が届けられた。

高文研様　いつも内容の深い立派な御本を出版して下さってありがとうございます。私達が本を買う時「高文研の本なら確かだ」という思いで求めております。

力作『日中戦争全史』を拝読いたしました。私は盧溝橋事件の二十二日後、北京から二十kmばかり離れた通州の街の、中国保安隊による日本の居留民虐殺事件の生き残りです。私の両親と妹はこの事件で命を奪われました。

昨今、「通州事件こそが南京事件を引き起こした。南京事件を世界記憶遺産にするなら通州事件も同等に扱え」という声が聞かれるようになりました。私はその意見に反対です。私の両親も妹も反対だと思います。憎しみの連鎖から命の尊さは生まれては来ません。平和は生まれて来ません。

両親たちは「私達の事件から学び取ってほしい。もう二度とこんな辛い事件を起こさないようにするにはどうしたらいいのか、何を学べばいいのかを」と考えているのに決まっています。

笠原さまは、この力作の中で、歴史科学として通州事件をきちんと位置づけて下さいました。私はもう間もなく九十歳です。一言でいいから命のある内に笠原様にお礼を申し上げたくて拙い筆をとりました。お手数をおかけいたしますが、よろしくお願い申し上げます。

櫛渕　久子拝

拙著『日中戦争全史（上・下）』が出版されたのは奇しくも、盧溝橋事件八〇周年、通州事件八〇周年の年である二〇一七年七月であった。本書の「はじめに」で言及したように日本で南京事件否定論を主張する歴史修正主義者たちが、通州事件をユネスコの世界記憶遺産に登録せよと大々的にキャンペーンを展開していた年であった。櫛渕久子さんは、通州事件を今日でも「憎しみの連鎖」の喚起に利用しようとしている動きに危機感を抱いて、高文研を通して筆者（笠原、以下同じ）に連絡を下さったのである。

筆者がお礼の手紙を差し上げると、さっそく筆者宛に手紙（三月一三日付）が届いた。その書き出しには、こうあった。

笠原十九司さま

立派な力作『日中戦争全史上・下』を書いて下さって本当にありがとうございました。胸に染み入るような思いで読ませていただきました。

私は通州事件の生き残りです。今年の五月で九十歳になります。通州事件で両親と妹を失いました。当時私は小学校に行く為、群馬県利根郡みなかみ町小仁田《こにた》の母の実家に預けられておりました。すぐ下の妹は両親と共に通州に居りましたが、中国人の看護婦さんに命がけで助けられていただき九死に一生を得ました。

（手紙には医師と看護師の両親が満州へ渡り、通州に移って事件に遭遇して殺害されたことと、妹の節子さんが中国人看護師の何鳳岐《かほうき》さんに助けられたことが書かれた後にこう書かれていた。）

笠原さまは、歴史書の中で正しく通州事件を書き表して下さり、「通州事件が南京事件の大きな原因となった」等と主張している者達に「憎しみの連鎖から平和は生まれはしない。通州事件も南京事件も正しく捉えて私達はそれを教訓として生かすべきだ」とおっしゃって下さったのでした。両親は心から感謝していると思います。「私達の死を無駄にしないで生かして下さるために十年余の歳月と労力をかけて書き現わして下さいました。ありがとうございました」と。

櫛渕久子さん（以下、久子さん）からいただいた以上の二通の手紙が、「憎しみの連鎖を絶つ」というサブタイトルを付けた本書を、久子さんの両親と妹の犠牲を無にしないためにも執筆しようと筆者が思い立った直接の動機となった。

先の手紙の最後はこう結ばれていた。

春の遅い谷川岳や武尊《ほたか》はまだまっ白な雪に全山覆われていることでしょう。私がこちら（京都や大津）に来て四十五年の歳月が過ぎました。今も時々谷川岳や武尊、赤城、榛名《はるな》の山々やなつかしい同郷の人を思い出しております。

これから本書で紹介していく久子さん、節子さん姉妹と母親の茂子さんが、筆者と同じ群馬県出身者（群馬県人）であったことは奇遇に思われ、手紙の末尾に挙げられていた上州の山々は、筆者にとっても懐かしい故郷の山々であった。最初の手紙に書いてあった、姉妹が小学校、中学校に通った水上《みなかみ》町のお母さんの実家から望める谷川岳とその界隈は、山とスキーが好きだった青春時代の筆者のホームグラウンドのような一帯だった。

通州事件の被害者が筆者と同じ同郷人（群馬県人）であったことに、他人ごとでない人生の出会いを覚えたしだいである。

琵琶湖のほとりにある近江八景のひとつに「堅田《かたた》の落雁《らくがん》」があり、多くの和歌や俳句に詠まれてきた。その堅田のケアハウス（和製英語、介護利用型軽費老人ホーム）に暮らしているお姉さんの櫛渕久子さんを筆者が訪ねて最初の聞き取りをしたのは、手紙をいただいてから一カ月経った五月一七日だった。久子さんに紹介していただき、東京に住む妹の鈴木節子さんを最初に訪ねたのは、およそ一カ月後の六月二日だった。以後久子さんには二〇一九年九月九日の第四回、節子さんには同年七月三〇日の第三回まで毎回四、五時間にわたり聞き取りをおこなった（註）。

筆者は姉妹への第一回の聞き取りにもとづいて、「憎しみの連鎖を断ち切る──通州事件犠牲者姉妹の証言」（『世界』二〇一九年二月号、岩波書店）を執筆した。掲載された拙稿について久子さんから「私が話したことに間違いないが、きれいに書かれていて違和感を覚えます。私の記憶の感情はもっとドロドロしています」という手紙をいただいた。久子さんの「違和感を覚えます」という感想には、私のオーラル・ヒストリー、すなわち聞き取りの方法の問題点を指摘された思いがした。

確かに、われわれが記憶を語る場合、複雑な記憶の感情を言語表現で伝えなければならないバイアスがすでにかかっている。その限界を超えるためには、ヒヤリングの回数を重ねて、多面的に語ってもらうことと、聞き取り資料を補充、補完するために他の資料との照合、併用も必要だと思わされた。姉妹の場合二人ともすでに刊行した本や文章が資料としてあったのでそれらを文字資料として活用できた。さらに姉の久子さんは、筆者が聞き取りをした後に、言い足りなかったことや、関連して想起したことを手紙にして送ってくれた。手紙として文字資料にする場合、会話よりも言語表現は推敲されている。

先の拙稿に「違和感を覚えます」と指摘された筆者は、本書の原稿を姉妹に送付して、記述内容の誤りがないかをチェックしていただくとともに、「違和感」を覚えないかどうかも確認していただいた。本書第Ⅱ部の叙述はお二人からも納得をいただけたようなので、オーラル・ヒストリーとしてより確かなものになったのではないかと自負している。

筆者にとっては幸運だった通州事件の被害者姉妹との出会いと取材にもとづいて、通州事件に遭遇した姉妹のファミリー・ヒストリーと「通州事件の憎しみの連鎖を絶った」姉妹の生き方を紹介していきたい。

〈註〉第Ⅱ部では、注記する以外は、櫛渕久子さん、鈴木節子さんを自宅に訪ねての聞き取りと櫛渕久子さんから時々にいただいた手紙や資料にもとづいている。久子さんからは聞き取りを補充するかたちで、四四通におよぶ手紙をいただいている。久子さんからは承諾を得て、手紙からも多くを引用させていただく。姉妹への聞き取りは、以下の日時におこなわれた。聞き取りは毎回、四、五時間にわたっておこなわれた。

櫛渕久子さんからの聞き取り
第一回　二〇一八年五月一七日
第二回　二〇一八年九月一四日
第三回　二〇一九年三月一一日
第四回　二〇一九年九月九日

鈴木節子さんからの聞き取り
第一回　二〇一八年六月五日
第二回　二〇一八年一二月二八日
第三回　二〇一九年七月三〇日

第1章　満州への移住と病院開設

両親の出自

久子さんと節子さんの父の鈴木郁太郎さんは、山形県西村山郡朝日町宮宿《みやじゅく》の出身である。朝日町は新潟との県境に聳える朝日岳（一八七〇メートル）のふもとにあり、最上川《もがみがわ》が南から北へ流れている山峡の町である。郁太郎さんは郷里山形中学校を卒業後、父方の叔父が宮内庁関係の警察の仕事をしていた関係で東京に出てきた。郁太郎さんには妹三人と弟が一人いたというが、母の茂子さんが内妻の関係（後述）であったことから、久子さんたちとの交流はなく、父方の親族、親戚関係などの状況はわからないという。久子さんによれば、郁太郎さんの父が郁太郎さんを生んだ母と別れさせられ、そのため郁太郎さんが私生児扱いされていたことも関係があるという。齢を取ってからの話になるが、久子さんと節子さんは山形県の朝日町の役場へ行って、父の実家のことを調べようとしたが、わからなかったという。郁太郎さんが私生児扱いされていたために戸籍から探すことはできなかったのである。私生児であったためと思われるが、郁太郎さんは正式な医学学校、大学医学部に進学することはできず、独学で医学を学び、国家の医師検定試験に合格した。

医師の資格を取得した郁太郎さんは、東京で国鉄関係の病院で外科医として勤務していたらしいと久子さんは母方の伯母から聞かされた。その病院で看護婦であった姉妹の母の木村茂子さんと知り合ったとも。

鈴木郁太郎さん（写真提供：櫛渕久子）

木村茂子さんの実家は、群馬県利根郡水上町大字小仁田《こにた》小字栗生沢《くりゅうざわ》という山村にあった。栗生沢は、温泉郷として有名な水上町の西側にある吾妻耶山《あづまやさん》（一三四一メートル）から流れる栗生沢川に沿った部落で、先祖を四国あたりに持った平家の落人だったとのことである。どの家も馬を飼い床柱の上に槍を備えた家もあって、「いざという時は、槍を持って馬に乗って戦場に馳せ参じるのだ」と聞かされた。耕地は狭く、母の実家の長兄は村の西側にある大峰山（一二五四メートル）の山麓で炭焼きをして生活の生業にしていた。熊が出没するような山村だった。

茂子さんは、そんな貧しい山村から単身東京へ出て行って産婆学校を出て、看護婦一級の資格と助産婦の資格を取得したのである。「母は利発で、きれいで、有能な人だった」と久子さんは言う。

郁太郎さんと茂子さんは同じ病院に勤務していて知り合ったと思わ

れるが、久子さんは一九二八（昭和三）五月八日に東京の世田谷で生まれた。「私を生むか里子に出すかという圧力が多分父方の親戚からかかる中で、母の父にあたる私の祖父は、『神様からの授かりもの』と言って歯牙にもかけず、四面楚歌の中で私を産んでくれたのです。母は私を出産後実家に戻って堂々と産婆の仕事を始めたのです。そんな母を村の人は〝茂子さん〟と呼んで親しんでくれました」と久子さんは言う。久子さんの生まれたのは正式な結婚によるものではなかった。郁太郎さんはすでに結婚していて、長女も生まれていた。それでも郁太郎さんは茂子さんの実家に通ってきて、結婚してくれるよう口説いたという。

しかし、郁太郎さんは前妻とも離婚できずに、事実上の結婚生活に入ると、久子さんを次女として自分の戸籍に入れたのである。そのため、戸籍問題は通州事件で父親を殺害され、「無戸籍」に等しい状況におかれた久子さんが「何処の馬の骨かわからない」と伯母からさまざまな差別を受ける原因となり、久子さんを苦しめることになった（本書二九一頁参照）。

久子さんが数えで三歳になった一九三一年満州へ移住した。船に乗って渡ったと思うが記憶にないとのことである。満州事変が発生して間もないころだった。郁太郎さんが満州に移住する決断をしたのは、伯父が南満州の大石橋にあった陸軍飛行場長をしていたことや「父は日蓮宗を信仰し、石原莞爾の影響を受けていたことも大きかったと思われる」と久子さんは言う。いっぽうで、郁太郎さんが満州移住を決意したのは、正式離婚をしないままであったが、満州へ渡り、茂子さんと新たな家庭生活を築くためであったことは想像に難くない。さらには、独学により国家検定試験によって医師の資格を獲得した郁太郎さんにとって、ドイツをモデルにした医科大学、医学部の系列で固められた学閥主義的な日本国内の医師界は、耐え難いものであったと思われる。医科大学、医学部のランク付けが明確で、それらが医者のステータスを決定づけていた日本社会において、郁太郎さんは、耐え難い差別待遇を受けていたと思われる。そうした学歴主義、学閥主義の桎梏から逃れるために、新天地の満州移住を決断したことも当然あったと思われる。

満州へ渡る

通州事件直後の『読売新聞』（一九三七年八月四日）に東京在住の郁太郎さんの父（郁太郎さんの父は山形から東京へ出てきていた）が、息子は「六年前渡満」と述べているので（後述）、郁太郎さんと茂子さんは三歳の久子さんを連れて一九三一年に満州に移住したことは裏付けられる。最初に居住したのが南満州で、遼寧省の遼東半島の西側の付け根の部分にある大石橋である【地図：通州事件関連略図①】（本書一〇頁参照）。大連から奉天（瀋陽）に延びる南満州鉄道の要衝に位置し、大石橋から遼東湾にある重要な港湾都市営口に鉄道支線が延びている。

最初の大石橋に住んだのは、郁太郎さんの伯父が軍関係の仕事に従事し、大石橋の陸軍飛行場長をしていたので、伯父を頼って移住したのであった。満鉄線沿いに日本人が沢山住んでいてその一角に住んだ。そこは、満鉄付属地といわれ、南満州鉄道（満鉄）経営のため、鉄道線路両側、および鉄道駅一帯に設定された市街地経営用の土地で、日本の行政権が行使された治外法権地帯であった。久子さんには、大石橋の上空で、日の丸をつけた飛行機が、宙返りなどの戦闘訓練をときどきやっていたのを見た記憶がある。

樺甸《かでん》における病院開設

大石橋で生活をしてからまもなく、一家は吉林省樺甸県（現樺甸市）に移った。樺甸は吉林省の中部に位置し、松花江の上流にあたる【地図：通州事件関連略図①】（本書一〇頁参照）。吉林市の南一〇〇キロの地にあった田舎町で、当時はまだ鉄道が通っておらず、五、六キロ離れた磐石まで行かなければ駅がなかった。

郁太郎さんは樺甸県城西大街に富裕な中国人から接収したと思われる高い塀と壁のある四合院《しごういん》（四つの辺に建物を配置し、中央を庭園とする中国伝統の住宅様式）の屋敷を病院に改造、本格的な医院を開業した（次頁に久子さんが描いた病院の見取図を掲載する）。家族の住居や診察室などの建物は二重ガラスの窓になっていて、住居はオンドルの床の部屋と、ストーブのある板の間の部屋があり、冬でも暖かく過ごせた。中庭にそって「時々傷病兵の病室」とあるのは、病院が関東軍の野戦病院の役割をもっていたからである。このように立派な病院を開設できたのは、郁太郎さんが関東軍の軍属の軍医であったからでもある。軍属は軍人・軍属という言い方をするように、軍隊や軍の官衙《かんが》（官庁）に勤めるが軍人でない者をいう。軍人としての軍医は部隊に所属して大尉、少尉などの位階を持ち、作戦行動に参加するが、郁太郎さんのような軍属の軍医は作戦行動に従軍することはなく、管轄の軍当局の命令や指示を受けて、傷病兵の治療や占領地の宣撫《せんぶ》工作などをおこなった。宣撫工作は、占領地区の住民に占領政策を理解させて人心を安定させるためであった。
郁太郎さんは軍属の軍医として、中国人への宣撫工作任務をおびて医院を開設したという側面があったことは否定できないが、町医者として親切に中国人を治療したので、中国人から喜ばれた。樺甸には日本人は少なく患者のほとんどは中国人だった。久子さんが郁太郎さんに連れられて町を歩いていると中国人が丁寧に挨拶をした。両手を袖口に入れて深く頭を下げ、「鈴木大人《ターレン》」（大人は立派な人物の尊称）と挨拶をされた。父も中国人にたいして、誰それは立派な人だなどと久子さんに話していた。

櫛渕久子さんが描いた樺甸の病院の見取図

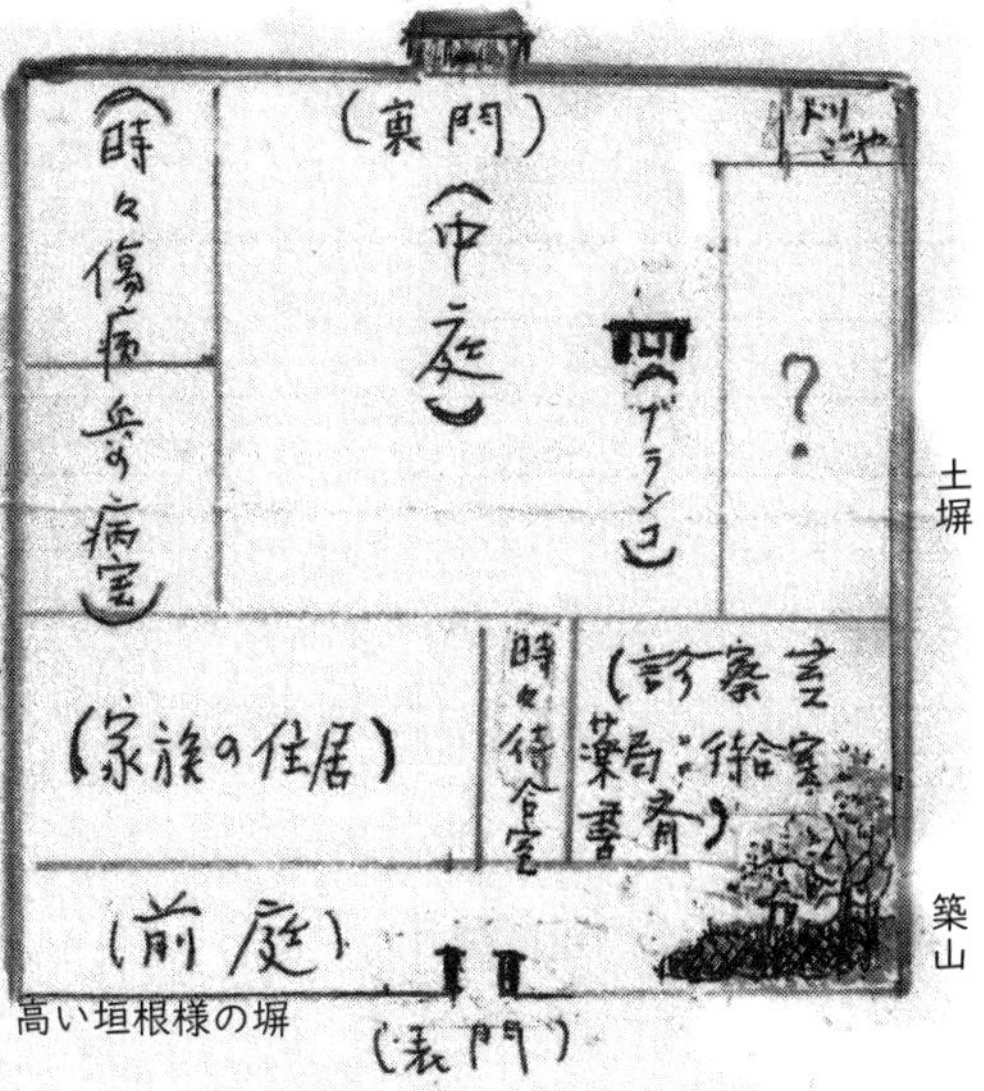

郁太郎さんの評判をさらに高めたのが看護婦、助産婦で薬剤師でもあった茂子さんの活躍だった。中国人の家から助産の要請があると、子どもたちをほったらかしにして、夜中でも危険を気にせずに中国人の民家へ出かけていって出産をてがけ、朝方嬉しそうに帰ってきた。ガラス窓一面が雪の結晶で埋めつくされる冬の夜でも、中国人の看護婦の何鳳岐《かほうき》さん（後述）を連れて助産の仕事に出かけ、くたくたになって帰ってきた。そんな母だったので、樺甸の中国人に信頼され、頼られ、

愛された。「母は美しい人だと皆に言われていた」と久子さんは言う。

樺甸には「治療費が払えない人が沢山居ました。彼らはその代わりに、雉一羽、なまず一匹、大根一本、葱一束という様に持ってきて下さいました。その一人が畑でとっつかまえた子狐を私のペットにと持ってきて下さいました。私は父や母が深々と頭を下げてそれらを頂いている姿を何度も見ました」と久子さんは書いている〈註1〉。

郁太郎さんは関東軍が在地有力者を組織した治安維持会のような町長たちの会議にも参加し、政治的な問題にも関わっていた。関東軍の立場からすれば「宣撫工作」「治安維持工作」の一環と位置付けられるものである。郁太郎さんは中国人の小学校の校医を務めたので、久子さんは小学校の運動会や学校の催しものに父のお供で連れて行ってもらったこともあった。郁太郎さんは、運動会で治安維持会を代表するような形で挨拶をし、賞品を渡していたという。久子さんは筆者の聞き取りに、「父は関東軍の満州支配のアメとムチのアメの役割で活躍していた」、しかし「父には自分の医療活動が満州植民地支配の一部分だという考えはなかったように思います」と述べている。

郁太郎さんは関東軍の軍医であったので、病院は臨時の野戦病院としても使われた。久子さんの記憶によれば、高粱畑が茂るころになると抗日ゲリラの活動が活発になり、日本兵がよく殺害された。住民の目に触れないように夜間に限られたが、負傷兵が病院に担ぎ込まれてきた。朝になると大声で怒鳴る関東軍の衛生兵の声や床を蹴る軍靴の音が病棟から聞こえてきた。

父は部隊の医療関係の将兵と一緒に負傷兵の緊急手術や応急手当をほどこし、奉天の陸軍病院へ送る役割を担わされていた。頭や肩や手や足に白い包帯をぐるぐる巻きつけた日本兵が三々五々病院の中庭に出てきて、リハビリのため、黙々と歩いていた姿を久子さんは見ている。負傷兵のほとんどは話もしないで沈んでいたという。両脚首を失った負傷兵が、いつもは久子さんが遊んでいたブランコに乗っていたのを見ている。負傷して目の見えない兵隊が他の負傷兵に本を読んでもらっていたこともあった。負傷兵たちは誰からも祝福されることなく、いつの間にか退院していった。

医院が臨時野戦病院のように使われていた間は待合室から中国住民の影は全く消えた。樺甸の周辺地域での抗日ゲリラとの戦闘がなくなると、待合室に中国人が戻るようになり、ふたたび、中国住民の老若男女で賑やかになった。雪が積もる冬期には抗日ゲリラとの戦闘はなかった。

父は奉天にある関東軍の陸軍病院によく出かけていった。薬品の支給をうけるためと、上級機関への連絡と報告のためと思われたが、久子さんにとっては、帰りにチョコレートやビスケットを買ってきてくれるのが、何よりも楽しみだった。

樺甸の一二〇キロほど南に北朝鮮との国境があり、その間に丘陵、山岳地帯がつづき、樺甸の周辺地域においても、反満抗日ゲリラ活動が展開されていた。

日本が満州事変と「満州国」樹立を機に一挙に満州侵略を拡大したことにたいして、前述のように国民政府軍事委員長の蔣介石と東北軍を率いて東北政権の実力者であった張学良は不抵抗政策をとり、日本軍との戦闘を回避した。これにたいして、中国東北の軍民は各地で自発的に反満抗日ゲリラ闘争を展開した。日本では反満抗日ゲリラを「匪賊《ひぞく》」と呼び、討伐作戦を「討匪行《とうひこう》」と言った。

一九三三年九月、中国共産党満州省委員会の指導のもとに、楊靖宇（中共党員）を総司令とする東北人民革命軍が組織され、農山村を基盤にした強固な反満抗日ゲリラ闘争が展開されるようになった。日本は中国共産党の指導、工作する反満抗日ゲリラを「共産匪賊」「共匪」と呼んで恐れ、関東軍は満州内の反満抗日ゲリラの制圧に全力を注いだ。関東軍は「満州国」行政組織を関東軍の治安戦の一環に組み入れるため、一九三三年六月、中央から省、県にいたるまで治安維持会を設置させた。同会は、「匪賊」掃討ならびに「匪賊」情報の収集、ならびに武力鎮圧にとどまらない中国住民への宣撫工作を任務とした〈註2〉。鈴木郁太郎さんは樺甸に組織された治安維持会の指導的役割を果たしていたと思われる。日本軍のいう治安戦とは、日本軍が確保した占領地の安定確保を実現するための戦略、戦闘、施策などの総称である〈註3〉。

久子さんは父から、鉄砲の玉が飛んでくるから屋敷の外に出ては行けないといわれていたが、ある日、中庭でままごと遊びをしていた中国人の遊び友達と一緒に屋敷から外へ出て遊んで帰ってきたら、父に厳しく叱られたことがある。大きな戦闘はなかったが、歩哨の兵隊が殺されたことはしょっちゅうあった。母たちは「今日も狼にやられた」という言い方をした。当時、本当の狼にやられたのだと思っていたが、事実はちがった。「狼」とは、抗日ゲリラのことを意味した。父も樺甸周辺が危険なことは認識していて、夜間の外出はせず、書斎の机にはピストルが入れてあったと久子さんはいう。

何鳳岐《かほうき》さんとの出会い

樺甸の医院では中国人の看護婦の何鳳岐さんが両親のアシスタントとしてなくてはならない存在であるとともに、久子さんと節子さんにとっては、母親代わりになってくれた人であった。

何鳳岐さんとの出会いは姉妹にとって決定的に重要な意味をもった。何さんは正確とは言えないが片言の日本語が話せ、日本語の文章が書けたので、医院では中国人患者と両親の通訳をしてくれた。性格が明るく、患者たちにも慕われていた。薬の知識も相当あり、父や母のお眼鏡にかなった有能な人であったことは、子どもの久子さんにもわかった。前述したように、母の茂子さんが夜中でも助産に駆けつけられたのは、何さんが付き添ってくれたからであった。

満州には奉天に日中共学の満州医科大学（一九二二年開学、前身は一九一一年に創設された南満医学堂）があったので、同大学では日本語を学べた。何さんがそこを卒業した可能性が高いが、満州には医学系の高等教育学校が九校と多かったので、他の医学校を出ていた可能性もある。

医院の薬剤室の母・茂子さん（左）と何鳳岐さん

ある日久子さんが何鳳岐さんと一緒に町中を歩いていた時に、何さんが立派な屋敷の家を見て、自分の家のようだと言ったので、良家の出身の人のように思えた。何鳳岐さんは樺甸の人ではないので、学校か病院機関か誰かの推薦によったと思われるが、日帰りできない遠いところから来たので、医院に住みこみで働き、やがて家族の一員のようになった。その結果、久子さんにとって、さらに妹の節子さんの人生にとって、掛け替えのない大切な人になったのである。久子さんには、母親よりも何鳳岐さんに大事にされた記憶がある。

何鳳岐さんとの出会いについては、久子さんが思い出を書いているので、少し長くなるが引用する。（註4）

私が何鳳岐さんに初めてお会いしたのは、私が六歳ごろ、中国吉林省の樺甸の町に住んでいた時でした。何さんはお花畑のような美しい中国服を着て、日本語で「私は看護婦の何鳳岐です」と言い、子供の私に対して深々と頭を下げて下さいました。髪は短く切り揃えられ、耳にはイヤリングが光っていました。私の父は関東軍の軍医でしたが、普段は町医者として働き、母は看護婦・産婆・薬剤師の仕事をしていました。医院の待合室はいつも中国人の患者さんであふれていました。中国語が不自由な両親にとって何さんはなくてはならないパートナーとしていらして下さったのでした。

私は何さんと手をつないで町の中を歩くのがとても楽しみでした。町の人々は皆何さんに笑いかけ、子供たちは嬉しそうに駆けよってくるのです。

何さんは私にとても沢山の事を教えて下さいました。例えば、地平線が凸凹しているのは山々が連なっている影で、その向こうには別の国があり、更にその向こうにはどんな川より大きな海があること、泥池に潜ったり出たりしている人は口の回りに髭が生えている魚を捕っていること、お葬式の行列の中でワァワァ泣いている人は、お金をもらって泣くお商売の人達だということ等、数えたらきりがありません。

何さんは忙し過ぎる母に代わって躾もして下さいました。例えば虫歯の多い私が沢庵を食べ残すと、「プーシン」（中国語で不行《プーシン》、よくない、いけないという意味）と言ってその沢庵をポリポリ食べて見せ、アーンと口を開けて白い歯を示し、固い物を食べないと歯が丈夫にならないと教えて下さいました。

久子さんは何鳳岐さんに連れられて町を歩いたときに、アヘンを吸っている中国人を時々見た。「彼らはドロンとした目をして長いキセルを口にくわえ、長々とオンドルの上に体を横たえて、ジュルジュルとアヘンを吸っていました。それは又、生活の周囲に見える当たり前の日常の風景の一つでした。何か甘トロい臭いが辺りに漂っていて、子供心にも気味の悪いものでした。その目つきはどこか爬虫類か昆虫類に似ていて、何を見ているのか、何も考えていないのか、訳の分からぬ目玉なのでした」と筆者への手紙で書いている。子どもの久子さんは知るよしもないが、本書第3章で言及したように、満州の日本人と朝鮮人が中国人へのアヘン販売に大きく関わっていたのである。

久子さんの生涯において、樺甸で過ごした時代は最も幸せな時代だった。両親の愛情に包まれて無心で遊んでいればよかったからである。その幸せの時代を支えたのは、母親代わりでもあった何鳳岐さんの存在が大きかった。

妹の節子さんはこの樺甸で一九三三（昭和八）年一〇月三日に生まれている。しかし、節子さんには樺甸での記憶はまったくない。母の茂子さんが医院の仕事で多忙だったうえに、二歳年下の妹の紀子ちゃんの世話にかかりきりだったので、節子さんは何鳳岐さんと一緒に寝た。また母親よりも何鳳岐さんと一緒にいた時間のほうが多かった。幼児の節子さんを何鳳岐さんが母親代わりになって育てたともいえる。動物の子が飼育の人間を親と錯覚するように、節子さんも何鳳岐さんを母親のように慕い、その思いは本書で述べるように、生涯変わらなかった。

久子さん、両親と別れ、水上へ

久子さんにとって最も幸福であった樺甸での生活は長くはなかった。久子さんが小学校に上がる問題が起こったからである。樺甸には日本人学校はなかった。久子さんの小学校入学が近くなったころ、郁太郎さんは、久子さんが地元の中国人小学校に通えるかどうか試したことがあった。ある日、近所の小学校六年生の女の子に久子さんを連れて行ってもらい、体験入学をさせたことがあった。ところが久子さんは、前の席の女の子の髪は虱だらけで気持ちが悪くてクラスになじまず、男児が乱暴な胴上げ遊びをしているのを目の当たりにして怖くて、ワァーワァー泣き出してしまったのである。中国人の学校を怖がった久子さんを見て郁太郎さんは、中国人小学校への入学を断念し、群馬県水上町にある茂子さんの実家の両親に預けて小学校へ行かせることに決めたのである。

久子さんは、七歳になった一九三五（昭和一〇）年、母の茂子さんに連れられて日本に帰り、水上の母の実家に預けられて、水上小学校の一年生に入学した。

日本に帰るために母に連れられて樺甸の家を後にした時、ままごとをして仲良く遊んだ近所の女の子たちが、泣きながら久子さんの乗った馬車を追いかけてきて、最後は追いつけなくなって、「ワアーン」と大きな泣き声をあげて、道に座りこんでしまった。その姿がみるみる小さくなっていった光景が今でも鮮やかに目に浮かぶと久子さんはいう。この光景の記憶は、「友情に国境はない」という思いと重なって、久子さんには生涯忘れられないものとなった。

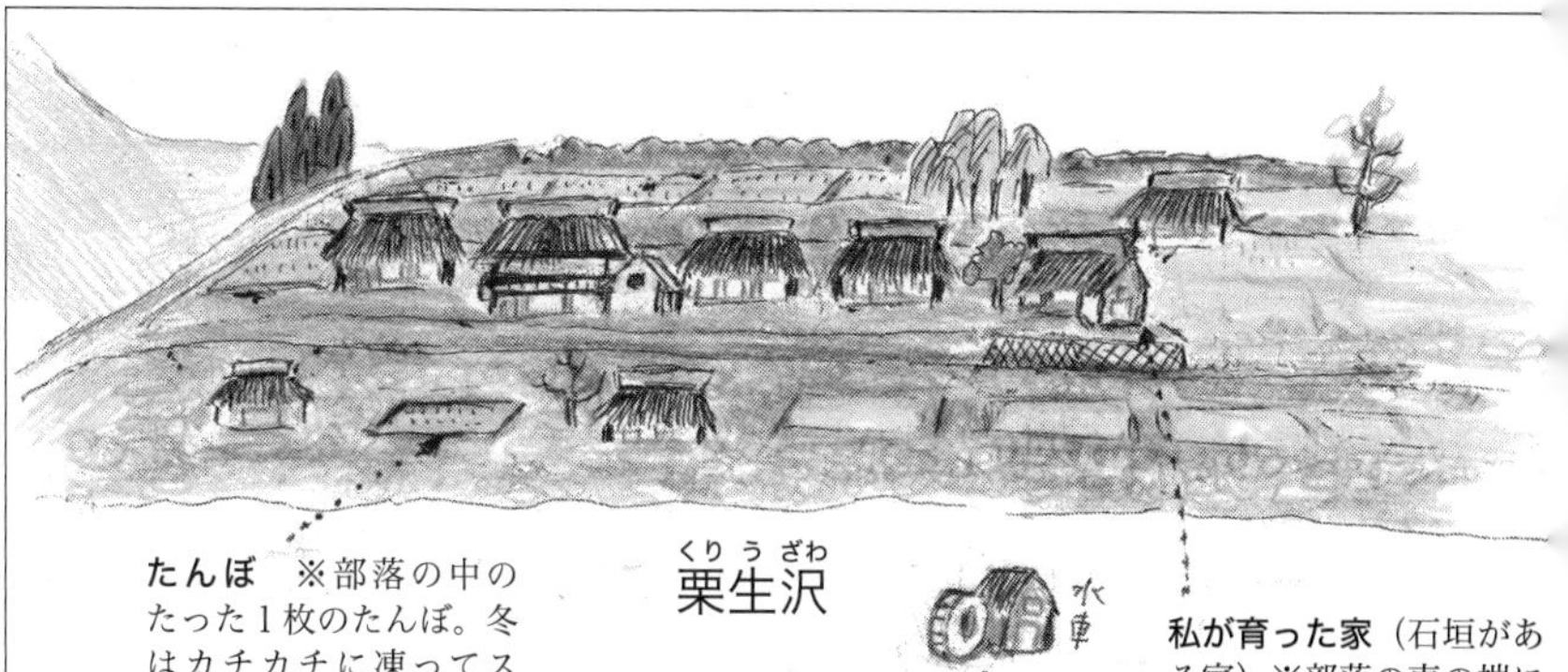
たんぼ　※部落の中のたった1枚のたんぼ。冬はカチカチに凍ってスケートができた。
私が育った家（石垣がある家）※部落の東の端にあって、桜の木に囲まれていた。今は姿形もない。

櫛渕久子さんが描いた栗生沢

群馬県利根郡水上町小仁田《こにた》の母の実家に預けられた久子さんは、当時は町でただ一つの水上小学校に入学した。両親とは離れてしまったが、優しい祖父と祖母に可愛がられて小学校へ通った。祖父は利根郡一帯の短歌結社の師匠をやっていた人で、『みなかみ紀行』[註5]を書いた歌人の若山牧水が水上に愛着をもってたびたび訪れてきた折に、牧水から短歌の指導を受けている。書にもすぐれ、久子さんが祖父の書いた短歌の色紙を小学校に持って行って見せたら先生に驚かれた記憶がある。妹の節子さんも短歌を趣味とし、『朝日歌壇』に投稿した短歌が掲載されたりしているのは（後述）、祖父の血を受け継いでいるともいえよう。

祖父は久子さんに目を掛け「久子はいい目ん玉をしてるからよくよく物が見える」「久子は大きくなったら弁護士か医者になって人様の役に立て」などと言っていたという。久子さんは小学校一年生から三年生の夏まで、祖父と一緒に風呂に入っていた。

両親から離れた久子さんには、一年に一度、父の郁太郎さんと母の茂子さんが交代で会いに日本にやってくる約束だった。

久子さんが二年生のときに、父の郁太郎さんが東京の実家に来て、久子さんは祖父に連れられて東京でお父さんと会った。そのとき、久子さんは「お母さんに会いたい」と言って泣いたという。泣きじゃくる久子さんを見て郁太郎さんは久子さんを中国へ連れて帰りたいという思いをつのらせたにちがいない。

祖父に連れられた久子さんが上野駅で父親と別れるときに、久子さんは「お母さんに会いたい」と泣き続けた。列車が発車するとお父さんは久子さんを手放すのが辛くて、列車を追ってホームを走ったという。これが、久子さんがお父さんを見た最後となった。

一年後に郁太郎さんは樺甸から通州へ移動することを決意する。おそらく関東軍から通州異動の打診か命令があったとき、郁太郎さんは「渡りに舟」と承諾したと思われる。それは、通州へ行けば、天津にも北平（北京）にも近くて、天津租界か北京の日本人居留地〈註6〉の日本人学校に久子さんを通わせることができるし、あるいは関東軍や支那駐屯軍に、通州の日本人居留民をさらに増大させ、いずれ日本人学校もつくるほどに日本人居留地を拡大させる計画があったことも考えられる。

「お父さんは、久子さんの教育のことを考えて通州へ行くことを決めたのではないか」という筆者の質問にたいして、久子さんは「父のことだから総合的に考えて決めたと思うが、私が泣いたから父は通州へ行くことを決めたのだ、私があの時泣かなければよかったのだとずっと思ってきた」と涙を流しながら語った。

関東軍の当局は、郁太郎さんが樺甸の町医者として中国住民の信頼を獲得し、治安維持会などを通した住民への宣撫工作に貢献していたことを高く評価して、冀東政権の政府が置かれた通州の日本人居留地を拡大する計画のために、軍医、民医の両役をこなせる軍属の郁太郎さんに注目して、通州異動を命令したことは十分考えられる。久子さんを頭にして、節子さん、紀子さんと三人の女の子の学校教育問題を考えた郁太郎さんが、「渡りに舟」と命令に従ったのではないだろうか。

郁太郎さんが、通州に移ってすぐに久子さんに送った手紙に、通州で開院する病院の見取図が書いてあったという。「あるいは父は通州に永住する気持ちでいたのかもしれません」と久子さんがいうように、郁太郎さんなりに、久子さんも呼び寄せて姉妹三人を日本人学校に通わせる将来図を考えていたのかも知れない。

【註】

〈1〉櫛渕久子「れくいえむ⑪」（『月刊志賀』第二九七号、二〇一六年五月二〇日）。『月刊志賀』は久子さんが参加している、地域の医者や退職した映画監督、平和運動家などさまざまなジャンルの「年寄」が参加して発行しているミニコミ雑誌である。

〈2〉笠原十九司「治安戦の思想と技術」（『岩波講座　アジア・太平洋戦争　第5巻　戦場の諸相』岩波書店、二〇〇六年）参照。

〈3〉華北における治安戦については笠原十九司『日本軍の治安戦―日中戦争の実相』（岩波書店、二〇一〇年）を参照されたい。

〈4〉櫛渕久子「れくいえむ⑦」（『月刊志賀』第二九三号、二〇一六年一月二〇日）。

〈5〉若山牧水著、池内紀編『新編　みなかみ紀行』（岩波文庫、二〇〇二年）に『みなかみ紀行』（書房マウンテン、一九二四年）が収録されている。

〈6〉租界は天津租界のように、日清戦争後の日本が一八九八年に条約によって獲得した、行政、警察を管理する中国から治外法権を認められた地域のことである。日本人居留地は、北平（北京）の場合は東交民巷といわれた列国の公使館区域に日本人が集住（居留）して、日本領事館警察の管轄下に日本人の特権が行使されているような地域のことで、日本租界のような明確な行政区分はなく、日本人が集住（居留）して居住権を既得権的に獲得していったケースが多い。

第2章　通州事件に遭遇した鈴木家

通州への移転

鈴木郁太郎さんの一家が樺甸《かでん》から通州へ移転したのは一九三七年三月のことだった。すでに家族の一員のようになっていた看護婦の何鳳岐《かほうき》さんも同行した。

郁太郎さんから東京の父親に宛てた四月一三日付の手紙には「通州は人心未だ親日的ならず、日本人に表通りの家を貸すことを好まず、止むなく裏通りに四棟十四間の家をヤッとの思いで借り申し候。当地には『保安隊』と申す兵隊有之表面親日的に見え候も完全なる日支親善はまだまだ遠き将来のことに存ぜられ候……」と冀東病院開設の苦労が書いてあった。〈註1〉本書第I部で詳述したように新天地の通州では樺甸とはまったく異なった反日的な空気に直面したのである。郁太郎さんは通州の保安隊が「表面親日的」に見えるが「日支親善」ではないと、本書で詳述してきたように密かに反乱を企んでいた保安隊の正体に感づいていたような文面である。

通州で開設した冀東病院がどのような雰囲気であったかは、久子さんはいなかったし、節子さんはまだ三歳で記憶にないとのことなのでわからないが、通州事件の直前のただならぬ状況は、間接的であるが久子さんは聞いていた。

通州事件から四年後の一九四一年、久子さんが一三歳のときであった。東京の父方の気の好い祖父・直之助さんが、「貴方と共に働いていた私の息子の遺児がこんなに大きくなりました」と望みもしない久子さんを連れて、通州の日本軍守備隊指揮官だったらしい青年将校を訪ねたことがあった。ところが鷲みたいな目つきをしたその将校はドン！　と力一杯テーブルを叩くと、「だから俺は貴様の息子を怒鳴りつけたんだ！　一介の医者のくせに俺に向かって口出しする気か、ブッタ切るぞ！　とな。奴さん手をぶるぶる震わせておった。バカ者めが」と祖父に向かって怒鳴ったのである。

ぼんやりと窓の外を眺めていた私は肝をつぶして将校さんを見た。彼の目は激しい怒りで青白く底光りしているように見えたと、久子さんは回想記に書いている。〈註２〉

久子さんの回想記はつづけて、「父はその青年将校にブッタ切るぞと言われた後、家にもどって私宛の遺書を書きました。『父や母達はこの通州で死ぬやもしれぬ。何鳳岐さんを母とも姉とも思って仲良く幸せに暮らせ』と。その遺書を、通州に赴任する以前の樺甸の町の時から家族同様に暮らしてきた中国人の看護婦の何鳳岐さんに、貯金通帳などと一緒に手渡したのでした」と書いている。〈註３〉

郁太郎さんの遺書は後述するように、祖父の直之助さんが何鳳岐さんに助けられた節子さんを受け取りに北京に行ったときに、何鳳岐さんから渡された。後に久子さんの手に届いたが、お父さんの太い字でしっかりと書かれていたという。

筆者の推測になるが、郁太郎さんは、何鳳岐さんや病院の中国人使用人などから、通州の中国人の間に密かに流れていたと思われる、保安隊の反乱の情報を通州駐屯の第二連隊（連隊長萱島高大佐）の司令部に伝え、対策をとるように申し入れに行ったのではないかと思われる。司令部の方では、前述のように、保安隊が反乱を起こすとは考えておらず、七月二七日に萱島連隊を北平の南苑へ出動させたのである。もしも通州駐屯軍司令部が郁太郎さんの情報を重視して、萱島連隊を通州にとどめておけば、あるいはすでに南苑に出動していたのならばすぐに引き返えさせておけば、本書で詳述したような保安隊の反乱は起こせなかったであろう。

東京の祖父にたいして、郁太郎さんを罵倒した通州守備隊の指揮官は、自分達の情勢判断と作戦の誤りに関わる過去に触れることも拒否して、あのような横暴な態度をとったのではないかと思われる。

通州守備隊の指揮官に日本人居留民保護の要請に行って、怒鳴られ、追い返された郁太郎さんは、やがて保安隊が反乱を起こせば、日本人は殺害されることを覚悟して遺書を書き、久子さんや節子さんのことを何鳳岐さんに託したのである。郁太郎さんは、保安隊の反乱は日本人だけが殺害の対象であり、中国人は殺害されないことも察知していたと思われる。保安隊の反乱を予知しながら、軍医ゆえに通州に留まらざるを得なかった郁太郎さんは「父や母達はこの通州で死ぬやもしれぬ」と遺書をしたためたのである。

新聞報道に見る鈴木家の悲劇

通州事件の新聞報道から、郁太郎さん茂子さん夫婦と子どもたちの被害に言及した記事を取り上げて、久子さんと節子さんの両親と妹が、通州事件という歴史的事件において、虐殺された事実を確認したい。

①**【恨みは深し通州城　悲憤迸《ほとばし》る遭難者遺族】**（写真次頁）（『読売新聞』一九三七年八月四日。写真説明＝通州の露と消えた人々　行方不明の鈴木郁太郎氏〈円内〉と妻茂子さん、三女紀子さん、左は生き残った節子ちゃん）

②**【虫が知らすか、運命　厳父へ保安隊を危惧した手紙　苦学力行の鈴木医師】**（同右）

《行方不明を伝えられる開業医鈴木郁太郎（三六）氏、茂子（三二）夫人及び三女紀子（二つ）ちゃんの三人は奇蹟的に悪魔の魔手を脱れた次女節子（三つ）ちゃんとともに親子四人で日本人看護婦数名を使って通州南街吏家胡同一五号に鈴木病院を開業していた。同氏は山形県西村山郡宮宿町の出身、郷里山形中学校を卒業後上京、苦学力行して医師検定試験に合格六年前渡満、吉林省樺甸県城で開業した後、今春三月新天地開拓を目ざして通州城に移ったばかり。渋谷区代々木上原町一三一七の生家には父元警視庁巡査直之助（六一）母つな（五四）さんと三人の弟妹が安否を気づかっている。（中略）今日陸軍、外務省を訪ねて事情を訊ねましたが、親子三人が行

怨みは深し通州城

悲憤迸る遭難者遺族

鬼畜の保安隊へ禍ひあれ

悪鬼の青龍刀をふるつて殺戮した通州保安隊の鬼畜のごとき手にかゝつて永劫に消えぬ恨みを異郷につかんだわれらが同胞の名がやうやく一人また一人と判つてくる、死の街通州の惨虐の地獄に點々とおこたらしく蹴つた尊い兄弟の血痕からあゝまだ頑是ない子供の、理に誇りのなかつた婦女子の無惨な泣き叫ぶ聲が聞えてくるやうだ、殺されたのは立派な人間だ、殺したのは人間ではない、野獣だ—それだけにこの獣の毒爪に非業の最期をとげた無辜な犠牲者のなかに、行方不明を傳へられる人々のなかに、いま夫を、娘を、父を發見した家族達の悲憤は筆舌をこえて激しくほとばしるのだ！

通州の露と消えた人々【右】行方不明の石井夫妻【左上】戦死した島田鷹とその妻子【同下】行方不明の鈴木郁太郎氏—圓内—と妻茂子さん、三女紀子さん、左は生殘つた節子ちやん

『読売新聞』1937年8月4日付

方不明というだけで、生死のほどもわからず心配でたまりません。まだ物心つかない節子だけが生き残ったそうですが、幼なごころにもどんなに恐ろしい思いをしたことでしょう（後略）》

記事は東京の渋谷区代々木上原に住んでいた鈴木郁太郎さんの父親の直之助さんが通州事件で虐殺された息子について語ったものである。鈴木一家は通州事件のわずか数カ月前の一九三七年三月に満州の吉林省樺甸《かでん》から移ってきたばかりであった。鈴木医院を開業したと述べているのは、直之助さんが

そう思っていたので、現地では前述のように冀東病院であった。郁太郎さんが前述の父親への手紙で書いていたように、通州では反日的気運が強く、「鈴木医院」などと日本人名を使用した病院を看板にすることはできなかったのである。

前頁の新聞写真の下が鈴木一家で円内が郁太郎さん、母の茂子さんが抱いているのが三女の紀子ちゃん、脇に立っているのが、次女の節子ちゃんで当時三歳、後述するように、中国人看護婦の何鳳岐さんの機転により、虐殺現場から助けられた。

③【通州事件遭難者　きのふ氏名判明】（『読売新聞』一九三七年八月七日）

《通州事件勃発以来ついに九日を算し、邦人百三〇余名の生存者以外は殆ど絶望視されるに至り、目下のところ行方不明又は、死亡と見られるものは、内地人七十名、半島人九十八名で六日当局に葬られた内地人行方不明及び死者の氏名左の如し。（中略）鈴木郁太郎（三六）内妻木村茂子（三二）三女紀子（二つ）（後略）》

通州事件の日本人犠牲者の遺骨整理や調査が進み、事件後九日経過して犠牲者の氏名が判明した日本人七〇名が報道された。その中に久子さんと節子さんの両親と妹の名前が記されていた。お母さんが「内妻木村茂子」と記されていることについては、前述したとおりである（本書二四〇頁参照）。

④【冀東病院勤務の鈴木氏一家】（新聞名、日付不明、『東京新聞』二〇一七年九月一〇日付の姉妹紹介記事中に一部掲載）

記事には、母の茂子さんが三女の紀子ちゃん抱き、傍らに節子さんが立ち、丸円に父親の郁太郎さんの顔写真が付された写真が掲載され、「冀東病院勤務の鈴木一家」という小見出しがついている。姉妹の父の鈴木郁太郎さんは冀東病院の医師だった。本書二〇八頁に記した「冀東病院」の虐殺に相当する。藤原哲円（本書二〇二頁参照）が遺骨整理に虐殺現場に行っているので、遺体の写真も撮影している。久子さんが回想記に、「孫の一人が通州事件に関する生々しい写真を探しだしてくれました。その写真の中に、無残に虐殺された父の死体がありました。父は頭や顔を殴られたのか、口をあんぐりと開けて仰向けにひっくり返っていました。腹は裂けて血が流れ出し、両脚はズボンがボロボロになる迄叩き潰されていました。私の母は、お腹を切り裂かれて中の赤ん坊が流れだしていたそうですが、地べたに叩きつけられてグチャグチャになった妹共々、写真はありませんでした。余りにむごたらしいので、カットしたのでしょうか」と書いている。（註4）

中国社会では人の霊は骨に宿り、あの世から霊魂が骨に戻ってくると信じられており、その際、骨が五体満足で揃っていないと霊が戻れないと信じられていた。郁太郎さんの両脚が叩き潰されていたのは、霊魂が再び骨に戻れないように、完全に殺害するためであった。日中戦争で中国人が日本刀による斬首をもっとも恐れたのは、首が切断された骨には霊魂が戻ってこられなくなると信じられていたからである。

何鳳岐さんに助けられた節子さん

①**【銃殺の前　母性愛　支那看護婦が虎口にかばふ　哀れ節子ちゃん帰る】**（『東京朝日新聞』一九三七年九月三〇日夕刊。写真説明＝華子伯母さんに抱かれた節子ちゃん。下は支那人看護婦の可《ママ》鳳岐さん）

《恨みの通州血の惨殺事件の記憶を新たに、今は哀れ孤児となった節子ちゃん（三才）が悲しい犠牲となった父母と妹の遺骨を守り二九日午前八時東京駅着列車で帰京した。

銃殺の前 母性愛
支那看護婦が虎口にかばふ
哀れ節子ちゃん歸る

華子伯母さんに抱かれた節子ちゃん
下は支那人看護婦の可鳳岐さん

怨みの通州血の慘虐事件の記憶を新たに、今は哀れ孤兒となつた節子ちゃん（三つ）が悲しい犠牲となつた父母と妹の遺骨を守り廿九日午前八時東京驛着列車で歸京した

過ぐる七月二十九日、猖獗保安隊の襲撃を受けて南門胡同十九號に冀東醫院を開いてゐた節子ちゃん一家、鈴木郁太郎氏（　）妻シゲ子さん（　）、次女紀子ちゃん（　）が無慘鬼畜の行爲によつて慘殺された中に、長女の節子ちゃん唯一人が奇蹟的に救はれたが、この悲慘の蔭に瀕死の重傷を負ひながら銃殺場に我兒をかばふ母の愛、銃口に主家の娘を救つた支那人看護婦の義俠などの佳話が織り込まれてゐた事が節子ちゃんを伴つて歸つた祖父の澁谷區代々木上原町一、一二九六鈴木直之助さん（　）の口から明かにされた、その日の明方、猖獗暴徒の一隊が節子ちゃんの家に踊りこみ、壁にかけてあつた御眞影に手を觸れようとしたので郁太郎氏が「恐れ多くも、何をするか―」と叱咤すると、いきなりピストルを突きつけて一家を縛り上げてしまつた

この時同家に通譯代りの雇婦として雇はれてゐた可鳳岐さん（　）が節子ちゃんを抱き上げ「これは私の子供です」と庇ひ、節子ちゃんの片言まじりの支那語も役立つて危く銃殺場行きを免れたのであつた

通州北門外西方の増官園に運ばれてあつた保安隊の銃殺場は正面の高台に機關銃二門を据ゑ、數十名の保安隊が小銃の口を向け半圓を描いて包圍してゐたが郁太郎氏は機關銃の下に射たれ、シゲ子さんは背中に彈丸を受け思はず抱いてゐた次女の紀子ちゃんを投げ出してしまつたのだつたが、機關銃と小銃からの降るやうな彈丸の中にも咄嗟に我兒の泣き聲を聞きつけ腹這ひになつていざり寄らうとする處を『まだ生きてゐる』とばかり銃劍で突き刺され、傍の紀子ちゃんは銃底で頭を割られてしまつたのだつた

この異常な恐怖を幼い腦底に叩き込まれた節子ちゃんは可愛いお河童の下にくりくりした眼をパチパチさせて

みんな縛られて行つてしまつた紀ちゃんは頭を支那人に毆られたの……

とたどたどしい説明に出迎へた附近の人々の涙を誘つた

『東京朝日新聞』1937年9月30日夕刊

過ぐる七月二九日、反乱保安隊の襲撃を受けて南街吏家胡同十九号で冀東病院を開いていた節子ちゃん一家、鈴木郁太郎氏（三六）妻シゲ子（三二）、次女（三女の誤り――引用者）紀子ちゃん（二才）が暴虐鬼畜の行為によって惨殺された中に、長女（次女の誤り）の節子ちゃん唯一人が奇跡的に救われたが、この事情の裏に瀕死の重傷を負いながら銃殺場に我児をかばう母の愛、銃口に主家の娘を救った支那人看護婦の義侠などの佳話が織り込まれていた事が節子ちゃんを伴って帰った祖父の渋谷区代々木上原町一二九六鈴木直之助さん（六一）の口から明らかにされた。その日の明方、反乱暴徒の一隊が節子ちゃんの家に躍りこみ、壁にかけてあった御真影に手を触れようとしたので郁太郎氏が「恐れ多くも、何をするか！」と怒鳴るといきなりピストルを突きつけて一家を縛り上げてしまった。

この時同家に通訳代りの看護婦として雇われていた可《（ママ）》鳳岐さん（二一）が節子ちゃんを抱き上げ「これは私の子供です」と庇《かば》い、節子ちゃんの片言まじりの支那語も役立って、危うく銃殺場行きを免れたのであった。

通州北門外西方の増官園に造られてあった保安隊の銃殺場は正面の高台に機関銃二門を据え、数十名の保安隊が小銃の口を向けて半円になって包囲していたが、郁太郎氏は機関銃の下に撃たれ、シゲ子さんは背中に弾丸を受け思わず抱いていた次女（三女の誤り）の紀子ちゃんを投げ出してしまったのだったが、機関銃と小銃から降るような弾丸の中にも、咄嗟《とっさ》に我児の泣き声を聞きつけ腹這いになっていざり寄ろうとする處《ところ》を「まだ生きている」とばかり剣で突き刺され、傍らの紀子ちゃんも銃底で頭を割られてしまったのだった。

この異常な恐怖を幼い脳底に叩き込まれた節子ちゃんは可愛いお河童の下にくりくりした眼をパチパチさせて

みんな縛られて行ってしまった。紀ちゃんは頭を支那人に殴られたの……

とたどだどしい説明に出迎えた付近の人々の涙を誘った。》

②【〝お母ちゃんも妹も鉄砲で殺されたの〟満州国人看護婦に只一人救われ、通州悲劇の命日に孤児で帰京】（『読売新聞』一九三七年九月三〇日夕刊）

《去る七月二九日―永遠に忘れることのできない通州反乱の日、残虐なる冀東保安隊の凶手に両親と妹を奪われてただ一人残された開業医鈴木郁太郎（三六）氏の次女節子（三）ちゃんが去る十日東京を立って通州へ急行した祖父直之助（六〇）さんに伴われて丁度二ヶ月目の命日に当たる二九日朝しょんぼりうち潰れて東京へ帰ってきた。（中略）渋谷区代々木上原一三一七の祖父の家に迎えられた。節子さんは……叔母に当たる直之助四女華子さんの膝で「お父ちゃんは殺されたの、お母ちゃんも紀子も鉄砲で殺されたの」

幼な心にあの恐ろしかった日の思い出を片言混じりに繰り返すばかりだった。父郁太郎氏（三六）母茂子（三一）さん妹紀子（二つ）ちゃんの三人が殺されたなかに節子さんだけがなぜ凶手を免れたのか、そこには同病院の看護婦で満州人の何鳳岐さんの涙ぐましい主《あるじ》思いが秘められていた。

"お母ちゃんも妹も鐵砲で殺されたの"

滿洲國人看護婦に只一人救はれ

悲劇の通州 命日に孤兒で歸京

蓋開けの更生文 愈よ搬入受

特選制度も

『読売新聞』1937年9月30日夕刊

鈴木一家が襲われたのは二九日朝十時ごろで、まず一人の保安隊が鈴木一家及び入院患者塩満一男（二五）君及び何鳳岐さんの六人が恐怖にふるえながら一ヶ所にかたまっていた六畳の間にとびこんで、金はあるかと現金二百円と時計を略奪したところへ、さらに十数人の保安隊が乱入、略奪の限りをつくしてのち鈴木夫妻と紀子ちゃん及び塩満君を屋外へ拉致し去った。節子ちゃんだけは何鳳岐さんが

「妾は支那人でこの子は妾の子供です」

と身をもってかばったので危うく難を逃れた。保安隊に拉致された鈴木さんたちは、通州西南方千メートルの高粱畑の中で保安隊の機銃の斉射にあって郁太郎さんは前額部に弾を浴びてそれまでしっかり抱きしめていた紀子ちゃんを投げ出したままばったり倒れてしまった。投げ出された紀子ちゃんはその時腰を撃たれて虫の息となっていたが、しきりに悲鳴をあげるのを無残にも鬼畜の保

安隊は銃をふりあげてその台尻で頭を粉砕して惨殺してしまった。

一方、母親の茂子さんはこれも銃剣で喉を突き刺されて死んだ。看護婦何鳳岐さんの機転により奇蹟的に生き残った節子ちゃんは何さんと二人で二十日間通州に籠城、両親、妹を失って夜になると淋しがって泣き叫ぶ節子ちゃんを肉親も及ばぬ献身的庇護を加えて八月十八日漸く北平に移り、北平警察署の保護のもとに北平郊外の宿屋で安全に祖父さんの迎えにくるのを待っていたものである。

直之助さんが北平に着いたのは、去る十四日、鈴木一家遭難の通州城内外を厚く弔ってのち、北平の駅頭に別れを惜しむ何さんの見送りをうけて十六日出発したのであった。

直之助氏宅では早速持ち帰った郁太郎氏ら三人の遺骨を安置し供養して冥福を祈ったが、追って本葬を営むことになった。（写真は祖父直之助翁と寂しき帰京した節子ちゃん）》

右の二つの新聞記事は、看護婦の何鳳岐さんが、虐殺の現場から命がけで節子さんを助けだした経緯が詳しく書かれている。保安隊の集団が虐殺行為の興奮に駆られて、郁太郎さん一家を連行しようとしている緊迫した状況のなかで、何鳳岐さんは「この娘は私の子です。連れ去らないで下さい。返して下さい」と叫びながら、保安隊の手から節子ちゃんを奪い返したのである。もし、節子ちゃんが日本人の子とわかったら、何鳳岐さんは無事でいられなかったであろう。何鳳岐さんの行為は命がけといえた。

何鳳岐さんは節子ちゃんを抱きかかえて高粱畑に逃げこみ、その中に身を潜めて何日かを過ごし、通州から保安隊がいなくなったのを確かめてから、通州城を出て、保安隊や中国軍と遭遇しないように、高粱畑に隠れながら、節子ちゃんの手を引いて、北平を目指して逃避行を開始したのである。

右の記事には、冀東病院の鈴木家が襲撃され、連行されて高粱畑で虐殺された経緯が記されているが、本書で多用してきた、事件後も通州に留まり、遺骨収容作業に従事した藤原哲円の「通州事件回顧録」にも、虐殺現場が記されている。

右の新聞記事に名のある入院患者の塩満一男（藤原書では潮満、二〇代の鹿児島県人）が、虐殺現場からの脱出に奇跡的に成功し、事件後、遺骨収容班を案内して現場に行き、冀東病院の院長夫妻、産婆、看護婦および入院患者の死体を収容してきたのである。以下は、藤原が塩満と収容班から聞いた話である。

冀東病院に闖入してきた反乱兵は、院長から患者たちまで残らず数珠つなぎにして、北門外約八キロ（これは距離があり過ぎるので誤りで、新聞記事にある「通州西南方千メートルの高粱畑」が妥当と思われる）の部落はずれの、寺院前の高粱畑の脇の空地に連行され、一列横隊に並ばされた。一列横隊に並び終わったところで突然機関銃の掃射が始まり、左のはしから、絶叫やうめき声が起こって次々にばたばたと倒れた。塩満は連行されている間に何かのはずみで後ろ手にしばられた紐が解けたが、そのまま紐を握って縛られた格好をしていた。一列横隊に並ばされたとき、一番端にいて、自分の番と思う直前に倒れて撃たれなかった。全員倒れると拳銃をもった反乱兵に交替し、煙草の火を死体に押し付けては生きているかどうかをチェックした。塩満は自分のところに来たところで、反乱兵から拳銃を奪い、後ろに向けて乱射しながら、高粱畑に逃げ込むのに成功し、日章旗が城門に翻っている通州にもどってきたのである。

遺骨収容班が塩満の案内で現場に行ったところ、死体はなかったので、部落民に聞いたところ、あまりにも気の毒であり、また臭いので、窪地に移して埋葬したということであった。そこへ案内させ、みんな掘り起こして持って帰ってきたのである。そのなかには、むごたらしいことに、妊婦の腹を引き裂いて胎児を引き出したものがあったという〈註5〉。

妊婦の遺体は姉妹の母の茂子さんであろう。胎児は男の子だったという。

冀東病院を経営していた久子さんと節子さんの両親と妹が虐殺された現場の状況は、前述の朝日新聞と読売新聞の記事に、節子さんを連れて帰国した祖父の話が紹介されているが、藤原書にある冀東病院の患者の潮（塩）満一男が語った体験談が事実に近いといえよう。

通州事件について、成人した節子さんが筆名で出版した、新道せつ子『ハンゼン氏病よさようなら』（主婦の友社、以下「せつ子本」と略す）のなかで、「通州事件」というタイトルでつぎのように書いている〈註6〉。


私は満州の吉林で生まれて、五年目（三年目の誤り―引用者）、河北省の通県（通州―引用者。以下同じ）で父母と妹に死別したのです。父母に死別した日、それは昭和十二年七月二十九日でした。通県の城内で医院を開いていた私の父母は、暴動を起こした中国の保安隊に襲われ、その地にいた邦人二十七人といっしょに、高粱の畑で虐殺されたのでした。二才だった妹も、母に抱かれていたために同じ運命にあったのでした。私はその七月二十九日を境にして、異境で孤児になったのでした。

自分のことだからよけいにそう感じるのでしょうか。私は、その日を出発点とする私の人生を、宿命ということばを欠いては説明できないように思うのです。

事件の日、父母と妹が、保安隊に連れ去られて行くときのことを、私ははっきりと覚えています。それなのに、なお私だけが殺されないですんだのは、私ひとりが中国婦人に助けられたからなのでした。

その人は、何鳳岐《かほうき》といって、父のところで働いていた若い看護婦でした。そのころ、妹が生まれていた私の家庭では、母は妹にかまけて、私にはそうかまえず、もっぱら私は何鳳岐にばかりまつわりついていたのを覚えています。ときには何鳳岐にせがんで、中国の踊りなのか、芝居なのか見に行ったこともありました。赤い薄い布を肩から両腕にたらして舞っていた舞台を、あの中国独特の哀愁をおびた音楽とともに、私はなつかしく思いだすのです。私は何鳳岐に甘え、彼女を慕っていました。

保安隊が邦人を襲う直前、父はその気配を知ったらしく、数種の遺書を書き、何鳳岐に託したのです。父母としては、もっとも信じていた人だったことがわかります。

保安隊が父母と妹を連れ去るとき、彼女は私のことを自分の愛児なのだと言いはって、私を助け、そのあと数日間も、遺書と私を抱いて、汗とほこりによごれながら、高粱の畑のなかを逃げまわってくれたのでした。見つかれば自分もあぶないという生命をかけた愛情で、私は何鳳岐に助けられたのでした。

――私のまわりから父母が、あの日を境にして見えなくなったこと、あの日からの幾日か、何鳳岐に抱かれている間は、恐ろしいことの連続だったことなどはわかりましたが、その日に父母は殺されたのだ、ということは少しも理解できないのでした。それよりも〝死ぬ〟ということはどのようなことなのか、全然わからないのでした――。

何鳳岐の私に対する愛情の深さは、同時に、何鳳岐を慕う私の気持ちの強さになっていて、私が祖父によって、内地に連れ戻されるおりにも、内地に来てからのながい年月の間にも、何鳳岐に会いたい、もう一度会いたい、という私の気持ちは、少しも薄れたことはありませんでした。

節子さんには、父母と妹が連行される現場の記憶のほかははっきりした記憶はない。記憶がみんな飛んでしまっているとのことである。ただ、おぼろげながら、何鳳岐さんが物乞いをしながら日本軍のところへ連れて行ってくれたことは憶えているという。何鳳岐さんと一緒に昼間は動かないで、夜、歩いた。歩きながら、日本語と中国語を話すと、普段はやさしい何鳳岐さんに「プーシン、プーシン」（中国語で不行《プーシン》、だめ、だめという意味）と厳しく叱られた。

薄暗い煙の多いところへ行った匂いははっきり覚えている。もしかしたら麻薬かもしれない。節子さんの生涯でかいだことのない匂いだった。いつも何鳳岐さんが傍にいたので、怖いとか恐ろしいとかの記憶はない。何鳳岐さんが節子さんを日本軍の駐屯地に届けてくれたことは祖父から聞いて覚えている。

以上は筆者が節子さんから聞いた話である。新聞記事によれば、八月一八日に北平にたどり着いたとあるが、通州から二〇日間をかけて、三歳の節子さんの手を引きながら、逃避行をしたのであった。

当時は夏期で通州―北平域に大雨が降り続いたという記録もあるので、保安隊や中国軍の目を避けながらの逃避行は大変であったことは想像に難くない。節子さんのおぼろげな記憶にあるように、農民に食べ物も乞うたこともあったと思われる。薄暗い煙と異様な匂いのところへ行ったというのは、アヘン吸飲の家に泊めてもらった可能性がある。

何鳳岐さんが節子さんを助けてくれたという連絡が入って、新聞記事のように、北平警察署に保護されて北平郊外の宿屋にいた節子さんを東京の祖父の鈴木直之助さんが迎えに行った。通州にも行って、鈴木家遭難の通州城内外を厚く弔ってのち、九月一六日に何鳳岐さんに見送られて北平駅を出発、日本に帰国したのである。

郁太郎さんの遺書は何鳳岐さんから祖父に託され、久子さんに渡された。何鳳岐さんはその後、通州を去って行った。

東京の祖父に連れてこられた節子さんは、そのまま代々木上原の祖父の家に引き取られた。節子さんは祖父に連れて来られた以後の東京の生活の記憶ははっきりと覚えているという。祖父は警察官で、おじいちゃんとの楽しい思い出はない。風呂に入って、百数え終わるまで出てはいけないとされたのが苦痛だったとのこと。祖母からは大事にされなかったという。

通州事件から一年後、節子さんは再び、新聞に写真が掲載された。

③【遺族の涙・銃後の誓ひ　けふ通州事件一周年追悼会】（『東京朝日新聞』一九三八年七月三〇日。写真説明＝殷汝耕氏夫人民慧さんと鈴木郁太郎氏遺児節子さん）

《恨みは深し、通州事件一周年を迎えて、二十九日朝八時から調布桜田町乗泉寺で遭難犠牲者二百の霊を慰める追悼会が当時の冀東政府長官殷汝耕氏夫人民慧さんの主催で行われた。事件で両親と妹を失い、たった一人生き残って、今は祖父鈴木直之助（六二）の許にある節子ちゃん（四才）……民慧夫人の手を握り、無心に手を合わせる節子ちゃんのいじらしい姿には、一同涙を誘われた。民慧夫人は、

遺族の皆様になんと申訳してよいか言葉もありませぬ。ただ心からお詫び致しますばかりです……》

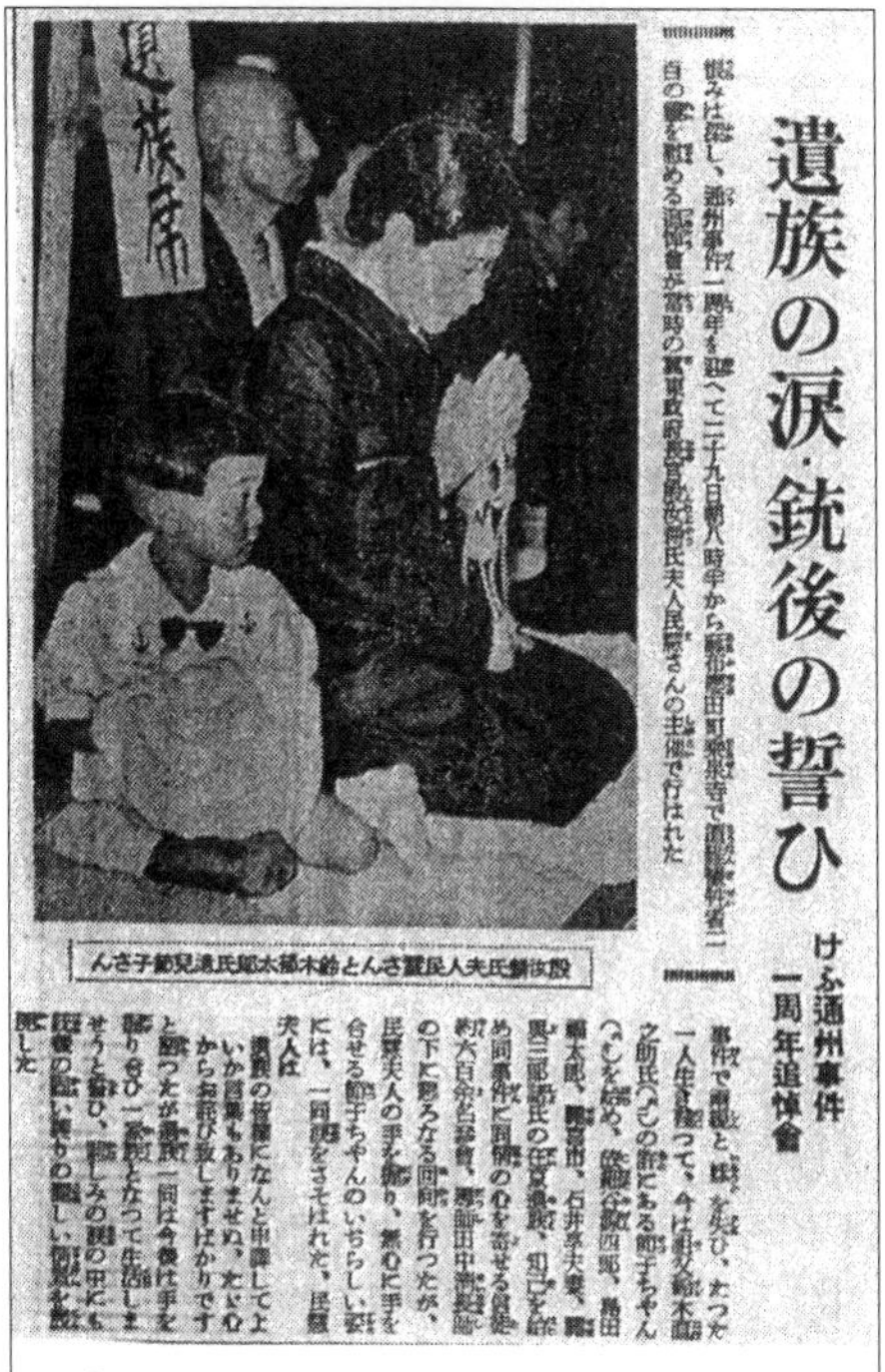

遺族の涙・銃後の誓ひ

けふ通州事件一周年追悼会

恨みは深し、通州事件一周年を迎へて二十九日朝八時半から調布町桜田町乗泉寺で通州事件遭難者二百の霊を慰める追悼会が当時の冀東政府長官殷汝耕氏夫人民慧さんの主催で行はれた

殷汝耕氏夫人民慧さんと鈴木直太郎氏遺児節子さん

『東京朝日新聞』1938年7月30日付

殷汝耕夫人の民慧は中国名で、日本名は井上民恵、中国語では民慧も民恵も同じ発音の「ミンフイ」である。民恵の二人の兄が早稲田大学政治経済学部出身であったことから、早稲田大学政治経済学科の留学生であった殷汝耕と知り合い、一九一七年に結婚、殷汝耕夫人となった。

その頃の東京での節子さんは、遊ぶ友達もなく、何鳳岐さんが何時かは日本に来るものと信じてひたすら待っていたと

いう。

久子さんの受けた衝撃

通州事件が起こったとき久子さんは九歳、水上小学校の三年生だった。事件発生を最初は知らなかった。八月四日の夏休みの登校日、クラスの友達がこそこそと話をしていたが久子さんと目が合うと顔を背けていたのを覚えている。校庭で朝礼がおこなわれたとき、久子さんは学級長だったので、クラスの列の一番前に立っていたので、全学年の先生方と向き合っていた。先生たちは、優しい目つきであったが、久子さんが見直すとそれぞれの先生が目を伏せることに気が付いた。朝礼台に立った校長先生が、「支那事変」が始まったことを話したが、話しながら久子さんに目を注いでいた。他の先生方も一斉に久子さんを見ているようだった。

不思議に思いながら、その日学校から帰り、家で新聞を捜して見た。すると八月四日の新聞に通州事件で殺害された両親の写真が載っているではないか。新聞記事から通州事件で両親が殺されたことを初めて知った。強い力で頭をガーンと殴られたように感じ、衝撃を受けた久子さんは頭と体が別々のものになったように、家から飛び出して、家の前を流れる栗生沢川にそって、上流にある村人が呼んでいる「なべぜんの滝」に向かって夢中で走った。なんで走ったのかわからない。滝に行く間に白い蝶々が追いかけてきた。自分の体から何か異常な悲しみのフェロモンのようなものが出ていて、蝶が引き寄せられたのかと、ずっとあとになって推測してみたりした。

なべぜんの滝まできた久子さんは、火の固まりを飲みこんだような気持ちに襲われ、衝動的に岩から滝つぼに飛びこんだ。小さい滝だったが、子どもの久子さんには、岩を削り、水しぶきをあげ、地響きをたてて落ちる滝は、何も考えられなくなっていた自分を取り戻すのに十分すぎるほど力強く、恐ろしいものだった。キラキラと光り輝く滝つぼの水泡の中に浮かんでいるとやがて我に返った。久子さんは利根川の源流で泳いで育ったので、泳ぎが得意だったので溺れることはなかった。

「お父さん、お母さん、紀子ちゃん、私を置いてどこにも行かないで」と毎日お祈りをしていた小学３年生の夏（櫛渕久子・画）

通州事件を知ったときの自分の衝動的な行動を思い出しながら久子さんは「子どもにとってある時期まで、親は胎児にとっての胎盤みたいな存在だと思うのです。それは動物の子どもでも、人間の子どもでも同じだと思います。少なくとも私にとってはそうだったのです」と涙ながらに語った。両親の死を実感として受け入れられない気持ちもあって、通州事件後もしばらくは、夕方、村のはずれのつり橋に行って、帰ってこないのはわかっていながら、ひとりポツンとして、両親を待っていたという。

久子さんを可愛がってくれた水上の祖母は、娘が殺害された精神的ショックから通州事件の半年後に亡くなってしまい、優しかった祖父もその半年後に脳溢血で倒れて、言葉を失い、生きながら死んでしまったようになってしまったという。久子さんが小学校六年生のとき、庭にしゃがんでトウモロコシの皮を剥いていたとき、散歩から帰ってきた祖父が、久子さんの背中を見て思わず、「茂子!」と叫んだことがあったという。久子さんが振り返ると、祖父ははっとして間違いに気づいたとのことであるが、「おじいちゃんも母のことをずっと悲しんでいたことがわかって、悲しかった」と久子さんは回想する。

祖父が倒れたあと、母の実家は伯父夫婦が継いで、久子さんは引き続き母の実家で暮らすことになった。

通州事件から数年後、両親の遺品が水上の久子さんと節子さんのもとに届けられた。父の遺品はズボン吊り、母の遺品はリリヤン(手芸用の組み糸)で編んだ手づくりの帽子だった。両親と妹・紀子さんの墓は東京の多摩墓地にある。

再会がかなわなかった何鳳岐さん

何鳳岐さんからは事件のあった翌年、小学校四年生の時に便せん四枚ほどの手紙が久子さんに届いた。その中に「私は満州の私の家に戻りました。周りの人々から『日本人のスパイ』という辛い言葉をあびせかけられています。私にはあなたの家族との沢山の思い出がありますが、私の家族にはそれがありません。家族にはつらい思いをさせています。でもいつかきっといい日が来ます。その日が来たらきっと又私たちは会えます」とあったという。

戦後、久子さんと妹の節子さんはさまざまな手をつくして何鳳岐さんを捜した。中国現地の新聞に報道してもらおうと思ったが、新中国成立後は中国と国交関係がなく不可能だった。久子さんは日中友好協会にも入って探そうとしたが有効な情報は得られなかった。久子さんはさらに、通州事件の現場から奇跡的に脱出した安藤利男記者に会って（後述）、特派員のルートを通じて、何鳳岐さんを探してもらったが、これも戦後の国交のない日中関係が障害となって、成果がなかった。

　戦後、成人してからも久子さんと節子さんは何鳳岐さんとの再会を願って、さまざまな手段を試みたが、いずれも空しい結果に終わった。何鳳岐さんの行方はとうとうわからなかった。

　ここで、時代が先に飛ぶが、筆者（笠原）が推測する、通州事件後とくに戦後、何鳳岐さんが巻き込まれたに違いない、過酷な歴史の運命を記しておきたい。

　通州事件の翌年、何鳳岐さんから久子さんに手紙が届き、これが何鳳岐さんからの最後の手紙となったが、実家にもどった何鳳岐さんが「日本人のスパイ」という非難を周囲から浴びて「家族にはつらい思いをさせています」という状況だったのである。

　日中戦争、中国にとっては抗日戦争に勝利すると、中国では国民政府の下に、日本の「和平工作」に応じた政治家、日本軍部・政府の傀儡政権の長や幹部になった軍人、政治家さらには広く「対日協力派」「親日派」と目された者を「売国奴」「民族の裏切り者」として裁く「漢奸裁判」が大々的に展開された。(註7) 本書で詳述した冀東政府長官殷汝耕は一九四六年一一月、通敵反逆罪で死刑判決を受け、翌一二月一日、南京雨花台で銃殺刑を執行された。

　国民政府主導の「漢奸裁判」に連動して、全国地方の民間レベルにおいて、人民裁判的な「親日派」「対日協力者」を「売国奴」「民族の裏切り者」として、追及、糾弾、迫害する大衆運動が繰り広げられた。国民政府は国民の「漢奸糾弾」運動を、抗日戦勝利を指導した国民党の権威付けに利用した。

この大衆動員的な「売国奴」「民族の裏切り者」追及、糾弾運動において、何鳳岐さんから久子さんへの手紙に書いてあったように「日本のスパイ」とレッテルを貼られて、地域の民衆から糾弾、迫害された可能性は否定しがたい。何鳳岐さんが通州事件の現場から節子さんを助け出し、北京の日本軍に届けたことは日本の新聞に報道されて広く知られることになり、通州で何鳳岐さんが看護婦をしていた冀東病院が傀儡政権の冀東政府さらに背後の関東軍とも関係があったことなどの情報が中国側の報道では流されていた可能性もあった。そのため、何鳳岐さんは「日本のスパイ」というレッテルを貼られたのであろう。

中国共産党は、解放区といわれた抗日根拠地を拡大するために、日本の占領統治下にあった農村の地主や富農などの富裕層を、日本の占領統治を認めた「対日協力者」「親日派」として逮捕、大衆集会を開いて「売国者」「民族の裏切り者」として罪状を糾弾、彼らの土地や財産を没収する「人民裁判」を抗日愛国運動として展開した。民衆を動員しての抗日戦争中の「対日協力者」「親日派」を糾弾、迫害する運動は、逆に地主、富農層を「愛国地主、愛国富農」として共産党政権へ引きつける運動にも理由された。この対敵協力者を摘発し、糾弾、弾圧する「人民裁判闘争」は、ナチスドイツの占領を受けたフランスにおいても、解放直後に激しく展開された。本書でテーマとした「憎しみの連鎖」を誘発させる大衆運動であった。

日中戦争後の国共内戦に勝利した中国共産党は、一九四九年一〇月一日の中華人民共和国建国に前後して、抗日戦争を勝利に導いた共産党の権威を誇示し、国民を新政権側に動員する意図をもって「対日協力者」「親日派」を「売国奴」「裏切り者」として民衆が大集会で裁く「人民裁判闘争」を発動した。「人民裁判」は民衆も熱狂的に参加して展開された。

この運動で何鳳岐さんや家族がどのような受難をうけたのかわからないが、時代背景としてはその可能性があった。

さらに予想された何鳳岐さんの悲劇は、一九六六年から七六年にわたり毛沢東が発動した文化大革命運動であった。全中国を席巻した紅衛兵運動が暴力をともなった糾弾、迫害のターゲットにしたのが、地主、富農、反革命分子、悪質分子、右派分子の「黒五類」にさらに、裏切り者、スパイを加えた「黒七類」であった。何鳳岐さんは「黒七類」の範疇に入れられ、紅衛兵たちの吊し上げや暴力的糾弾、迫害に晒される可能性があった。

一九七六年に毛沢東が死亡、ようやく文化大革命も終わり、一九八〇年代から鄧小平の指導する改革・開放政策が開始され、一九九〇年代になってそれが定着、安定すると日本と中国の経済交流、民間交流も可能となった。中国共産党も文化大革命の過誤を公式に認め、「黒五類」「黒七類」というレッテルを貼られて、迫害された人たちの「名誉回復」を図った。

筆者が華北の中国農村を訪問して農村調査が可能となったのは一九九〇年代に入ってからで、一九九二年には日本学術振興会特定派遣研究者として、南開大学や北京大学などに一〇カ月滞在したのをはじめ、中国各地の大学で開催された国際学術シンポジウムにも多く参加した。中国東北においても、ハルピン、長春、瀋陽など主要な都市はほとんど訪ねている。

しかし、時代は変わり、現在の中国は、日本人研究者が直接中国農村に調査に入ることは極めて困難になり、農村調査に入って、数カ月にわたり、中国当局に拘束された私の知人の研究者がいる。

以上、通州事件以後の何鳳岐さんをめぐる容赦ない日中関係の展開によって、久子さんと節子さんが、何鳳岐さんに再会したいと懸命になって手を尽しても、何鳳岐さんの方から名乗れない事情があったことは、推測がつく。歴史は個人の善意や好意とは関係なく、無慈悲、過酷に容赦なく展開するものであることを痛感させられる。

【註】


〈1〉『読売新聞』一九三七年八月四日付。

〈2〉櫛渕久子「れくいえむ⑪」（『月刊志賀』第二九七号、二〇一六年五月二〇日）。

〈3〉櫛渕久子「れくいえむ⑪」（『月刊志賀』第二九七号、二〇一六年五月二〇日）。

〈4〉櫛渕久子「れくいえむ⑥」（『月刊志賀』第二九二号、二〇一五年一二月二〇日）。

〈5〉藤原哲円「通州事件回顧録」（無歎会『通州事件の回顧』非売品、一九七一年）四三～四六頁。

〈6〉新道せつ子『ハンゼン氏病よさようなら』主婦の友社、一九六三年、一一二～一一四頁。

〈7〉「漢奸裁判」については、劉傑『漢奸裁判—対日協力者を襲った運命』中公新書、二〇〇〇年および益井康一『漢奸裁判史 1946—1948〔新版〕』みすず書房、二〇〇九年、を参照。

第３章　〝戦争孤児〟になった姉妹

水上小学校に通った姉妹

節子さんは父方の祖父の鈴木直之助さんに連れられて日本に帰ってから、祖父母に引き取られて東京で生活した。しかし、祖母は後妻に入った人で、節子さんとは血筋の関係のない義理の祖母だった。そんなこともあって、祖母は、「自分になつかず、やせっぽちで目ばかり大きく、ときどき片言の中国語でわけのわかないことをしゃべる義理の孫は、うとましい存在ではなかったのか、あるいは、中国で別れた何鳳岐さんのことばかり考えている義理の孫は、目ざわりだけのものだったのでしょうか」と節子さんは東京生活をふりかえる。「東京の祖父の家の生活は、私にひとつの性格をあたえたようです。よく言えば貧しさにたいする忍耐力、悪くいえば卑屈観とも見える点です」と語る。

節子さんの小学校入学の問題をめぐって、祖父と祖母が大喧嘩をしたことがあった。ある夜、祖父と祖母がきつい声で話をしていたのが、祖父が「馬鹿め」と怒鳴ると、家を出ていこうとした祖母を玄関のげた箱の前で殴り倒した。このことがあってから、数日後に、節子さんは母の実家に移されることになり、祖父に連れられて群馬県の水上町の伯父、伯母の家にあずけられたのである。その結果、久子さんと節子さんの姉妹が一緒に暮らせるようになった。節子さん五歳、久子さんが小学五年生の時だった。

母の実家では、祖母はすでに亡くなり、脳溢血で倒れた祖父は思考力を失って寝たきり状態だった。母の兄の伯父が家を継いでいた。実家は山村で耕地も少なく貧しい村で、伯父は冬になると大峰山の山麓一帯で炭焼きの仕事をした。「伯父は、幼い頃から炭焼窯とともに暮らしてきて、山に鍛え抜かれた体をしていた。県だか国だかから大きな金杯をもらうような立派な炭を焼きながら、自慢一つするでもなく、手間賃ももらわずに仲間の窯作りを手伝ったり、若い衆に技術を教えたりしていた」と久子さんの手紙にある。営林局の仕事もしていて、戦争中は山林資源の保護のため、若い人を連れて山歩きをしていた。そんな伯父の仕事がら、家にいることが少なく、久子さんは伯父と話す機会は少なかったが、そうした伯父を「良い人で賢い人だった」と尊敬していた。小学校高学年になった久子さんは、伯父さんの炭焼き小屋から、炭俵一俵を背負って、藁沓《わらぐつ》を履いて、雪の道を汗みどろになって、家まで運ぶ手伝いをした。「だから今でも私の足は丈夫で太いのです」と久子さんは笑う。

節子さんの伯父の家の記憶は、冬は寒くて、吹雪の日には藁屋根の天井から雪が舞い込んできたことである。それでも平家の落ち武者の家だったと言い伝えがあり、欄間には長い刀と槍が掛けてあったという。節子さんは祖父のことも朧《おぼろ》げに記憶していて、山間の小さな集落にありながら前述のように地方の短歌結社の師匠をやり、農閑期には地域の歌人の添削をしていた祖父を誇りにしていた。節子さんが歌人の祖父の血を受け継いでいることは後述する。炭焼きをしていた伯父は尺八を嗜んでいたとのことで、貧しい農家であっても、文化のある家柄だったことがうかがえる。母の茂子さんが東京に出て、看護師の資格を修得したのも、このような家系に生まれ、育ったからだといえよう。

節子さんは、子どもがいなかった伯母から〝めちゃ〟可愛いがられたとのこと。伯母はやさしいだけで勉強しなくてもよいというふうだったという。伯母さんにたいする感情は久子さんと節子さんとは対照的に異なった。

一九三九年に節子さんが入学した水上小学校は一九四一年から国民学校といわれ、初等科六年、高等科二年となった。水上小学校は一学年が四〇人くらいの地方の学校だった。節子さんは、小学校では先生から同情され、贔屓され、通信簿は全部甲だった。「私に実力はないのはわかっている。同情で良い成績をもらったので、勉強しなくてもよいと思うようになった」と節子さんは謙遜する。

周囲から両親を殺害されて可哀想と同情されたが、小学校低学年のときは、そうした実感はあまりなかった。節子さんは、三歳で両親を殺害されたので、両親の記憶は残っておらず、何鳳岐さんのほうに母親のイメージを抱いていたようである。節子さんは何鳳岐さんが日本に来ることを信じて日記のように手紙を書いていたという。何鳳岐さんへの手紙は小学生から中学生にかけて五年間くらい書いていたとのことである。

短歌の師匠をやっていた祖父の血をひいて、晩年になって短歌を詠むようになった節子さんは、小中学生のころの自分をこう詠んでいる。

再見《ツァイチエン》の文字を覚えし幼き日届かぬ便りいくたび綴る

しかし、節子さんは、何鳳岐さんへの手紙をある時期までとっていたが、処分してしまったという。節子さんは日記も処分してしまったとのことで、自分の過去を顧みず、むしろ断ち切って生きる性格をもっているように見受けられた。この性格も姉の久子さんとは対照的で、節子さんは「姉は過去のことにいつまでもグジュグジュとこだわっている」と言っていた。

節子さんは六年生になってから防空壕を掘ったりした。当時すでにアジア太平洋戦争末期で、田舎の学校でもアメリカ軍の空襲にそなえるようになった。高等科一年生のときに戦争がおわったのを覚えている。八月一五日に大事な放送があるというので、伯母の家は貧しくてラジオがなかったので、ラジオのある家で聞いた。戦争が終わったという実感も特別の感慨もなかった。村民の状況もだいたい同じだった。

戦後になって、一九四七年に新しい学制が始まり、小学校高等科は新制中学校になった。中学校は一学年一クラスで三〇名くらいだった。好きな授業は国語で作文が得意だった。「小川の水車」という作文をみなに紹介されたことがある。クラブ活動はなかった。中学校はごたごたの中で終わったという感じとのこと。姉と違い、数学はだめだった。理数系ではなかった。いっぽう姉は作文が得意ではなく、「妹はまだ生きています」というような文章を書いていた、と節子さんは笑う。

久子さんの心の葛藤

(1)「大地の子」の思い

三歳のときに両親を殺害された節子さんは、両親よりも何鳳岐さんとの記憶のほうがまさっているようである。いっぽう、久子さんは、満州の樺甸で両親と過ごした幸福な時代の記憶が鮮明に残っていただけに、両親を殺害された喪失感からくる寂しさが影となって生涯解放されることはなかった。

久子さんは「妹の節ちゃんは親の記憶がないが、私は親離れしないうちに殺害されてしまったのでそれだけ親の記憶は鮮明です」という。それだけに、両親を虐殺した中国人にたいする憎しみ、腸《はらわた》が煮えくりかえるような悲しみと憎しみの感情は強烈だった。いっぽうで「寂しさ」に苛まれることになった。しかし「その寂しさはかなり残酷な形をもっていたんだと思います」と筆者への手紙で、つぎのように書いている。

「私の寂しさはドロドロしていて、確かにその源は両親や妹を虐殺された怒りや恨みや密かな殺意にさえ繋がっています。ただマグマみたいに深い所にもぐっているし、私自身が押しこめている丈《だけ》です。憎悪とはそれほどまで強いものでもあるんです。それはよくよく考えてみると、両親や末妹への愛情への裏側でもあって、美しい形さえしているオバケみたいに思ったりします。だから人々は憎悪とか恨みを愛国心や友情や家族を守るという言葉に置き換えてしまえるんでしょう。これってもしかしたら人類に内蔵されたアポトーシス（細胞死）かもしれませんね。憎しみの連鎖という何処かDNAの形さえした……」

通州事件で両親を虐殺された久子さんが「憎しみの連鎖」を克服するための精神的葛藤の想いが綴られているが、久子さんは、両親を虐殺した中国人にたいするマグマのような怒りと憎しみの感情を「理性」で「押しこめ」ながら、「憎しみの連鎖を絶つ」ための模索を生涯つづけたのである。

久子さんが通州事件で両親を殺害されたのは、小学校三年生で九歳の時である。小学校の低学年から高学年に移行する時期に相当する。一般に小学校高学年で体験したことは、感情の記憶も含めて生涯消えないものである。久子さんはちょうどこの時期に相当したので、生涯、通州事件の記憶に苛まれたのである。

九〇歳を過ぎても「私は今でも時々父や母や妹や弟たちが虐殺された時のイメージがよみがえってきて、涙をこぼしながら眠っていることがあるのです」と久子さんは言う。

「弟」というのは、母茂子さんの体内の胎児で殺害され、男子と判明した「弟」である。

久子さんは、すでに物心がついていたので、「両親や妹を虐殺され、家も財産も失って、心のよりどころさえ失って……差別にも遇って、心ばかりか体まで壊れそうになったけれど、ナントカカントカ打ちのめされては立ち上がって生きてきた」と「戦争孤児」にされた姉妹の境遇を述懐している。「差別にも遇って」というのは、結婚問題に直面したときに深刻であった。

人生には、自分の齢とともに、悲しみの記憶が再生されていくことがある。それは親になってからの久子さんが、殺害された両親の悲痛な思いへの想起であった。

「親達がどんな思いで殺されたかという思いは私を苦しめ続けました。まだ三十代の若さで自分達が築いた幸せも未来への夢もメチャクチャにされた親達の悲しみを思うと身の置き場が無いのです。――今も――」と久子さんは書いている。

いっぽう、久子さんの「怒り」「憎しみ」が、中国人全体ではなく、通州の保安隊、さらにはそれを誘発した戦争行為に向けられたのは、家族の一員であったような中国人の何鳳岐さんとの人間的な太い絆があったからである。本書の「はじめに」で言及した、保安隊を中国軍とみて、中国、中国民族にたいする憎悪心を喚起、煽動している人たちと決定的に違うところである。

中国や中国人への「怒り」「憎しみ」の感情を相対化させたのには、久子さんは幼児期を中国の満州で過ごした、節子さんは満州で生まれたという「大地の子」という潜在意識もあった。「私たち姉妹は、たとえ通州事件を体験しても『大地の子』であったと思います。事件後に過ごさねばならなかった、私たちにとって不幸な事も『私は大地の子であり、地球の娘なのだ』という思いがあったから、(耐えてこられた）と思っています」と手紙に書いている。

自分が中国の満州で生まれ、育ったという思いが、狭隘な日本人中心主義から自由な姉妹の思想を育んだといえそうである。

(2) 殷汝耕に会う

久子さんは群馬師範学校入学を控えていた時に東京の祖父に連れられて東京に住んでいた殷汝耕に会いに行ったことがある。久子さんが一五歳の一九四三年のときだった。祖父は通州事件の遺児の久子さんがこのように立派に成長したことを殷汝耕に見せたかったのであろう。

　殷汝耕は通州事件で失脚し、冀東政府長官には秘書長であった池宗墨が就き、政府は通州から唐山に移った。一九三七年一二月に北支那方面軍によって北平に中華民国臨時政府が設立されると、冀東政府もこの臨時政府に合流するかたちで解消した。殷汝耕は日本軍当局から、通州事件について真相を語ること、政治活動ならびに北平・天津を離れることを禁止され、五年間にわたり蟄居した。〈註1〉夫人の影響で仏教徒になった殷汝耕は、日本軍占領下の北平に居住し、通州事件の犠牲となった人々の霊を慰める写経読経の日々を送った。一九四〇年春に犠牲者の遺族を見舞いに来日し、芝増上寺で盛大な追悼会を模様した。その後も来日したので、久子さんが東京で会ったのは、来日したときのことであろう。

　東京の祖父に連れられて久子さんは、民恵（民慧）夫人の実家の大きな屋敷を訪ねた。久子さんは夫人のことを「奥様は第二夫人と言われていました。地味な和服を着て、小柄で上品な感じの人で、紅茶を持ってきて下さったとき、衣擦《きぬず》れの音がしました。顔立ちのととのった知的な感じの人でした」と印象を語った。殷汝耕については「恰幅のよい立派な人でした。殷汝耕も奥様も日蓮宗信者でした。殷汝耕さんは父のことを知っていました」と語った。話の内容は祖父のほうが一方的にしゃべりまくったので憶えていないとのこと。「その間、殷汝耕は暖かく観察する目でじっと私を見つめていました。彼はあの時一体何を考えていたのでしょうか」と久子さんは語る。

　殷汝耕は一九四三年四月から汪精衛政権の経済委員会委員に就任、同政権の水利、運河関係の長官を務めた。四五年八月北平で漢奸として逮捕されて南京へ護送され、老虎橋監獄に収監された。獄中では写経と『十年回顧録』の執筆に日々を送ったが、「通敵反逆罪」で死刑の宣告をうけ、四七年一二月、南京の雨花台で銃殺刑に処せられた。このころ、極東国際軍事裁判（東京裁判）で、梅津・何応欽協定（本書六九頁参照）について、殷汝耕を証人に喚問する必要が出てきた。国民党政府は、彼を東京裁判で証言させると、同協定を認めた国民政府の責任が明らかになることをおそれて、殷汝耕の死刑執行を早めたのであった（註2）。

久子さんの師範学校生活

久子さんは一九四一年に水上国民学校の初等科六年を修了、同校の高等科に進んだ。久子さんはその年に一三歳になった。高等科の担任は赤井マサ子先生で、沼田出身、前橋にあった群馬師範学校を卒業したばかりで、久子さんとわずか四歳しか違わない姉のような先生だった。赤井先生との出会いが久子さんの人生を決定づけることになった。

赤井先生は利発で聡明な久子さんに目をかけて、田舎の学校のクラスの水準を越えた個人的な指導をしてくれた。今の言い方で言うと、英才教育をしてくれたのである。久子さんが個人で勉強するための教案を毎日作ってくれ、クラスで一人の自習をさせてくれた。先生はさらに数学の得意な久子さんのために宿題を出してくれた。勉強好きな久子さんは夕食後に小さい机に座って、問題を解くのが楽しみだった。赤井先生はいろいろと本を貸してくれたので、久子さんは読書好きの少女になった。夏休みには先生の家に泊めてもらって、勉強したり、お話をしたりした。

赤井先生は、おそらく、高校に進学する学費を伯父、伯母から出してもらえない久子さんの身の上を考えて、国民学校高等科卒業で入学でき、当時唯一奨学金制度があって、全寮寄宿舎生活になっている群馬師範学校受験を想定して、個別指導をしてくれたのではないかと思える。師範学校の受験に際しては、水上小学校の校長や担任だった先生方が、何度も伯父夫婦を訪れ、師範学校には奨学金制度があることなど話し、久子さんの進学を勧めてくれた。さらに受験が近くなったら、高等科の先生方が、久子さん一人を別室に呼んで、模擬問題を作成して、指導してくれた。受験の日には、以前担任だった先生の前橋の家に泊めてもらって、試験会場に行くことができた。

一九四三年三月、一四歳で水上国民学校高等科を卒業した久子さんは、赤井先生をはじめ、校長もふくめた高等科の先生方の親身の指導と援助の甲斐あって、群馬師範学校女子部の入学試験に無事合格することができた。

久子さんは同年四月に水上の伯父、伯母の家を離れ、節子さんとも離れて前橋の師範学校の寄宿舎での生活を始めた。敗戦後、奨学金制度が廃止された後は、伯父が一生懸命炭を焼いて学費を出し続けてくれた。

師範学校は予科二年、本科三年からなっていたが、日本はアジア太平洋戦争末期で、師範学校生徒たちは勤労動員に駆り出され、本科生は工場で労働に従事し、久子さんたち予科生は午後、学校でハンダ付の作業をさせられた。群馬県の太田にある中島飛行機工場から運ばれた飛行機の部品だった。

一九四五年八月五日の夜、前橋は一〇〇機近いＢ29による空襲をうけた。広島に原子爆弾が投下される前日だった。空襲は夜の一〇時三〇分から一時間半以上にわたって市を中心にして約七二四トンの爆弾が投下され、市街地の八〇％が焦土と化し、五三五人が犠牲となった。

久子さんは、師範学校の寄宿舎にいてこの空襲を体験した。寄宿舎生は日頃、空襲で発生した火災をバケツリレーで消火する訓練をうけ、空襲の際は火災現場に止まって消火活動に従事するよう指導されていた。軍当局からの非現実的なお達しを受けてのことだった。一級上の寮長が帰郷してしまったので、副寮長の久子さんが寮生を指導する立場にあった。しかし、いざ前橋空襲が始まり、照明弾の落下をみると、久子さんは、壕を飛びだし「逃げろ！」と寮生に号令し、真っ先に逃げ出した。先生から「鈴木もう退出するのか」と言われたが「ハーイ」と言って駆けだしたという。ただ、久子さんは駆け足が遅かったので、最後は寮生のびりになってしまった。寮生全員が逃げられたので、結果的には副寮長の責任をはたしたことになった。その時の体験を久子さんはこう記している。(註3)

B29は雷の様な音を立てて現れ、忽《たちま》ち市の中心部に照明弾を落とし、ほとんど間を置かずに市の周囲と中心部に焼夷弾を落としたのです。私達寄宿生は照明弾が落とされるや否や壕を飛び出して郊外へ全速力で走り出しました。途中の道はまだ暗かったのに、市の外れまで来るとそこはすでに火の海でした。水平の火柱がブオーと鳴りながら家々から噴き出し、アスファルトの道は溶けて靴に粘りつき、熱を帯びた風が針の様に体に突き刺さってきました。八〇センチ以上もの直径をもった大木がナパーム弾の飛沫を受けて根元から燃え上がり、木は今にも倒れそうに揺れていました。堰《せき》にもナパーム弾の飛沫が飛び散り、燃えながら流れ、水は石油の臭いがして油特有の七色の光を浮かべて流れていました。私達はその中を息を詰め目を閉じて突っ切って走り抜けたのでした。郊外の桑畑にたどり着いた時は皆涎《よだれ》を垂らしながら激しくせき込み、もう一歩だって走れない有様でそこに倒れこんだのです。（中略）

やがて多勢の人々が続々と桑畑にたどり着き、逃げ込むとB29は人々を追いかける様に姿を現し、私達の頭の上を廻り始めました。私達は一斉に川幅が五メートル程ある川に飛びこみ、水深が私の首まである川岸の木や草陰に身を潜めました。そのまま私達は夜を明かしたのです。（中略）後日判った事ですが、その桑畑からも沢山の死傷者が出ました。破片爆弾で頭を切り取られて首の無い死体、腹を切られて内臓が飛び出した死体もあったそうです。

久子さんたち寮生は、熱風の中を駆け抜けたため、髪の毛も眉毛もちりぢりに焼けていた。桑畑の先に田んぼがあったが、そこでは多くの人が機銃掃射で殺された。また梨畑や竹藪に逃げこんだ人たちも爆弾で殺害された。火災が収まって、寮に帰ったとき、学校や寮を取り巻いていた住宅は跡片もなく、校庭には爆弾が落ちて大きな池ができていた。校外には逃げ遅れて焼死した人がたくさんいた。

久子さんは、前橋空襲で多くの市民が戦争によって無残に殺害された現場を身近に体験した。ただその時は「炎の中を逃げ惑いながら、死ぬことなんてこれっぽちもこわくないと私は思っていたのです。生き残れた事が嬉しいとも幸せとも思っていなかったのです。空襲による死体の目撃談にも無感動でいました」「私は本土決戦が行われて戦うことになったとしても少しも恐ろしいとも思えず、米兵も処刑したでしょうし、自分もまた、淡々と死んでいったと思います」と当時の心理を率直に筆者への手紙に書いている。

前橋空襲から一〇日後の八月一五日、師範学校の体育館で昭和天皇の玉音放送を聞いたが、何をしゃべっているのかわからなかった。ただ、敗戦ということは予感していたのでわかったという。

敗戦の年に師範学校の本科生になった久子さんは、本科生の三年間がもっとも苦しい時代となった。敗戦直後、ほとんどの日本国民は食糧飢餓に直面したが、久子さんも食べるものがなく、飢えに苦しみ、栄養失調に陥った。寮生たちは、実家に帰って大豆や小豆などの豆類やイカやスルメなどの干物、果物や餅など、飢えをしのぐ食べ物を持ち帰ったが、久子さんはいっさいそのようなことができなかった。伯母は久子さんの籍が郁太郎さんの次女とされ、母の茂子さんの子として扱われていなかったこともあり（節子さんの籍は郁太郎さんと茂子さんの子どもになっていた）、久子さんには「お前はこの家に籍の無い娘だ」「お前は父無《てて》し子、何処の馬の骨かわからない」などと冷淡にされた。久子さんが尊敬していた伯父は、山仕事で家を空けていることが多く、伯母が久子さんの面倒を見てくれたのである。しかし、久子さんは伯母に頼ることはしなかった。「私は親代わりの伯母に甘えるとか、物をねだるとか、頼みごとをすることなど全くしなかった、というよりも子どもは親にそうするものだということを知らなかった」と久子さんは言った。

学用品も買えなかった久子さんは、食べ物を買うこともできずに、寮で出されるサツマイモ一個の周囲にわずかな麦飯のご飯と沢庵のおかずにキャベツの具の味噌汁だけの粗末な食事に耐えた。栄養不足から栄養失調となり、お腹は水膨れとなり、あばら骨が出て骨が数えられた。ビタミン不足から脚気《かっけ》にもなった。

「寄宿舎で、『助けて、ひもじい！』と言える親がいない寂しさとか、辛いひもじさを思い出します。

飢えることとって本当に苦しい。餓鬼という言葉がありますけれど、それは生きながら少しずつ死んでいくことなのですから」と、久子さんは手紙に書いている。

師範学校の卒業年度で久子さんが研究授業をすることになっていた日、肋膜炎《ろくまくえん》を発症、熱を出して倒れてしまい、二カ月以上授業を休んだ。この時は「もう眠くて眠くて体が鉛のように重くて起き上がる事が出来なかったのです。もう成績などどうでも良かった。何処か深い暗い世界に引き込まれていくように眠っていたのです。熊さんの冬眠に似ていました。後で考えると、あの時私は冬眠していたから死ぬのを免れたのだと思います」とも久子さんは手紙に書いている。

飢餓で苦しんいる久子さんを、師範学校の若い男の先生ですでに結婚していたが、真下ヤストシ先生が気遣い、お結びや餅を時々もってきてくれて食べさせてくれた。戦後の他人《ひと》の物でも盗まなければ生きていけなかった時代に、盗みのできなかった久子さんは、食べ物がなくて、それこそ死の一歩手前までいったのであるが、九死に一生を得られたのは、真下先生のお陰であったと久子さんは感謝している。真下先生は、そのほかに、久子さんの生活や学業を親身になって援助してくれた。そのため、「真下先生は結婚をしているのに久子さんを可愛がっている」と学校中の噂になったという。真下先生は、師範学校の女生徒たちが憧れる素敵な先生だったので、久子さんが淡い恋心を抱いたのは当然であった。「私にとって、真下先生はお兄さんであり、恋人であり、親であり、何よりも恩師でした」と久子さんは言う。久子さんは水上国民学校高等科の赤井マサ子先生、師範学校の真下ヤストシ先生と恩師に恵まれたのである。

師範学校時代、まだひもじさに苛まれなかった時は、学年で成績は一番だったが、食べ物不足から栄養失調になり、体調を崩してからは成績は落ちた。それでも専門の数学のテストだけは点が取れた。理科も好きだったのはやはり父の娘だと思ったという。本科生になって最上級生になったときは寮長をつとめた。

久子さんが師範学校を卒業した時は、学校の理科室にある標本の骸骨に皮を被せたような姿だったという。

久子さんの結婚

一九四八年三月に群馬師範学校本科を卒業した久子さんは、恩師の紹介で、母校の水上小学校の教師に就職した。師範学校を卒業すると小学校教師になることは義務とされていた。久子さんはその年に二〇歳になった。前年に戦後の新学制が発足、国民学校初等科は小学校と改称されていた。水上小学校へは伯父、伯母の家から通えた。

水上小学校の教師になってから二年目になって結核の初期と判った。久子さんがあまりに咳をするので、校長が心配して前橋に連れて行き、病院で検査したところ、結核と診断されたのである。師範学校時代、久子さんは医者にかかったことがなかったが、肋膜炎を患った後、微熱があったので、それは結核の初期症状ではなかったかと久子さんには思い当たった。

当時、結核は「死の病」と恐れられ、他の病気に較べ、圧倒的に高い死亡率を示していた。貧困層と若者が多く侵食されたが、久子さんも、通州事件で両親を殺害された「戦争孤児」となって、敗戦後の食糧難時代に親からの庇護も得られず、栄養失調に苦しんだ末に、結核に見舞われたのである。久子さんは結核と診断され、小学校を休職して二年間、世間から隔離されたように伯父、伯母の家の奥の納戸（衣服・調度類を納めておく室）で寝ていた。そのとき、自分がこんな境遇に苦しむのは、通州事件のためであると、保安隊への「憎しみ」の感情が喚起されたという。

「私は暗い納戸の万年床に横たわって、肺の中からムズムズと這い上がってくる痒《かゆ》みに唇をひん曲げて『お父さんとお母さんを返して！　返してよ！』とか『二人は手を合わせて貴方たちを拝んで言ったでしょうに……この子だけは助けてって。それを刺し殺したのよ！　恥を知れ！』とか『貴方たちはそれ丈《だけ》じゃない、私さえ殺そうとしている、鬼め！』とか、頭の中に浮かんでくるあらゆる呪いの言葉めいたものを吐き散らしていました」と久子さんは手紙に書いている。

久子さんが結核で苦しんでいたときに、高価なアメリカ製の新薬ストレプトマイシンをもってきてくれた人が夫になった櫛渕氏だった。ストレプトマイシンの発見により、不治の病として恐れられた結核は治るようになり、発見者のワクスマンは、一九五二年ノーベル生理・医学賞を受賞している。櫛渕氏は大阪外国語大学のドイツ語科を卒業、当時群馬県立渋川高校の英語の先生をしていた。櫛渕氏の実家が久子さんが住んでいた水上町の隣の月夜野《つきよの》村（現在月夜野町）であったことと、同氏が日本教職員組合（日教組）の活動家として広範なオルグ活動をしていたことも接点となった。

しかし、戦後のアメリカ軍の占領下の日本の民主改革は、中国に共産党が主導する中華人民共和国の誕生、さらに大韓民国（韓国）と朝鮮民主主義人民共和国（北朝鮮）の分立から北朝鮮による武力統一を目指した朝鮮戦争の勃発にいたる東アジアの国際関係の激変によって頓挫させられた。さらに一九四八年から「逆コースの時代」が始まり、四九年から連合国軍最高司令官総司令部（ＧＨＱ）の指令によって、共産党員およびその同調者を公職や民間企業から罷免・解雇する「レッド・パージ」が開始され、なかでも日教組の活動家はそのターゲットにされた。櫛渕氏もレッド・パージの対象とされ、渋川高校教員の職を追放され、失職した。

いっぽう、久子さんはストレプトマイシンのおかげで結核は回復、闘病生活の間、教員の籍はあったので職場に復帰できた。その後、レッド・パージを受けた櫛渕氏から初恋の人に似ているとプロポーズされた久子さんは、ストレプトマイシンをもらった恩返しの気持と、櫛渕氏の顔が祖父の柔和な顔立ちに似ていることがあり、結核は完治して大丈夫だとわかったこともあって、結婚に応じたのである。

結婚後は、同じ群馬県内の吾妻《あがづま》郡長野原町の川原湯に夫のつてで転居した。川原湯は名のとおり、川原湯温泉の町で、草津温泉のある草津町は隣り町になる。夫はレッド・パージにより失職中だったので、久子さんが小学校に勤めて家計を支えた。

節子さんの結婚

姉の久子さんが前橋にある群馬師範学校へ進学し、伯父、伯母の家を出て寄宿舎生活をするようになったので、節子さん一人、伯母に可愛がられて国民学校高等科そして新制中学校へ通った。一九五〇年三月に水上中学校を卒業した節子さんは、定時制高校へ進学したが、四キロの山道の向こうにある学校には通いきれず、一年ほどで退学、伯父、伯母の畑仕事を手伝って生活したが、収入は現金ではなかった。副業がわりに近所の人の縫物をしてあげたが報酬はすべて農作物だった。お米の場合は最高だったが、あとは、伯母のところにもあるジャガイモとか小麦粉だった。

そんな生活のなかで、読書が節子さんの心の拠り所となったことを前掲の「せつ子本」の中でつぎのように書いている。〈註4〉

せめて本だけでも読みたい、と思っても、買って読むことはかなわぬことでした。でも、私のなかのあるやりきれなさや、あせりを幾分でも消す方法は、本以外、見つかりませんでした。私は頼んでは人から本を借りて読みました。

本を読んでいることが、いつか、あてのないいつか、なにかの点で、私のためになることがあるかもしれない、という非常な頼りない期待だけで、私は本を借りて読みました。この、本を借りるのも、貧しい私にとっては、苦痛でした。〝見せてください〟、〝貸してください〟を何人もの人に、何回も頼むのは情けないものでした。

私は借りた本を、すすで真黒になった天井と、壁と、くらァい電灯のへやで、生きている自分を確かめるように、読みました。

私はこのような生活――畑を手伝ったり、他人のものを縫ったり、本を読んだりする生活――を二年ちかくつづけました。

「せつ子本」にはこれにつづいて、「私はこのころ、強く好意を抱いた人がありました。これは私の心のなかだけで燃え、そして消されました。農村では、家の経済状態に大きなひらきがある、ということは、ひとりひとりの愛情にまで影響するのでした。極度に貧乏だった伯母の家、両親のない私、この二つの条件は、若い愛情を、私の心のなかでひそかに圧殺することを強要しました」と書いている。節子さんは自分で愛情を圧殺したように書いているが、本当は周囲の差別によって「圧殺」されたのだった。以下は姉の久子さんの話である。

結婚した当時の鈴木節子さん

「節っちゃんは若い頃きれいだった」と久子さんは言う。「せつ子本」に掲載された節子さんの写真（本書上）からも想像がつく。母親の茂子さんに似て、美人で利発であった節子さんと水上町の隣村の月夜野村の青年団で活動していた青年とが知り合い、相思相愛の仲になるのはある意味で自然の成り行きであった。相手は年も同じで、短歌を詠む文学青年で、その影響で節子さんも短歌をやるようになった。節子さんも読書好きの文学少女だった。

しかし、その青年の家は、大地主で、一族から村長や村会議員などを輩出していた地方の名門で、一族の結束とプライドも高かった。しかも、相手の青年は家督を継ぐ長男だった。その青年も節子さんが初恋の人であり、二人は結婚まで夢みていたのであるが、青年の家族と一族に二人の恋は「圧殺」されてしまった。

現在と異なって当時、特に田舎では結婚は、「家同士の結婚」であり、「家柄が釣り合うかどうか」が第一とされ、個人の愛情や気持ちは二の次とされた。節子さんが「極度に貧乏の家と両親のない」ことが「圧殺することを強要」と書いているように、節子さんは、通州事件で両親を殺害された遺児として社会から同情されても、いざ個別に「結婚」の問題となると、当事者の相手側から「両親のない、家の格式もない」、極端な場合は「何処の馬の骨ともわからない家柄の娘」とまで、差別されたのであった。

青年の家族と一族の強い反対で、愛と結婚の夢を「圧殺」された傷心の節子さんは、伯母の家を離れて、長野原町の久子さんの家に居候して、生まれた久子さんの長男のお守りなどをしながら二年間ほど過ごした。

職業ももたずに、子守りや読書にぶらぶらと時間を費やしている妹を見かねた久子さんが、家から出て、自立の道を探すように促したこともあり、節子さんは隣町の草津にあった看護婦の養成所の試験を受けて合格、「ふろしき包みひとつを持って」養成所の寮生活に入ったのである。養成所は草津にあったハンセン病療養所の国立療養所栗生楽泉園《くりうらくせんえん》に付属するもので、授業料なし、寄宿舎生活でお金がかからずに看護婦になれる道だった。看護婦になる道を選んだのは、何鳳岐さんを思い出したことと、助産婦の母もそうだったことがあった。

看護婦養成所で三年間、学科の勉強と実習を修了した節子さんは、看護婦としてそのハンセン病療養所に勤務するようになった。そこで、節子さんが受け持った患者のうちの一人と節子さんは結婚したのである。しかし、それは簡単な道ではなく、二人は心中未遂事件を起こした末に結ばれたのである。その経緯の詳細は前掲「せつ子本」に書いてあるので、ここでは、その粗筋だけを紹介したい。

その患者、彼ということにするが、彼に魅かれるようになった節子さんは、看護婦としての枠を逸脱してはいけないと先輩の看護婦の注意を受けながらも「こんどこそは自分の感情を押し殺したくない」という気持ちが強かった。「私は愛してはいけない立場で、彼を愛しているのだ」と考えながらも「愛してはいけない立場、そんなものが人間にあるのだろうか」と、違う叫びが心にわいてくるのだった。

節子さんは仕事が暇なとき、リハビリのために彼を散歩に誘った。何回目かの散歩のとき、節子さんは以下のように通州事件のことを話したのだった。[註5]

　私は、私が中国で生まれたこととか、通州事件のことと、その後を生きてきた苦しみなどを彼に話しました。〝フム、フム〟と聞いていたそのときの彼の表情は忘れられません。

　話してみたところで、結局、なんにもならないことでしたし、自分だけがみじめな思いに沈むだけでしたから、私はそれまで、他人に通州事件のことを、話したことはないのでした。

　それなのに、私は、そのことを、彼には話してしまいました。話してしまいたい気持ちを私に起こさせるものを、なにかそのようなものを、彼はもっていました。

　彼には、私の場合と違って、おとなになるまで両親がありました。その彼が、一生懸命に、私と立場をかえたときのことを想像し、その境遇に彼自身をおこうと、努力しているのが、ジン、ジンと、私に伝わってくるのでした。

「ほんとにつらかったね」

彼のそのことばは、短い、ぶっきらぼうなものでしたけれど、いろんな思いやりと、たくさんの感情を、すき間なくつめこんだことばでした。

私はその〝ほんとにつらかったね〟という彼のことばを聞いたとき、いままでのながい間のつらさが、いっぺんにうすらいだように思えて、歩きながら涙をこぼしました。


看護婦と患者の越えてはならない恋に苦悩した節子さんが追い込まれたのは、死によって愛を全うする、すなわち心中という結論だった。三月上旬の早朝、ノートや日記、書きものなどを焼却、友人や世話になった医師に遺書をしたためた彼と一緒に療養所を出た節子さんは、草津白根といわれる白根火山の山麓の県道を歩いて登り、入水心中する予定の火口湖を見下ろす地点にたどりついて、日がくれるのを待った。

死を前にして節子さんは「何さんになにも残さなかったけれど、何さん、許してください」と最後まで、何鳳岐さんのことを想起したのであった。

死を直前に二人がさまざまな思いを巡らせた末に、心中を思いとどまったのは、彼の「雷鳴のようなことば」だったと「せつ子本」は次のように書いている〈註6〉。


「せつ子は生きる責任があったんじゃないか」

その前のことばが、どのようなものであったのか、それが少しも記憶にないのが残念でなりません。

私はそのことばに、雷鳴のような、私の心をゆさぶる力を聞きました。彼は同じように、静かに、低い声で、目をつむったまま、つづけるのでした。

「苦しみがあるから人間なのだ、と思わないか」

このときの私には、この二つのことばだけで十分で、ほかのどんなことばも、もう不要なのでした。〝苦しみが、悩みがあるから人間なのだ〟私は暗かった胸の底に、光がさし込んだ、と感じました。

ながい年月、闘病にどれほど悩み、苦しんだかわからない彼、死のうと思ったことが何回もあったに違いない彼、その年月を歯をくいしばって生きてきた、その彼から聞くことばだけに、私はその平凡なことばに光を見たのかもしれません。

心中を思いとどまり、夜道を下りながら、節子さんは「ああ、私は自殺という行為によって、ただ一つしかない人生を軽蔑しようとしたのだ、私は生きて、ほんとうにもういちどがんばってみよう」と「生への道」の決意を噛みしめたのだった。

心中未遂事件はローカルの『上毛新聞』にも名前を伏せて報道された。知人や友人から引き留める好意も寄せられたが、二人は療養所を去ることにした。そして彼から「結婚しよう」といわれ、「せつ子本」は「祝福なき結婚」と書いているが、結婚生活に入ったのである。

当時、らい病といわれたハンセン病患者は、隔離政策を強化した「らい予防法」（一九五三年制定）のもと、社会そして親族、身内からも差別されていた。「せつ子本」には、少年時代にハンセン病と判明した彼に、母親が、ほかの子どもたちの進学や就職、結婚などの将来のことを案じて「頼むから死んでおくれ」と言ったということが書かれている。ハンセン病患者の短歌・俳句・川柳を編集した阿部正子編『訴歌』（皓星社、二〇二一年）にも次の短歌が掲載されている。

襖越《ふすまご》しに死んでくれよと長兄《ちょうけい》の言いいし声の耳を離れず　　入江章子

家族や身内にらい病患者がいた場合、社会から受ける迫害同様の差別を恐れて、親や兄弟が「死んでくれ」という時代があったのである。節子さんも夫の母を「最初は鬼婆のように思っていたが、お母さんも辛かったのだろうと思うようになった」と筆者に語った。

結婚後は夫の籍は鈴木姓に入れたので、鈴木節子の名は結婚後も変わらなかった。草津の療養所を去って結婚した二人は、彼の治療を受け入れてくれるハンセン病療養所を探して苦労したあげくにようやく、山梨県の信仰で有名な身延山《みのぶさん》の山裾にある身延深敬園《しんきょうえん》に入所することができた。「せつ子本」に「恩人、綱脇龍妙《つなわきりょうみょう》大僧正」とタイトルにあるように、日蓮宗の僧侶の綱脇龍妙が三〇歳の若い時から全国を行脚して資金を集めて開設した私立のハンセン病患者の病院と施設であった。綱脇は、戦前、不治の伝染病とされたハンセン病患者が、地域の差別と偏見、疎外に遭い、身延山の久遠寺《くおんじ》の周囲に参拝者からの喜捨を頼りに、仏の加護を信じて身を寄せ合って、悲惨な生活をしていたのを見捨てることができずに、山門近くに病室を設置し、最初は患者一三人を受け入れ、順次拡大したのであった。まだ、公立の療養所がなかった時代である。節子さんの夫が入園した時は綱脇は八〇歳の老僧で、老園長自らが直接、入園する夫に面接してくれた。

この身延深敬園でハンセン病の治療をおこなった彼は、日本に入ってきたアメリカの新薬プロミンとD・D・Sのきわだった効果で、ハンセン病が治癒するにいたったのである。

「せつ子本」の最後は、「生命《いのち》を直接間接に救ってくださった方々、中国の何鳳岐、亡くなった伯母、綱脇園長さんのことを心に深く刻みこみ、この手記を終わりたいと思います」と結んでいる。同本の『ハンゼン氏病よさようなら』のタイトルは、「ハンゼン氏病は治りますよ」というメッセージをこめて付けたとのことである。


【註】

〈1〉関智英『対日協力者の政治構想―日中戦争とその前後』名古屋大学出版会、二〇一九年、一〇一頁。

〈2〉益井康一『漢奸裁判史　1946―1948〔新版〕』みすず書房、二〇〇九年、一七七頁。

〈3〉櫛渕久子「れくいえむ②」（『月刊志賀』第二八八号、二〇一五年八月二〇日）。

〈4〉新道せつ子『ハンゼン氏病よさようなら』主婦の友社、一九六三年、一一九～一二〇頁。

〈5〉新道せつ子『ハンゼン氏病よさようなら』主婦の友社、一九六三年、二四～二五頁。

〈6〉新道せつ子『ハンゼン氏病よさようなら』主婦の友社、一九六三年、四九～五〇頁。

第4章　憎しみの連鎖を絶つ

早くに夫と死別した姉妹

話は現在に飛ぶが、その前に姉妹それぞれが早くに夫と死別したことに簡単に触れておきたい。久子さんの夫が亡くなって半年後か一年後に節子さんの夫も亡くなっている。

夫のハンセン病が治癒した節子さんは、東京に出て新しい生活を始めた。ハンセン病が治ったとはいえ、夫の体が弱かったために、宿泊の夜勤がある看護師の仕事はできなかった。そのため、最初は広告会社に勤め、次に勤めたのが証券会社だった。会社はいくつか変わったが、六五歳まで働いたので、八〇歳代になった現在は、年金生活をしている。

夫はハンセン病は治ったが、体に免疫力のなくなる慢性病の膠原病になってしまったために、仕事は長く続かず、ちょっと勤めては辞めるという状態だった。

節子さんにとって夫は、親のような存在で精神的に救われ、やさしくて、一緒にいると安心していられたことが結婚して一番良かったと思うことだという。「夫のようにあんなに優しい人が、自分が悪いわけでもないし、遺伝でも伝染病でもないのに、偏見のために社会からだけでなく、身内、親戚からも差別されて、本当に辛かったと思う」と節子さんは述懐する。

節子さんがまだ四〇代の時に夫は亡くなった。「結婚してくれてありがとう」という言葉を残して。

現在、東京都の都営住宅に住んでいる節子さんは、「ここの団地は生活保護を受けている人もいるが、人を出し抜いてやろうという人はいない。生活保護をうけている人は貧しいと思うが卑屈ではない。そういう人を見ていると救われる。私はみんなに助けられて生きている」という。

短歌の師匠をやっていた祖父の血をひいた節子さんは短歌を詠み、読売新聞の歌壇の選者、土屋文明に褒められたことがある。土屋文明は日本を代表するアララギ派の歌人で、群馬県の高崎市には「群馬県立土屋文明記念文学館」と名前を冠した文学館が立てられている。土屋文明に褒められたという句を紹介する。

手を足をはずませながら歩道橋を身障の子ら渡りきりたり

障害児を見る節子さんの暖かい眼差しがうかがえる短歌である。次も節子さんの短歌である。

通州は吾の生まれたる郷なるもはるかに遠く想うは哀し

あの世とはあるやも知れぬ父母妹に人知れず告ぐ近況のこと

「私はあまり深刻にものを考えないで、すぐ立ち直れる性格である」と言うように、節子さんは、日記や手紙の処分もそうであるが、不幸な過去を断ち切って、前向きに生きる積極性を身に付けている。その意味では通州事件にたいする「憎しみの連鎖」とは無縁の生き方をしてきた。音楽好きで、ジャズもクラッシックもなんでも好きとのことで、一〇年ほど前に先生についてハワイのフラダンスを習い、指導者の資格をとって、フラダンスを教え、ハワイに四回ほど行ったという。三年前に新宿駅の階段で転倒して骨折したのを機にフラダンスの先生は辞めたとのこと。

平和の時代に生きることの大切さを身に染みて体験した節子さんは、軍隊と戦争の放棄をうたった日本国憲法を守るために、団地の仲間と、憲法守れ、改憲反対の三〇〇〇万署名運動に取り組んでいる。

姉の久子さんは、一九五二年四月二八日に日本が連合国と結んだ講和条約が発効、アメリカによる日本占領統治が終結したのを契機に夫のレッド・パージは解除され、群馬県立藤岡女子高校に復職することができた。夫の職場復帰にともない、家族は藤岡市に転居、久子さんは藤岡市の小学校に転勤した。久子さんは運動が苦手なので体育の授業も担当する小学校教師には不向きだったので、その後得意の数学の教科を担当すればよい中学校の教師になった。

藤岡での生活は長かったが、久子さんは三人目の子が生まれるときに教師を辞め、主婦生活に専念した。ところが、一九七六年、久子さんが四八歳のとき、夫が自転車ではねられ、脳内出血で手術、新しい技術だとして脳に穴をあけて血餅《けっぺい》を採取したが、その後血餅が心臓につまって心臓発作を起こし、死亡するという事故に見舞われた。夫はまだ五二歳だった。

当時、長男は新潟大学の医学部生、次男が立命館大学法学部生、三男は法政大学生、娘は高校生だった。その後、三男は成績が良かったが、父が死んだので、家計を心配して、法政大を中退してしまった。娘はその後早稲田大文学部に入学し、成績がよかったのでハイレベルの奨学金をもらえた。

四人の子どもがそれぞれの進路を決めていたこともあって、久子さんは、夫の死をきっかけに一大決心をして、京都に移ることにした。京都は、日本母親大会で京都へ行ったとき、苔の階段に感動して惹きつけられた場所があり、たまたま引越した場所がそこだったという直感のようなものがあったという。次男が立命館大学生で京都の活動的な生活環境を知ることができたこともあって、自分が第二の人生を生きる場所に相応しいという思いがあったようである。

藤岡から引越すとき、それまでの過去の生活を清算して決別するように、持ち物を処分、田んぼに囲まれた家だったので、机や本、アルバムまで全部燃やしてしまった。藤岡の生活には未練はなかったという。

通州事件の〝語り部〟に

(1) 安藤利男記者を訪ねる

京都に転居した久子さんは、家庭教師の口を新日本婦人の会（新婦人）の人たちに世話してもらって生計を立てながら、新婦人の会や退職教師の会など、多くの友人、知人を得て、読書会に参加したり、平和運動に参加したりしながら、歴史、文学、政治、芸能文化などさまざまな分野の学習活動をおこなった。なかでも、通州事件について知るための日中戦争の歴史を学ぶことに力を入れた。新婦人は、平塚らいてう、いわさきちひろ、壺井栄、野上弥生子、羽仁説子らの呼びかけで結成された女性運動団体で、平和運動、護憲運動などにも積極的に取り組んでいる。全国に地方組織があり、活発に活動を展開している。

久子さんは、戦後四〇年にあたる頃、通州事件の現場からの脱出記を新聞にスクープした共同通信記者の安藤利男さん（本書二一五頁参照）を大阪のお宅に訪ねていったことがある。最初電話したとき、「なんでそんな事件を」と怒られたが、通州事件の被害者の娘だというと会ってくれたという。その訪問記を久子さんは回想記でこう書いている。〈註1〉

私はあの時、安藤さんに思い切ってお目にかかって本当によかったと思っています。本当は両親や妹が虐殺された事など聞きたくありませんでした。でも安藤さんはその事に全く触れずに、とても貴重な経験を話して下さったのでした。

「当時の私は思い上がっていました。私は自分が自力で逃げ切ったと考えていました。通州事件を一刻も早く報じなければならぬという使命感と体力、脚力、判断力があったから助かったのだと。でも本当はそうではなかった。ゴウマンな者に真実が見えるはずがない。いい例が日本の軍隊、特に関東軍だった。私が書いたり話したりすべき事は全く別の事であった筈なのに」と。

私は長い間、安藤さんや私の体験はかなり個人的なものだと思っていました。でもそうではなかったのです。

久子さんは、これまで、通州事件を自分の両親を虐殺され、戦争孤児となった自分や妹がどんなに辛く、悲惨な生き方を強いられたかという個人的な体験の枠内だけで考えていたが、そうではなく、通州事件はどういう事件か、なぜ発生したのか、自分の両親と家族が虐殺されたことはどういうことなのか、日中戦争さらに以前からの日本の中国侵略戦争の歴史のなかで捉え、位置付けなければならない、ということに思いいたったのである。

そこから、久子さんの日中戦争の歴史、さらに近代日本の戦争史、さらに世界の戦争と平和の歴史について、読書会、学習会、講演会、研究会などに参加しながら、幅広い歴史の学習活動が始まった。

(2) 紙芝居「通州事件」

久子さんは八〇歳になったのを契機に、滋賀県大津市の堅田《かたた》の琵琶湖のほとりにあるケアハウスに住むようになった。長男が京都で医者をやっており、京都市山科《やましな》区に居住していて、いざという場合の面倒をみてくれている。久子さんは〝オヨメチャン〟と呼んでいるが、長男の奥さんが毎週金曜日に車できて、図書館に連れていってくれ、久子さんはいろいろの本を借りてきては読むのを楽しみにしている。

ケアハウスの久子さんの部屋では五、六人の仲間が月例で集まって、読書会や学習会を続けてきた。久子さんは藤岡時代から新日本婦人の会の会員であったが、京都では多くの会員に助けられ、交流を深めた。大津市に移っても多くの会員との交流や学習活動はつづき、その中で、「通州事件の語り部」となることを決意した久子さんが絵と文を描き、それを紙芝居「通州事件―いとしい者達に言いのこしたい」にした。それの朗読を一緒にしてくれる人もいて、紙芝居を上演して、久子さんが体験談を話すという集いが開かれるようになった。紙芝居の話は他県にも広がり、多くの取材をうけるなど、反響が広がった。そこで、新日本婦人の会志賀支部・朗読小組が小冊子を作成、二〇一八年の日本母親大会の会場で配り、さらに大きな反響を得て、多額のカンパが集まり、さらに増刷された。

日本母親大会は、久子さんが京都で開かれた大会に参加したのがきっかけになって京都住まいを決意したことは前述した。「子どもの幸福を守る」「平和を守る」「婦人の生活と権利を守る」などをスローガンに毎年全国大会が開催され、参加者は一、二万におよぶ大きな大会である。

久子さんは通州事件について、どのようなことを「いとしい者達に言いのこしたい」と思ったのか、以下に紙芝居から紹介する。〈註2〉

通州事件――一九三七年――

このお話は今から七九年前、日本が中国を侵略した戦争のごく初めに実際にあった話です。そのとき偶然生き残った者の一人が、重たい口を開けて語り、そして描いた記録です。

一九三七年七月二九日、日中戦争が始まった二二日後、北京から二〇キロ程離れた通州の町で、中国警察の保安隊が一斉に蜂起して通州に住む日本人や朝鮮人の家を襲いました。そして二百数十人の女性や子どもを含む人々をしばりあげ、数珠つなぎにして郊外に連れ出し、虐殺しました。その中に軍医だった私の父、看護婦だった母、まだ二歳になったばかりの妹も居りました。記録写真によりますと、私の父は他の人同様に体中を撲られ脚の骨が折れてズボンが脱げ、お腹は太鼓のようにはれ上がって、脇腹から血が流れだし、あごははずれてしまったのでしょう、大きく口をあんぐりとあけてひっくり返っていました。顔は「氏名が判っているので……」と書き添えられて黒い布がかぶせてありました。

紙芝居「通州事件」(櫛渕久子・作)

母は他の妊婦さんと同じようにお腹が裂けて、小さな小さな赤ちゃんが流れ出していたそうです。

妹もまた他の赤ん坊と同じように、地べたに叩きつけられ屋根に放り上げられて形さえなかったといいます。

私はその時九歳。日本の母の家に居たために助かり、すぐ下の妹は、私の父や母の下で働いていた中国人の看護婦さんの何鳳岐《かほうき》さんに助けられて九死に一生を得ました。

何鳳岐さんは保安隊の手から妹を奪い返して下さいました。彼女は「私の娘です。この子は私の子です。連れ去らないで下さい。返して下さい」と叫び続けたのでした。もし妹が日本人の子だとわかったら、何鳳岐さんは無事ではいられなかったことでしょう。日本人と同じようにじゅずつなぎにされてひっ立てられ、虐殺された中には、朝鮮の人々も居ましたし、何より通州の町で日本の傀儡として働いていたという理由で市長にあたる殷汝耕《インルーゴン》さえ人質として縄でしばられて引っ立てられたのです。

何鳳岐さんは妹を抱きかかえてコウリャン畑に逃げこみ、その中に身を潜めて何日かを過ごし、様々なご苦労の末に日本側に妹を手渡して下さったのでした。

戦後、妹と私は様々な手をつくして何鳳岐さんを捜しました。けれども何鳳岐さんの行方はまるっきり判りませんでした。ただ事件の一年後、何鳳岐さんから私宛にお便りがありました。その中に「私は満州の私の家に戻りました。周りの人々から『日本人のスパイ』という辛い言葉をあびせかけられています。私にはあなたのご家族との沢山の思い出がありますが、私の家族にはそれがありません。家族につらい思いをさせています。でもいつかきっといい日が来ます。その日が来たらきっと又私たちは会えます。」とありました。

この通州の虐殺事件の後、母方の祖母は半年もたたないうちに死に、祖父はその一年後に急に倒れて寝たきりになってしまいました。

私はどれほどこの虐殺事件を憎み、中国の保安隊を憎悪したことでしょう。両親や妹の死に様《ざま》を思いうかべるたびに、腹わたが煮えくり返るような悲しみと憎しみに長い長い間心をむしばまれて過ごしてきました。

でも何鳳岐さんがいてくださったから、中国人の何鳳岐さんがいてくださったからこそ、今こうして憎むべきものは戦争だ、という思いに到達できたのだと思っています。

日本の政治家や思想家の中には、日中戦争も第二次世界大戦も日本の自衛戦争であり、アジア民族の解放戦争だったと主張する人がいます。その人々は「通州の虐殺事件が南京の虐殺事件につながった。最初に、虐殺行為を中国側がしたからこそ『通州の恨みを晴らせ』と日本軍が叫んで南京の虐殺事件につながった」と唱える人々が居ます。それは正しくありません。

歴史を自分の都合のいい所で切ってくっつけては駄目です。それを言うなら、通州の保安隊の中には、一九三六年に日本政府が「満州百万戸・五百万人移住二十年計画」で日本開拓民を満州に送り込み、中国の農地を安い値段で取り上げた時、家も土地も失った者たちが居たことを忘れては駄目です。いや、それ以前にも、日露戦争の後、満州を植民地にした日本は、満州とシベリアの国境沿いに広大な無人地域にしてそこに基地を作ったのです。その時、沢山の中国農民が家も土地も安値で奪われました。いいえもっとそれ以前の日清戦争の時に、敗走する清国軍を追って旅順まで攻め込んだ日本軍は、旅順の老若男女をじゅずつなぎにして郊外に連れ出して虐殺しているのです。死体が埋められた跡が、今も残っていて語り継がれているのです。それだけではありません。安い賃金と重労働と、虐待に近い仕打ちで命を縮めた中国の炭鉱夫もいたし、チャンコロと呼ばれたり、ボーイと呼ばれて働かされた人々も居ました。

一九三二年九月、中国の抗日ゲリラが日本の国策会社の南満州鉄道会社が経営していた撫順炭鉱の事務所を襲いました。撫順炭鉱には日本の関東軍が駐屯していましたが、襲撃を防ぎきれず五人の死者と七人の負傷者を出しました。抗日ゲリラからみれば、その頃世界でもトップクラスの撫順の炭鉱は中国のもの、自分たちの炭鉱なのです。でも関東軍は報復と見せしめのためにゲリラをかばったという理由で平頂山村の住民を平頂山の崖下に追い立てるとお年寄りや子どもを含めた三千人余りを機関銃で撃ち殺し、生き残った者は銃で突き刺してとどめを刺し、さらにガソリンをかけて焼き殺した上、ダイナマイトで崖を崩して埋め尽くしてしまいました。さらに村には火を放って村ごと村民ごと消してしまったのでした。通州事件の五年前の事でした。

通州の保安隊の中には、腹わたが煮えくり返るような思いで、土地を返せ、家を返せ、家族を返せと叫びながら虐殺に走った人も居たはずです。

私は一五歳の時（一九四三年）、父方の祖父に連れられて当時東京に住んでいた殷汝耕《インルーゴン》を訪ねたことがあります。彼は広々とした屋敷に、第二夫人にあたる日本人妻と共に暮らしていました。保安隊員に拉致された直後、彼は日本軍に救出されたのでした。

日本人妻と言われた人は、地味な和服を着た上品な感じの人でした。彼女に案内された和室で祖父と二人で待っていると殷汝耕が衣擦れの音をさせて静かに入ってきました。顔立ちのしっかりした知的な感じの人でした。

私は祖父と殷汝耕がどんな話をしたか全く覚えていません。彼は日本の早稲田大学を出た人ですから、日本語が達者だったはずです。彼は、私が彼を観察したように私をじっと目を据えて見つめていました。彼はあの時一体何を考えていたのでしょう。

戦後彼は「売国奴」として処刑されました。その直前「私は中国の為にも力をつくしたつもりだ。例えばアヘンの売り上げ金のすべてを、日本の命じるままに日本に渡していた訳ではない。その一部分は中国側にこっそり渡していた。日本のきびしい監視の中で」と言ったそうです。まあ、何と情けないことしか言えなかったのでしょう。

通州の保安隊の前身は、中国の人々からも嫌がれる、いわば馬賊という盗賊集団だったと書いてある歴史書がありますが、しっかりした警察隊でした。いっぽう冀東政府長官は散々中国の要人に断られたあげく、殷汝耕にするしかなかったという記録は案外真実かもしれません。日本軍について来る者たちに立派な人はいなかったのです。逆に言えば、これらの人と組んでしか日本の中国侵略は行えなかったのです。

殷汝耕を囲んで「冀東防共自治政府の要人たち」という一枚の写真があります。殷は中国服を着ていますが「要人」といわれる人は皆ネクタイに白いワイシャツと背広という日本のお役人のスタイルです。この写真一枚でも殷の立場がはっきりと判ります。

通州一帯はまちがいなく〝第二の満州〟なのでした。北京からたった二〇キロほどの町です。そこには日本の機械化部隊が駐屯し、沢山の武器弾薬が貯蔵されていました。日本は通州一帯から中国の軍隊を追い出して中立地帯とし、日本軍を駐屯させて空から飛行機でパトロールしていました。中国軍が入り込んでいないかどうか監視していたのです。保安隊は軍隊ではありません。警察隊なのです。しかも通州の保安隊は殷汝耕直属の警察でした。その日本のために働いていた保安隊兵舎を何故か日本軍機が爆撃して死傷者を出したのでした。

日本側は「誤爆だった」と言い張りましたが、本当に誤爆だったのでしょうか？　私は今でも疑っています。

戦争を拡大させようと考えていた関東軍や支那駐屯軍の一部が企んだことではなかったか、と。通州事件には尾ひれがついて大々的に新聞やラジオが「通州の仇を討て」とか「日本居留民の生命財産を守れ」とか宣伝しまくりました。そして、盧溝橋事件直後に折角中国の軍隊と現地の日本軍との間で和平が実現しそうになったのをブチこわしてしまったのです。

つまり鎮火しそうになった戦況の火に油を注いだ形となってしまったのでした。そして日中戦争は全面化し、さらに第二次世界大戦を勃発させ、地球を滅亡させかねない原爆を生み出し、沢山の人命を奪ってからやっと終わったのでした。

関東軍や支那駐屯軍の一部には「戦争はわが軍の一撃で終わる。満州だけでは資源が足りない、北支には鉱物など重要な物資が眠っている」と唱える者がいたのです。

歴史家や有名なジャーナリストの中にさえ、日中戦争や独ソ戦は帝国主義の時代の産物であって、何も日本だけが悪いのではない、歴史はそのようにして進んできたのだ、という人がいます。その様な考えにもとづいたら第二次世界大戦でさえ「どうしようもなかったこと」としか捉えられないでしょう。しかし日中戦争が行きづまったからこそ日本は南方へ軍隊を進め、アメリカに戦争を仕かけたのです。中国の支援ルートを断ち切り南方の石油や鉱物資源を手に入れる為に……。

それを愚かにも日本は日中戦争だけで止めておけばよかった、アメリカみたいな強国に手を出したから負けてしまった、などと本気で考えている歴史学者さえいるのです。

こんな浅はかな考えで「平和」の問題は考えられません。私たちは今こそ「平和」を創り出す力を、人類のすべての力をあげて育てないと人類は生き残っていけなくなると私は思っています。戦争なんかしている場合か！　です。異常気象で海がこわれ、気候が狂い、やがて日本の夏が四〇度になるのも時間の問題だという気象学者さんたちもいるのに……です。

皆さんはどうお考えでしょう？

私たちは、銃から平和が生まれたためしがないことを百も承知しています。銃をふりかざして、平和のためとか、自衛のためとか言って人を戦争にかり立てた歴史を知っています。

私たちは兵器に頼らないで平和をつくり出す道をこそ選び育てていきましょう！

今、通州事件について思うこと

筆者が姉妹に最初にお会いしたのが二〇一八年で、久子さんとは五月、節子さんとは六月、それぞれ九〇歳と八四歳の時だった。以後久子さんとは四回、節子さんとは三回お会いして聞き取りをおこない、その間にも手紙やお電話でもお話を聞いてきた。その中で「今、通州事件をどう思っているか」について繰り返しお聞きした。姉妹に共通するのは、「通州事件の憎しみの連鎖を絶つ」生き方をしてきたことであった。本書の最後に、二人のその思いを紹介したい。

(1) 節子さんの思い

通州事件については東京のおじいちゃんが物心がついてから話してくれました。通州事件について、中国人への恨みは今になってもありません。匪賊といわれた人もかつて日本人にひどい目にあった人もいたのではないかと思っています。中国人には恨みはありません。何鳳岐さんがいたから。通州事件では中国人がひどいことをしたけれど、日本軍は中国人にもっとひどいことをしていたのを少しずつ知るようになりました。

両親の記憶がないので残念ですが、何鳳岐さんの記憶は多い。母は忙しかったし、妹が生まれたこともあって、妹のほうにかかりきりだったのでしょう。

通州事件にも背景があったことをいろいろな本を読んで理解するようになりました。本を読まなければ中国人を恨み続けていたかもしれません。小さい頃から人を恨んだことはなく、母方の祖父が優しいひとだったので、その血をひいているのかも知れません。

若い時は、親がいれば違う生き方ができたのにと思ったこともあります。「忘れないけれど過去は振り返えらない」と姉によく言っています。姉はいつまでも過去をグジュグジュ言っています、私は違います。

戦争は人間が人間を殺すという馬鹿なことをやっている。日本軍も中国で通州事件よりひどいことをたくさんやってきたそうです。私に中国人への恨みがないというのは何鳳岐さんがいてくれたからです。何鳳岐さんは中国人でしたから、まとめて中国人を恨むことはできません。

鈴木節子さん

通州事件の現場を見ているわけではありませんが、本などをみると残虐だと思います。両親も辛かったと思います。戦争はだめだということにつながります。何鳳岐さんはちゃんと生きてくれたらと思います。何鳳岐さんはあの頃二〇歳ぐらいだったので、もう亡くなっているでしょう。何鳳岐さんを探したけれど、迷惑になると思って途中でやめました。

通州事件のことでうなされたことはありません。両親の夢は全然見なかったのに、何鳳岐さんが日本に来て、日本語がわからなくていじめられて困っている夢を繰り返し見ました。日本語がわからないのはあたりまえではないのか、なんて思っていたりしていました。姉の話では何鳳岐さんは日本語が話せたということでしたが……。何鳳岐さんは命がけで私を助けてくれたのです。

何鳳岐さんは美人でした。（筆者がお母さんと何鳳岐さんの写真を見せると涙ぐむ）私が何鳳岐さんと出会い、助けられたことは、神様のなにかがあるような気がします。でも何鳳岐さんのその後については「神も仏も無い」という思いがあります。

私は小さい頃大変だったということがあるので、大人になって物事に悲観的ではなくなりました。姉は悲観的ですが、私は根明（根が明るいの意味）といえます。周囲の人たちの集いで通州事件の証言をしましたが、あまり悲観的には話ができないので、そのうち呼ばれなくなりました。

私の思いは戦争は絶対にだめ、ということにつきます。

(2) 久子さんの思い

憎しみは消えなかったが、憎しみでは生きていけません。本を読んで歴史を学びました。本とのめぐり合いは大事でした。知ることは大事です。戦時中、歴史はウソばっかり教えていたので嫌いでした。戦時中の歴史教科書の物語はバカげていて、あの頃の歴史教育は、みんなほんとうだと思っていたのでしょうか。

戦後、竹内好《よしみ》さんを読み、戦争の歴史は藤原彰さんの本を読み、半藤一利さんの本も読みました。日本のようにこんなに歴史をおろそかにしている国民はありません。ドイツとは違いますね。ドイツでは首相がひざまずいて被害者、被害国に謝罪しています。

もし父が生きていたら、笠原先生の本を読ませたかった。父は自分が良いことをしていたという意識でいました・飴と鞭があり、自分が中国人にたいする飴であることがわからなかった。戦争は憎しみの感情を掻き立て利用して起こります。人類の歴史として憎しみを絶ち切るということが大切です。憎しみを乗り越えられるのは、自分の子どもや孫、ひ孫の幸せを思うから乗り越えていけるのです。戦争をしてはいけないと思うから乗り越えられるのです。私も母親ですから生き残っていくことを大切にしたい。戦争の怒りというより悲しみということが大切。

二番目の息子を亡くしたときは、本当に悲しかった。そのことから戦争で息子を失った親の悲しみ、苦しみの大きさがわかりました。戦争を二度とやってはいけないと思いました。息子をなくしてから、一年半になります。

櫛渕久子さん

（以上は筆者が久子さんから聞き取りをしたことであるが、以下は久子さんから筆者がいただいた手紙からの抜粋である。ゴチックの小タイトルは筆者がつけた。）

「憎しみの連鎖」から逃れられた理由

なぜ私が憎しみの連鎖から逃れることができたのかを考えてみました。私は水が流れるように、今の私に流れついたように感じていて、考えたことなど一度もありませんでした。

でも考えてみてたどりついたのは「ああ私には国境なんて無かったのだ」という思いでした。あったのは地下茎で結びついていた草の根のような深いつながりでした。

優しく温かった中国の友達、看護婦の何鳳岐さん、町の人々、父や母を通して共有していた思い、「尊敬する〇〇先生や敬愛する〇〇老人やお薬代の代わりに必死で山鳥をつかまえて持ってきて下さったお百姓さん達」への思いでした。

私はそのなつかしい方達と中国の保安隊とごちゃまぜにして考えることなど最初からありませんでした。

さらに私を導いてくれたのは歴史が教えてくれた真実でした。私は私なりに本を読みました。

人権のひとかけらもなかった日本の差別社会

つくづく戦争というのは〝ひとでなし達〟のやることと思わざるを得ません。生まれた時から自分の命は〝鴻毛より軽し〟と思いこまされて育った者達にとって、自分以外の人の命が尊いなどと思えるはずは有りません。まだ命がある人間の体を解剖するなど、医者でありながらそんなことができてしまう人間がいたのも本当に恐ろしいことです。

でもそれは兵士のことだけではありませんでした。銃後といわれた内地でも私達に人権などひとかけらもありませんでした。特に私達姉妹のように、親も家も財産もない者は、ある民俗学者さんが書いていたように「村の中では村長が偉くて、一番下の者は貧乏な家のオンナのコだった」のです。もし私の担任の先生や校長先生の力添えがなかったら、私は女郎とも芸者ともいえる所に売られたように思います。そしてそれを村中の誰もが差別と思わなかったことでしょう。

何鳳岐さんへの恩返し

私は何鳳岐さんのことを思います。三光作戦などで国中の人達が辛い思いをしていた時「日本《リーベン》鬼子《クイズ》の娘を助けた奴」としてどんなに辛い思いをしながら生きていたかしら……と。どんなに私達が探したところで、何鳳岐さんは名乗り出ることができなかったのだと。私たちは何鳳岐さんのご恩返しどころか「ありがとうございました。」とさえ言うことができずに一生を終えてしまうのです。それでも何鳳岐さんについて語り残すことが何鳳岐さんへの恩返しだと思っています。私は何鳳岐さんを通して「人間は自分の命さえ捨てて、自分の子どもでもない者を、身を捨てて守ることだってできる存在なのだ」と教えられました。私たちのことを「何処の馬の骨かわからない娘」と言った人達にも伝えたかったです。

人の愛情に国境なんてあり得ないのです。私は何鳳岐さんや私が小学校に行くために樺甸を離れる時、ワァワァ泣きながら馬車の後を追いかけてくれた友達のことを思い出すと涙がでるほどなつかしいのです。平和とか友愛とかに国境などあるものですか。これからの平和運動はきっと国境を越えて広がり結び合っていくのでしょうね。

「通州事件」の語り部の難しさ

「通州事件」の〝語り部〟を自認している私に、残された人生の時間はもう長くありません。

とても言い訳がましく思われるかもしれませんが、正確に語ることはものすごく難しいものです。語っている体験の一つ一つに嘘はないのに、体験の全体はもっと複雑で、矛盾し合うものが――おかしな言い方ですが――整合性をもって一つになっているのです。語り部にも深い洞察力や無意識の内に忘れてしまったことを思い出す力などが要求されるのです。

戦中派にとっての日本国憲法

私達戦中派にとって今の憲法は〝言葉〟ではなく〝体の中から湧き上がってくる叫び〟のように思えます。憲法の言葉の一つ一つに私たちの痛みもあるし希望もくっついています。

私は憲法九条は「私達人類が共存して生き続けるために高いモラルが――そのモラルこそが――必要なのだよ。私達は、何千万人もの尊い命を奪ったり奪われたりしてやっと手にした宝物なのだよ。けれどもその宝物に命を与えるのは私達自身です」との思いで書いてくださった先生のこの御本（拙著『憲法九条と幣原喜重郎―日本国憲法の原点の解明』大月書店、二〇二〇年）を一人でも多くの友人に紹介いたします。

それにしても人類ほど同類を殺し合う生き物はおりません。人類ばかりかすべての生き物を殺しつくす原水爆を作りながら、なお手離すことができず、今度は使い勝手のいい原水爆を作りだしたりしています。私達たちはまだ、ビキニの放射能やベトナムの枯葉剤、イラクの劣化ウラン弾、福島の原発事故やチェルノブイリや……数えたらきりのない毒物をたれ流しながら詳細な検証さえしていません。とても恐ろしいことです。今のこのコロナウイルス禍から私達は何を学ばなければならないのでしょう。考えることが沢山あって――、私の命はもうそれ程残ってはいないというのに、しなければならないことが沢山あって――。

通州事件が人類に残した教訓

通州事件は「人類が共生していかなければ共に滅びるしかないこと」を教えてくれた一つの事件だったこと、私達は「国境」を越えて地球と共に人類として共生していく以外、生き延びる術がないこと、ただその道しかないことを教えてくれた事件だったと思います。コロナウイルスが今、教えてくれているように。

私にとって通州事件はまだ昨日今日のことです。私が十代の頃には十代の、二十代、三十代……は母親となった私が……そして今私自身の〝死〟ということを見つめている九三歳になって、それぞれの私が父や母や末妹の悲しみを追体験しているのです。私が生きている限り決して過去にはなり得ないのです。

【註】

〈1〉櫛渕久子「れくいえむ⑫」（『月刊志賀』第二九九号、二〇一六年七月二〇日）。

〈2〉文・絵　櫛渕久子『いとしい者達に言いのこしたい』新日本婦人の会志賀支部・朗読小組、二〇一八年四月発行。なお、引用に際しては前半の一部を省略、文末は順序を入れ替えた。さらに単純な誤りは訂正した。

おわりに——「通州事件」から何を学ぶのか

本書の第Ⅰ部では、これまでの日中戦争の歴史書においては、数行かせいぜい一頁程度の記述で終わっていた通州事件について、その全貌を明らかにするとともに、事件がなぜ発生したのか、その歴史的要因の解明を試みた。そのために、反乱を起こした冀東保安隊がどのような軍隊であったのかを創設時にさかのぼって解明し、日本軍の傀儡の冀東防共自治政府（冀東政権）の保安隊が何を目的にして日本軍にたいする反乱を起こしたのかについて考察した。具体的には、満州事変・「満州国」建国に続いて、華北を「第二の満州国」にしようと企んだ日本の華北分離工作をめぐる日本軍と中国地方軍ならびに蔣介石国民政府との錯綜した対立抗争が展開された歴史状況の中で、通州事件が発生したことを明らかにした。それは同時に、「起こるべくして起こった盧溝橋事件」と本書で述べたように（本書一八一頁参照）、盧溝橋事件に始まる日中戦争の「前史」と「前夜」がどのように形成されたのかを解明することにもなった。通州事件がなぜ発生したのかについて、その「前史」と「前夜」を解明することは、事件の二二日前に発生した盧溝橋事件がなぜ発生したのかを解明することと重なったからである。

従来の日本の日中戦争の歴史書は、柳条湖事件から満州事変が勃発し、盧溝橋事件から日中戦争が開始され、真珠湾攻撃からアジア太平洋戦争に突入したというように、ある事件から戦争が勃発的に開始されたような記述が主流であった。それは作戦や戦闘という現象面に幻惑されて、戦争の歴史展開の表面しか見ていないからである。筆者がこれまで出版してきた日中戦争に関する著書において、戦争には必ず開戦にいたる「前史」と「前夜」の段階があり、「戦争前史」の段階では戦争政策を推進する政治勢力を国政から失脚させるなどして、戦争回避に向けた政策転換をはかることが可能であるが、「戦争前夜」の段階に至れば、偶発的事件あるいは謀略事件によっても容易に開戦となり、戦争突入阻止はもはや不可能となることを明らかにしてきた。それゆえに、日本国民は現在の日本の政治を「戦争前夜」の段階にしないように、日本の戦争の歴史からしっかりと学ぶ必要があることを強調してきた。〈註1〉

日中戦争期に日本軍は占領地にいくつもの傀儡政権を樹立した。代表的なものとして「満州国」政府、蒙古連合自治政府（蒙疆政権）、冀東防共自治政府（冀東政権）、中華民国臨時政府、中華民国維新政府、中華民国国民政府（汪精衛政権）の六つがある。〈註2〉それぞれの傀儡政権には、規模はことなるが治安維持ための軍隊や警察隊が保安隊などの名目で編成されたが、日本軍にたいして反乱を起こしたのは冀東政権の保安隊のみであった。そこに同じ傀儡軍でありながらも冀東保安隊の特異性があった。

通州事件といえば、冀東保安隊による日本人居留民にたいする残虐非道な虐殺事件としてのみが注目されてきたが、本書で明らかにしたように、冀東保安隊の反乱の主要な作戦は、通州の日本軍守備隊にたいする攻撃であり、盧溝橋事件を契機に抗日戦争を開始した宋哲元の第二九軍に合流することであった。

中国では、盧溝橋事件をきっかけにしてその直後に、北京（当時北平）―天津間とその周辺域で宋哲元の第二九軍が支那駐屯軍と繰り広げた抗日戦争を「平津路抗戦」あるいは「平津抗戦」と呼び、日本では「平津地方掃蕩戦」と称しているが、傀儡軍であった冀東保安隊が北京・天津を戦域とした初期抗日戦争に合流しようとしたのはなぜかを本書において明らかにした。本書は、通州事件という歴史の窓から入って、満州事変から盧溝橋事件にいたる華北ならびに中国全土の抗日戦争の「前史」

および「前夜」にまで分析対象を広げ、深めることになった。

それでは、以上のような本書が課題としたテーマについて、本書が明らかにできたことをまとめておきたい。

通州事件を起こした冀東保安隊はどのような軍隊だったのか

通州事件で反乱を起こした保安隊の正指揮官であった冀東保安隊の第一総隊長張慶余と副指揮官の第二総隊長張硯田はともに、満州に東北政権を築いた張学良の東北軍の部隊に属した軍人だった。満州事変によって満州を追われた張学良は東北軍を率いて関内（万里の長城以南）に撤退、北平、天津を中心とする河北省に東北軍の基盤をおいていた。ところが、関東軍の熱河省侵攻（一九三三年二月）に不抵抗であった責任を蔣介石に問われた張学良はすべての軍官職を辞職してヨーロッパ歴訪をおこなった。

残された東北軍のうち河北省主席で国民政府の軍事委員会北平分会委員を兼任する于学忠が統括した東北軍は、国民政府軍に編制されて第五一軍となった。ただし、張学良の軍隊という意味で東北五一軍とも称した。冀東保安隊の指揮官になった張慶余と張硯田はともに東北軍五一軍の団長であった。両者とも満州の地を日本軍に追われた東北軍兵士が抱いていた「抗日覆土」、すなわち抗日戦争を戦って満州の地を取り戻すという「救亡地域ナショナリズム」を共有していた。このことは、彼らが冀東保安隊を指揮して通州で反乱を起こす思想的原点となったことにおいて重要である。

関東軍は、国民政府軍事委員長の蔣介石が、華中の中国共産党のソビエト政権の撲滅戦(剿共戦)を抗日よりも重視して「安内攘外」政策をとっていたのに乗じて、長城を越えて河北省への侵攻を開始した。これにたいして蔣介石国民政府は武力抵抗をせずに「退却戦略」をとって一九三三年五月に塘沽停戦協定を結び、北平―天津線以北の河北省の地域を日中両軍の停戦地域、すなわち緩衝地帯として非武装地帯にすることを認めた。この非武装地帯が河北省の東部で「冀東」と呼ばれた。「冀」は河北省の別名である。

塘沽停戦協定の結果、中国軍は冀東に駐屯できなくなったので、河北省主席の于学忠は治安維持のために協定で認められた「河北省特区警察隊」(以下河北特警隊)を冀東に置くことにした。于学忠は麾下の東北五一軍の団長の張慶余を河北特警隊第一警察隊長に、同じく団長の張硯田を河北特警隊第二警察隊長に任命した。協定では軍隊ではなく警察隊が治安維持にあたるとされていたが、張慶余、張硯田とも部下の東北軍兵士をそのまま警察隊に編入した。この警察隊が後に冀東保安隊の基幹となった。

一九三五年になっても、蔣介石国民政府は剿共第一とする「安内攘外」政策を継続していた。それに乗じた関東軍と支那駐屯軍は、華北を国民政府の統治から切り離し、「第二の満州国」とするための「華北分離工作」を強行した。同年五月、支那駐屯軍と関東軍は軍事的威圧をおこなって、支那駐屯軍梅津美治郎の名で国民政府軍事委員北平分会代理委員長何応欽にたいして梅津・何応欽協定を約束させた。協定は、平津地方から国民党支部・排日団体の撤退、于学忠河北省主席の罷免、第五一軍の河北省外への撤退、国民政府直系軍の保定以南への移駐など、国民政府にとって厳しいものだった。

国民政府は、同協定を受けて、河北省主席を商震に替え、于学忠を第五一軍を率いて甘粛省へ移駐させ、甘粛省主席に就任させた。于学忠は、張慶余と張硯田の河北特警隊は、正規の軍隊とみなせられないからとして河北省に残留させ、「軍隊の訓練をよくして、命令を待つように」と秘密命令を与え、張慶余の部隊は通州に移駐させた。

一九三五年七月に河北省主席に就任した商震は、河北特警隊を河北保安隊と改名したが、編制と駐屯地は変更しなかった。同年一一月に殷汝耕を委員長とする冀東防共自治委員会（後に自治政府）が成立すると、河北保安隊は幹部の変更もなく、そのまま冀東保安隊と改称された。商震河北省主席から張慶余にたいして「殷汝耕と決裂せずに、しばらく追従したふりをしてごまかすように、国民政府には私から責任をもって釈明しておく」と秘密裏に指示があった。殷汝耕は文官であって軍人ではなかった。そのため、張慶余と張硯田の部下の将兵を基幹とする保安隊にたいしては実際の指揮権限をもたなかった。したがって、張慶余と張硯田は殷汝耕にたいしては「追従したふりをしてごまかし」、まったく気づかれることなく反乱を準備できたのである。

冀東保安隊はなぜ日本軍にたいして反乱を決起するにいたったのか

関東軍と支那駐屯軍は競合しながら華北分離工作を進め、一九三五年一一月二五日に冀東防共自治委員会を設立し、一二月二五日に冀東防共自治政府（冀東政権）に改組、国民政府から切り離した傀儡政府を樹立し、殷汝耕を長官に据えた。領域は塘沽停戦協定で定めた「停戦地域」にさらに北平

（北京）周辺の三県を加えて二二県からなる広大な区域で東京都のおよそ四〇倍に相当する。冀東政権の樹立は、日本軍が「満州国」に隣接する冀東を「第二の満州国」とする狙いがあった。

これにたいし国民政府は一九三五年一二月一八日、宋哲元を委員長とする冀察政務委員会（冀は河北省、察はチャハル省、以下冀察政権）を設立して、宋に河北省主席を兼任させ、冀東政権に対抗させた。

宋哲元は国民革命時代に陝西省と河南省に基盤をもつ地方軍の馮玉祥の国民革命軍の指揮官として頭角を現し、南京政府成立後は山西省や陝西省で地方軍の西北軍を率いて勢力基盤を築いた。一九三一年に国民政府の蒋介石が地方軍を整理して全国の陸軍編制に組み入れた結果、宋哲元は西北軍と張学良の東北軍を合わせた国民政府軍の第二九軍の序列番号をつけられた軍隊を統轄することになった。以後、宋哲元の軍隊は第二九軍と称された。さきの于学忠の軍隊が国民政府軍の第五一軍とされたのと同様である。

宋哲元は熱河省を失った責任を負わされて張学良が下野した後のチャハル省主席に就任、梅津・何応欽協定によって于学忠の東北五一軍と国民政府機関の撤退した華北の軍事的・政治的空白を埋めるために国民政府から平津衛戍司令兼北平市長に任命された。この結果、宋哲元は第二九軍を率いてチャハル省と北平市を中心とする河北省に勢力基盤を拡大した。そして冀察政権の長官に任命されたことにより、チャハル・河北・北平・天津の二省二市を支配することになり、日本軍傀儡の冀東政権と対峙し、日本の華北分離工作に対抗する立場になったのである。

冀察政権は蒋介石の巧妙な「退却戦略」にもとづいて樹立された。それは蒋介石が「退却」でも単なる退却ではなく「主導的退却」つまり「軍事受動、政治主導」と言ったように、「中央が主権を失わない」ように対応することであった。冀察政権が国民政府から自立した政権であるように見せかけて対日交渉の矢面に立たせながら、裏面では、国民政府からしっかりと指示を与えていた。宋哲元は国民政府軍事委員長の蔣介石に秘密書簡を送り、随時指示、命令を仰いでいた。蔣介石の指示は、「日本軍に武力威嚇されても動揺せずに、日本軍との武力衝突を巧みに回避せよ」というものであった。このため、宋哲元は表面的には対日親善の姿勢を取りながら、日本の重要な要求には確約をあたえず、交渉回避と引き延ばし政策をとった。そのため、当初は一二・九学生運動や抗日世論からは日本の傀儡と批判された。

宋哲元は支那駐屯軍ならびに日本の外交出先機関から排日運動の取締りや利権譲渡の要求、軍事的譲歩の脅迫などさまざまな要求と圧力を執拗に受けたので、一九三六年五月から墓参を名目に郷里の山東省楽陵県へ隠遁して、日本の軍と政府機関との接触を回避した。

蔣介石が「中央が主権を失わない」「主導的退却」と称したのは、河北省を「第二の満州国」にさせることなく、有利な情勢が到来すれば、抗戦に転じて、日本軍を駆逐するという含意があった。宋哲元は冀察政権の長官に就任してまもなく、天津のイギリス租界で、冀東保安隊の張慶余と張硯田の二人と秘密に会見し、「お二人が抗日を望んでいることを聞き、政府を代表して歓迎を表明したい。事があればお二人に連絡する」から「軍隊の訓練を強化し、準備を怠らず、〝日寇〟(日本の侵略者)の侵略を防ぐように」と述べ、二人にそれぞれ一万元の軍資金を渡したのである。

「事があれば」というのは、盧溝橋事件につづいた平津抗戦で現実となり、張慶余は通州で反乱を起こし、北平の宋哲元の第二九軍と合流して日本軍と戦闘することを目指したのであった。したがって、天津のイギリス租界における宋哲元と張慶余と張硯田の秘密会見において密約をしたことが、通州保安隊が反乱を決意した決定的なきっかけとなった。

抗日民族統一戦線はどのように形成されていったのか

盧溝橋事件をきっかけに国民党と共産党の第二次国共合作が成立し、抗日民族統一戦線が結成されたのは、これまでの抗日戦争史、日中戦争史では、通説的に以下のように説明されてきた。すなわち、コミンテルン第七回大会の反ファシズム統一戦線路線の方針を受けて中国共産党が一九三五年八月一日に「抗日救国のため全同胞に告げる書」（八・一宣言）を発表、その方針のもとに共産党の指導を受けた北京・天津の学生運動が冀東政権や冀察政権に反対して一二・九学生運動を展開、これを蔣介石政権が弾圧したので、北京・天津の学生は「南下拡大宣伝団」を組織して、蔣介石国民政府の「剿共」作戦を停止して国民党と共産党の合作による抗日民族統一戦線の結成をよびかける抗日救国運動を展開した。

運動は全国各界救国連合会の成立までに拡大、浸透した中で張学良が西安事件を起こして、国民党が共産党との内戦を停止し、一致して抗日にあたるよう要請、蔣介石がこれを受けいれた。盧溝橋事件をきっかけに日中戦争が開始されると第二次国共合作が成立、抗日民族統一戦線が成立した、というものである。

こうした通説にたいして、本書は修正をせまる以下のような歴史展開を明らかにした。共産党の「八・一宣言」は、蔣介石を「売国奴」と糾弾、于学忠、宋哲元も日本侵略者の要求に応じて軍隊を撤退した「売国奴」と批判した。同宣言は、蔣介石政権を打倒して「抗日救国」の「国防政府」を樹立することを主張したものだった。

北京と天津の一二・九運動は、殷汝耕の冀東政権の樹立に抗議して開始されたが、その後設立された宋哲元の冀察政権にも反対して展開された。国民政府軍事委員会北平分会代表委員長の何応欽は、学生運動が「反日運動」として日本側の軍事干渉の口実にされることを避けるため、蔣介石の指示のもと、学生運動を弾圧したのであった。これに抗して北京・天津の学生たちは南下して抗日救国啓蒙運動を繰り広げたのであった。この段階で、蔣介石が冀東政権に対抗して冀察政権を樹立した意図を学生運動側は知るよしもなかった。中国共産党も同じである。

しかし、時の経過につれて、冀東政権と冀察政権の相違が大衆の目にも明らかになった。日本が冀東政権を利用して、「冀東密輸貿易」といわれた日本製品の中国市場への密輸貿易を大々的に展開したからである。冀東政権下の港や海岸から搬入された日本商品が天津の日本人租界に集積された後に、日本商社が介在して、商業活動に従事する日本人居留民とその下請けの小売りをおこなった中国在住の朝鮮人の手を経由して、関税をのがれた廉価な日本製品が中国全土の市場に浸透するようになり、中国の民族産業に大きな打撃を与えるようになった。日本の冀東密輸貿易に抗議、反対して、中国の都市では各界救国連合会が組織されて日貨ボイコット（日本商品排斥）運動が展開、それが全国各界救国連合会の結成にまで発展、都市民衆の抗日運動が拡大していった。

日本は「満州国」でアヘン専売制度を実施して、「満州国」の省に組み入れた熱河省で、アヘンの原料になる罌粟《けし》栽培を奨励した。その結果、熱河省に隣接する冀東政権の領域が熱河省で生産される生アヘンの密輸ルートになった。熱河省の生アヘンは遼東半島の関東州の大連に運ばれて麻薬のヘロインに製造され、冀東政権の領域を通って天津の日本人租界に搬入され、天津租界から日本人と朝鮮人の密輸・密売人の手を経て、中国の各地で密売された。日本の華北分離工作の進展以後、冀東政府の所在地の通州に急増した日本人居留民と朝鮮人の多くが、熱河省からの生アヘンの密輸に従事、さらに北平と天津でアヘン・麻薬を密売するアヘン窟や吸飲館を営んだ。日本人が冀東政権を利用して、朝鮮人を手先につかっておこなったアヘン・麻薬の密造、密輸、密売は中国国民の怒りと怨嗟の的になった。

蔣介石政府は日本人の冀東密輸貿易を厳格に取締り、日本人と朝鮮人のアヘン・麻薬の密造・密輸・密売はさらに厳しく禁止して取締まった。宋哲元の冀察政権も国民政府と同様に冀東密輸貿易を取締り、アヘン・麻薬の禁止政策を実施したので、冀東政権との相違は民衆の目にも明確となった。学生運動も蔣介石国民政府と宋哲元の冀察政権に反対するのではなく、抗日の立場に立つよう請願していく方針に転換した。

一九三六年五月、日本政府は華北分離工作を進展させるためには義和団戦争後の北京議定書で決められた支那駐屯軍の兵員を一挙に三倍以上の五七七四人に増強した。これに抗議して北平学連、天津学連はストライキを決行するとともに、宋哲元の第二九軍にたいして日本の圧力に屈して華北から撤退しないように請願運動をおこなった。

なお、このとき増派された支那駐屯軍の一部は盧溝橋の近くの豊台に駐屯したが、盧溝橋と豊台の間に宋哲元の第二九軍の駐屯地の宛平県城があった。盧溝橋事件はこの日中両軍の武力衝突によって発生したので、このときの支那駐屯軍の豊台進駐が、盧溝橋事件の構図をつくったのである。

華北分離工作は、関東軍と支那駐屯軍が競合するかたちで進めたが、通州に政府をおく冀東政権ができ、さらに支那駐屯軍が増派されてからは、天津に司令部を置く支那駐屯軍が主力になって推進するようになった。これにたいして関東軍は、「満州国」に隣接する内蒙古（チャハル省・綏遠省・寧夏省）を国民政府の統治から分離・独立させる「内蒙古分離工作」に力を入れるようになった。内蒙古分離工作は、内蒙古チャハル部の徳王が一九三六年五月に徳化に樹立した蒙古軍政府を関東軍が援助して内蒙古を統一するという構想で進められた。

一九三六年一一月一五日、蒙古軍政府軍は、関東軍飛行隊の支援下に綏遠省を軍事占領しようと侵攻作戦を開始した。綏遠省は当時、国民党中央執行委員で国民革命期には山西省地方軍の閻錫山の部下であった傅作義《ふさくぎ》が、国民政府軍事委員会から任命された国民党軍第七軍団の総指揮ならびに綏遠省主席として統治していた。傅作義軍が関東軍と蒙古軍政府軍の侵攻に抗戦したのにたいして、北平と天津の学生が「援綏工作」（綏遠軍援助）に立ち上がったのをはじめ、全国の都市に「救国綏遠援助会」が結成され、綏遠軍の抗戦を激励し、軍費、戦費の募金運動が爆発的に拡大した。綏遠軍の将兵に防寒の毛皮、毛織物、綿着などを送る運動も全国的に繰り広げられた。

全中国国民の支援を受けた傅作義軍は蒙古軍政府軍に反撃して一一月二四日、蒙古軍政府軍の後方軍事基地であった百霊廟を奇襲攻撃して占領した。傅作義軍は奪回をはかる蒙古軍政府軍と激戦を展開して、一二月上旬、蒙古軍政府軍を敗走させた。関東軍の謀略作戦は失敗したのである（綏遠事件）。綏遠事件は中国軍が日本軍を破った最初の勝利として中国国民を歓喜させた。

いっぽう、蔣介石は、一一月二八日に中央軍に北上を命じ、宋哲元に綏遠問題への協力と日本軍の傀儡である冀東政権を武力制圧して国民政府に回収せよとの秘密命令を出していた。蔣介石の「安内攘外」政策に変化がみられ、綏遠抗戦の勝利は蔣介石の政治的・軍事的威信を高めることになった。蔣介石は一一月二九日に傅作義ら綏遠軍の幹部と会見し、百霊廟にも赴き、綏遠軍への全面支援を表明した。蔣介石はさらに河南省の洛陽で演説をして、「安内攘外」政策をとってきたことに区切りをつけ、以後は抗日戦争を発動させる決意を表明した。そして日本の華北分離工作、内蒙古分離工作にたいして今後は「寸土も喪失しないよう奮闘する決意」を述べ、「独立自主の固有の立場を断固保持する準備をしなければならない」と抗日戦争準備の決意を表明した。それは、塘沽停戦協定や梅津・何応欽協定のように、冀東地域からの国民政府軍の撤退を容認した「安内攘外」政策の転換を表明したものであった。

蔣介石がそれまでの「退却」方針を転換した背後には、中国全土に爆発的に拡大し、展開された全国民の綏遠軍支援運動を目の当たりに体験したことがあったことは疑いない。

綏遠事件が一段落して洛陽から西安にもどった蔣介石は、東北軍の張学良と西北軍の楊虎城に命じた、延安を中心にした共産党の陝北（陝西省北部）ソビエト政権にたいする「剿共戦」を督戦した。しかし、張学良の東北軍の将兵の間には、冀東保安隊の張慶余・張硯田の旧東北軍兵士が抱いていたような満州の日本軍を駆逐して故郷に帰りたいという「抗日覆土」の思いが強く、「剿共戦」にたいする厭戦ムードが高まっていた。

張学良は蔣介石に共産党との内戦を停止し、一致抗日するよう訴えたが、蔣介石は頑として応じなかった。ここにいたり、張学良は楊虎城と図って蔣介石を監禁して、要請を飲むように迫った。いわゆる西安事件である。周知のように、西安事件は平和的に解決し、蔣介石は「剿共戦」を断念し、「内戦の停止、一致抗日」に同意した。

西安事件が平和的に解決し、蔣介石が南京へもどると、中国全土が歓喜、慶祝の祝賀行事が展開され、蔣介石の名声と権威は最高潮に達した。全国民が西安事件の平和的解決を歓喜して歓迎したのは、中国の内戦が停止され、国民党と共産党が一致抗日する合意が成立したことを喜ぶものであった。このことは、抗日民族統一戦線の結成にたいする中国国民の合意が形成されたことを意味した。

通州保安隊の反乱の目的は何だったのか

一九三七年七月七日深夜、支那駐屯軍と宋哲元の第二九軍との間で盧溝橋事件が発生すると、翌日の七月八日、中国共産党の毛沢東、朱徳、彭徳懐ら紅軍の最高指導者は、北平の宋哲元にたいして、「盧溝橋の戦役における二九軍の勇敢な抵抗の模様を全国民は聞知して、その後楯となることを願っている……全軍を激励して、北平・天津の防衛のために戦い、華北防衛のために戦い、祖国の寸土たりとも日本侵略者の占拠にゆだねることなく、国土防衛のために血の最後の一滴まで流されんことを」願うと激励の電報を送った。さらに七月九日付けで中国人民抗日紅軍全体指揮員戦闘員を代表するかたちで彭徳懐・賀竜・劉伯承の名で「華北当局および二九軍将兵に宛てた至急書簡」を送り、「貴軍は国防の最前線にあって、凶暴を恐れず、奮起して抵抗された……わが軍は……誓って貴軍の後楯となる」と連帯と激励の書簡を送った。

中国紅軍（共産党軍）の最高幹部が、宋哲元の第二九軍の対日抗戦への奮起を促し、その後楯となることを誓った電報と書簡は、北平学連や天津学連に強い影響力をもった共産党の方針として、北平と天津の学生運動にたいして、宋哲元の第二九軍の抗戦を全面的に支援するように指示したものとして重要な意味をもった。

いっぽう国民党の蔣介石は、七月一三日に宋哲元に電報を送り、「中央は宣戦を決意しているので、兄（宋哲元）は中央と共同一致して、和平か戦争かを問わず、単独で事を進めて敵に各個撃破の隙を些かでも与えないように」と厳命した。これにたいして宋哲元は一五日、「天津は絶対に放棄せず、兵力を結集して応戦する」と蔣介石へ抗戦の決意を表明した。

日本の近衛内閣は七月一一日に華北派兵を決定し、「重大決意表明」を発表、事態を「北支事変」と命名したので、もはや日中戦争の開戦は避けられない状態になった。七月二五日に北京と天津のほぼ中間に位置する廊坊で支那駐屯軍と第二九軍との戦闘がおこなわれ（廊坊事件）、二六日には北京城の南門の広安門で支那駐屯軍と第二九軍との戦闘が発生した（広安門事件）。広安門事件の翌日、蔣介石は宋哲元にたいして「現在は先ず、北平、保定、宛平の各城を固守することを基礎にし、絶対に誤りを犯してはならない」と北平・保定の地域における抗戦を命じた。

支那駐屯軍が七月二八日早朝から、北平・天津地域の第二九軍にたいする総攻撃を開始すると、第二九軍もこれに応戦、「北支事変」すなわち華北戦争が全面的に開始された。

冀東保安隊の指揮官の張慶余と張硯田が、冀察政権が設立されてまもなく、天津のイギリス租界で宋哲元と秘密に会合し、抗日戦争が開始されれば戦闘に参加する旨の密約を結び、軍資金の提供も受けていた。ところが、盧溝橋事件が発生してその密約実行の機会が到来したときに宋哲元は山東省楽陵県に隠遁していて、北平にはいなかった。盧溝橋事件の発生により宋哲元が天津に戻ってきたのは七月一一日、北平に戻ったのは七月一九日だった。宋哲元が北平、天津に不在だったときに、宋に代わって第二九軍を指揮したのが、張自忠、馮治安、劉汝明らであった。

張慶余は河北省主席の馮治安が北平にいたので、腹心の部下の劉春台を北平に派遣して馮治安に会見させ、指示を仰がせた。このとき馮治安は「現在、我が軍は、日本軍と和平か戦争かまだ決定していない。張慶余隊長はしばらく軽挙を慎み、我が軍が日本と開戦するのを待って、通州で蜂起して、一部を豊台に派遣し、我が軍と日本軍を挟撃したい」と通州保安隊の反乱を指令した。

劉春台が馮治安の指示に従って第二九軍参謀長の張樾亭と会ったところ、張は、張慶余と張硯田の保安隊を第二九軍の戦闘序列に編入した。ここに、通州保安隊は第二九軍の一部隊として日本軍との抗戦に加わることになったのである。

以上の経緯で明らかなように、通州保安隊の反乱は、通説的にいわれてきた、事件前日の日本軍機の保安隊幹部訓練所の誤爆に怒りを爆発させた反乱などという突発的なものではなく、宋哲元の第二九軍の「平津抗戦」の一端を担うべく、周到に準備された武装反乱だったのである。反乱の数日前から張慶余と張硯田は、冀東政権領域内の所轄区域に分駐していた保安隊を通州に集めて待機させ、部隊ごとに呼んで蜂起（反乱）の目的を伝え、秘密裏に部署を指示していた。反乱が周到に計画、準備されていたことは、「通州保安隊編成図」（本書一四頁）を見れば一目瞭然である。同編成図には、幹部訓練所の傅恵泉所長の下に学生隊があり、衛生班・救護班・連絡班に組織されていた。職員隊には記録係・連絡係・視察係・指導係が組織されていた。これらの学生隊と職員隊が反乱時にどのような行動をとったのか、まったく資料がないので不明であるが、通州の保安隊が第二九軍の一部隊として、本格的に抗日戦争に加わることを予定して編成されたことは明瞭である。

同編成図には、機関銃大隊と四門の山砲野砲大隊があることから、通州の日本軍守備隊と本格的な戦闘を準備していたことがわかる。実際の反乱は二九日の一日で崩壊、北平の宋哲元の第二九軍との合流を目指して通州を撤退するが、撤退後に残された多量の弾薬、砲弾と長期戦に備えた豊富な食糧から、通州保安隊が蜂起した後に第二九軍に合流して、抗日戦の戦列に加わることを想定していたことがわかる。

通州保安隊の反乱の全貌は、本書第5章に詳述したとおりである。通州保安隊の反乱は宋哲元の第二九軍と河北省主席商震の第三二軍によって展開された「平津抗戦」の一環として起こされたものであった。しかし、通州の日本人居留民と朝鮮人の冀東密輸貿易やアヘン・麻薬の密造・密輸・密売などの不法行為にたいする憎しみや恨み、憎悪などの復讐心に駆られた一部の部隊によって虐殺がおこなわれ、一部中国住民も加わって略奪がおこなわれたのであった。

後日譚になるが、通州保安隊の残存部隊とともに保定にいた張慶余は蔣介石から召電を受けて南京へ行き、蔣介石に起義（反乱）の経過を報告、「あなたの通州起義は敗れたとはいえ、光栄であった。あらゆる損失は我が軍政部がただちに補充するから、しばらく休養してから再び戦闘に参加されたい」と慰労された。張慶余の率いた通州保安隊の反乱は、蔣介石の命令を受けて「平津抗戦」を戦った宋哲元の第二九軍の一部隊として準備されたことを裏付ける話である。

【註】

〈1〉拙著『日中戦争全史　上』高文研、二〇一七年、「序章　戦争には『前史』と『前夜』がある」を参照されたい。拙著『海軍の日中戦争―アジア太平洋戦争への破滅のシナリオ』（平凡社、二〇一五年）は日中戦争において海軍の主導により、アジア太平洋戦争の前史、前夜が形成されていったことを明らかにした。

〈2〉広中一成『ニセチャイナ―満洲・蒙疆・冀東・臨時・維新・南京』（社会評論社、二〇一三年）は、六つの傀儡政権の成立から解散までをまとめている。

憎しみの連鎖を絶つ

本書の第Ⅱ部では、通州事件で両親を虐殺された櫛渕久子さんと鈴木節子さんの生き方を紹介した。姉妹が両親を殺害されたのは、久子さんが九歳で小学校三年生のときだった。節子さんは三歳で、両親が連行されて虐殺される現場にいて、中国人看護婦の何鳳岐さんに命がけで救われた。

第Ⅱ部では姉妹の両親が満州に移住してから、事件直前に通州に移転して事件に遭遇するにいたったファミリー・ヒストリーを紹介した。そして父の鈴木郁太郎さんと母の茂子さんを通州事件で殺害されて「戦争孤児」となった久子さんと節子さんが「憎しみの連鎖を絶つ」べく、苦しみ、葛藤してきた生き方を紹介した。

姉妹とも通州事件で両親を虐殺された被害者としての「歴史の生き証人」である。妹の節子さんは、通州事件の現場にいて虐殺を免れた三歳の「節子ちゃん」として、当時の新聞記事に写真が掲載された。通州事件は悲惨な事件であったが、歴史研究者の筆者にとって、二人の「歴史の生き証人」に出会えたことは、このような言葉をつかってよいか躊躇するが、「幸運」であった。久子さんと節子さんの姉妹との出会いのきっかけは本書第Ⅱ部の冒頭に紹介したとおりである。

「歴史の生き証人」との出会いが歴史研究者にとって「幸運」であるといったのは、通州事件について言うならば、姉妹の身体と生涯、ならびに記憶に通州事件の歴史が刻まれているので、お二人から体験と記憶、とくに感情の記憶を聞き取ることによって、文書記録からは得られない生きた歴史を筆者なりに追体験ができたからである。

これも失礼な言い方になるかも知れないが、姉の久子さんは筆者にとってオーラル・ヒストリーの第一級史料に相当した。オーラル・ヒストリーはある歴史体験者から記憶を語ってもらい、それを記録するのであるが、聞き取り対象者の事件や状況の観察力、理解力、そして何よりも記憶力によって、聞き出せる内容の質が異なる。その点、久子さんの記憶力は抜群で、九〇歳を超えた人とは思えないほど仔細なことまで覚えていた。筆者の質問にたいして、打てば響くような応答がかえってきた。さらに聞き取りが終わった後も、筆者の質問に関連して思い出した歴史事実や考えたことを手紙に書いて送ってくれた。筆者が久子さんに出会ってから四年になるが、この間四四通におよぶ手紙をいただき、本書でも多用させていただいた。

通州事件で多くの日本人、朝鮮人居留民が虐殺された背景には、中国人の怒りと怨嗟の的になり、憎しみと報復の感情を喚起させることになった通州の日本人、朝鮮人による冀東政権を利用した密輸貿易とアヘン・麻薬の密輸、密売行為があった。そもそも関東軍と支那駐屯軍による強引な華北分離工作がなければ、通州虐殺事件のような悲劇は起こらなかった。しかし、日本軍部と政府はメディアを動員して、通州虐殺事件を日本国民の報復心を煽り立て、「支那膺懲論」を喚起して華北の全面軍事占領を図り、「北支事変」と称した。

拙著『海軍の日中戦争―アジア太平洋戦争への自滅のシナリオ』（平凡社、二〇一五年）で明らかにしたように、海軍は八月九日に上海特別陸戦隊西部派遣隊長の大山勇夫中尉を密命により、上海郊外の中国軍の虹橋飛行場へ陸戦隊の自動車で突入させ、警備の保安隊に射殺させるという謀略事件（大山事件）を画策、それを「悪逆無道、保安隊の暴状」「暴戻！　鬼畜の保安隊」とセンセーショナルに報道させ、「暴戻なる支那の膺懲」を喧伝して第二次上海事変を起こした。さらに八月一五日には長崎の大村基地を発進した海軍航空隊の九六式陸上攻撃機が中国の首都南京を爆撃した。「開戦に関する国際条約」（一九〇七年）に違反して宣戦布告もせずに強行した南京渡洋爆撃に国民は歓呼の喝采をあげ、「北支事変」から「支那事変」に改称されて、侵略戦争は日中全面戦争へと拡大したのであった。

海軍は謀略による大山事件により日本国民に怒りと憎しみの感情を煽りたて、国民が「暴戻なる支那の膺懲論」に興奮するなかで、戦略爆撃としての南京空爆作戦を強行、さらに他の中国都市爆撃へと拡大、その戦果をアピールして、膨大な日中戦争の軍事費の獲得に成功、、零式戦闘機の開発のようにアメリカ軍との航空決戦に勝利する海軍航空兵力の軍備大拡張を達成、その結果、仮想敵のアメリカを実敵にまわすことになり、自滅のアジア太平洋戦争へ突入したのであった。

アメリカにも、日本連合艦隊の真珠湾攻撃にたいして、〝Remember PEARL HARBOR〟という「憎しみ」と報復心を煽るスローガンを合言葉にして、国民をアジア太平洋戦争へと駆り立てた歴史がある。近年では、二〇〇一年九月一一日にハイジャックされた旅客機二機がニューヨークの世界貿易センタービルに激突して、二棟が崩壊、さらに一機が国防省に突入した同時多発テロにたいして、〝Remember the September 11th〟と喧伝して対テロ戦争を発動、アメリカ政府は主犯をウサマ・ビンラーディンと断定し、タリバンが同時テロ指導者のビンラーディンをかくまっているとしてアフガニスタン空爆をおこない、二〇年におよぶアフガン戦争を継続、ビンラーディンも殺害した。

イスラエルもパレスチナのテロにたいする報復を口実にパレスチナへの爆撃を継続している。現在の国際紛争、民族紛争の多くが、大国や強国の軍事支配に反攻する現地過激派組織のテロ事件が起こり、それにたいする大国や強国による報復としての対テロ戦争という「憎しみの連鎖」によっている。

国民国家の時代になって以降、国民という共同体幻想から想定された敵対国、敵対民族にたいする「憎しみ」の感情が国民意識として共有されやすくなっている。それが政府、権力者によって扇動されるとポピュリズムとなって国民が熱狂し、国家や民族の自衛や国益擁護を名目にして発動する戦争や武力紛争に容易に動員される構図ができている。

想定された敵対国や敵対民族にたいする「憎しみ」は相手国の国民も抱くことになるから、相互に敵対する「憎しみ」の国民感情の「連鎖」によって、現在にいたるも戦争や紛争は繰り返されている。そのような国際関係の現実を思うにつけ、本書で紹介してきた、通州虐殺事件の被害者であった久子さんと節子さんが歴史から学び、「憎しみの連鎖を絶つ」生き方をしてきたことは、人類の理性の可能性への希望を与えてくれるものである。

第Ⅱ部冒頭で述べたように、『日中戦争全史　上・下』（高文研）がきっかけで筆者は櫛渕久子さんと鈴木節子さんとの「幸運」な出会いができた。本書はお二人との出会いが直接の契機となって執筆されたものである。筆者の聞き取りに心よく応じ、取材に協力して下さったお二人には衷心より感謝申し上げる。

『日中戦争全史　上・下』は高文研の編集者の真鍋かおるさんとの合作ともいえるものであったが、本書も真鍋さんの貴重なコメントを生かすかたちで第一次原稿の修正、加筆をおこなった。真鍋さんのような有能な編集者と巡り会えたことも筆者にとって幸運であった。

憎しみは絶つべし立つや立葵　　十九司

二〇二二年七月二九日（通州事件八五周年）

笠原　十九司

笠原　十九司（かさはら・とくし）
1944年群馬県生まれ。最終学歴：東京教育大学大学院修士課程　文学研究科東洋史学専攻　中退。学位：学術博士（東京大学）。職位：都留文科大学名誉教授。専門分野：中国近現代史、日中関係史、東アジア国際関係史。
主な著書：『南京事件』（岩波新書、1997年）、『日中全面戦争と海軍─パナイ号事件の真相』（青木書店、1997年）、『南京難民区の百日』（岩波現代文庫、2005年）、『日本軍の治安戦』（岩波書店、2010年）、『海軍の日中戦争─アジア太平洋戦争への自滅のシナリオ』（平凡社、2015年）、『日中戦争全史　上・下』（高文研、2017年）、『増補 南京事件論争史』（平凡社、2018年）、『憲法九条と幣原喜重郎』（大月書店、2020年）など。

通州事件──憎しみの連鎖を絶つ

●二〇二二年　九月一八日──────第一刷発行
●二〇二二年一二月一三日──────第二刷発行

著者／笠原　十九司

発行所／株式会社　高文研
東京都千代田区神田猿楽町二─一─八
三恵ビル（〒一〇一─〇〇六四）
電話０３＝３２９５＝３４１５
http://www.koubunken.co.jp

印刷・製本／中央精版印刷株式会社

★万一、乱丁・落丁があったときは、送料当方負担でお取りかえいたします。

ISBN978-4-87498-808-4 C0021